一一一一年コンラート一世国王選挙研究

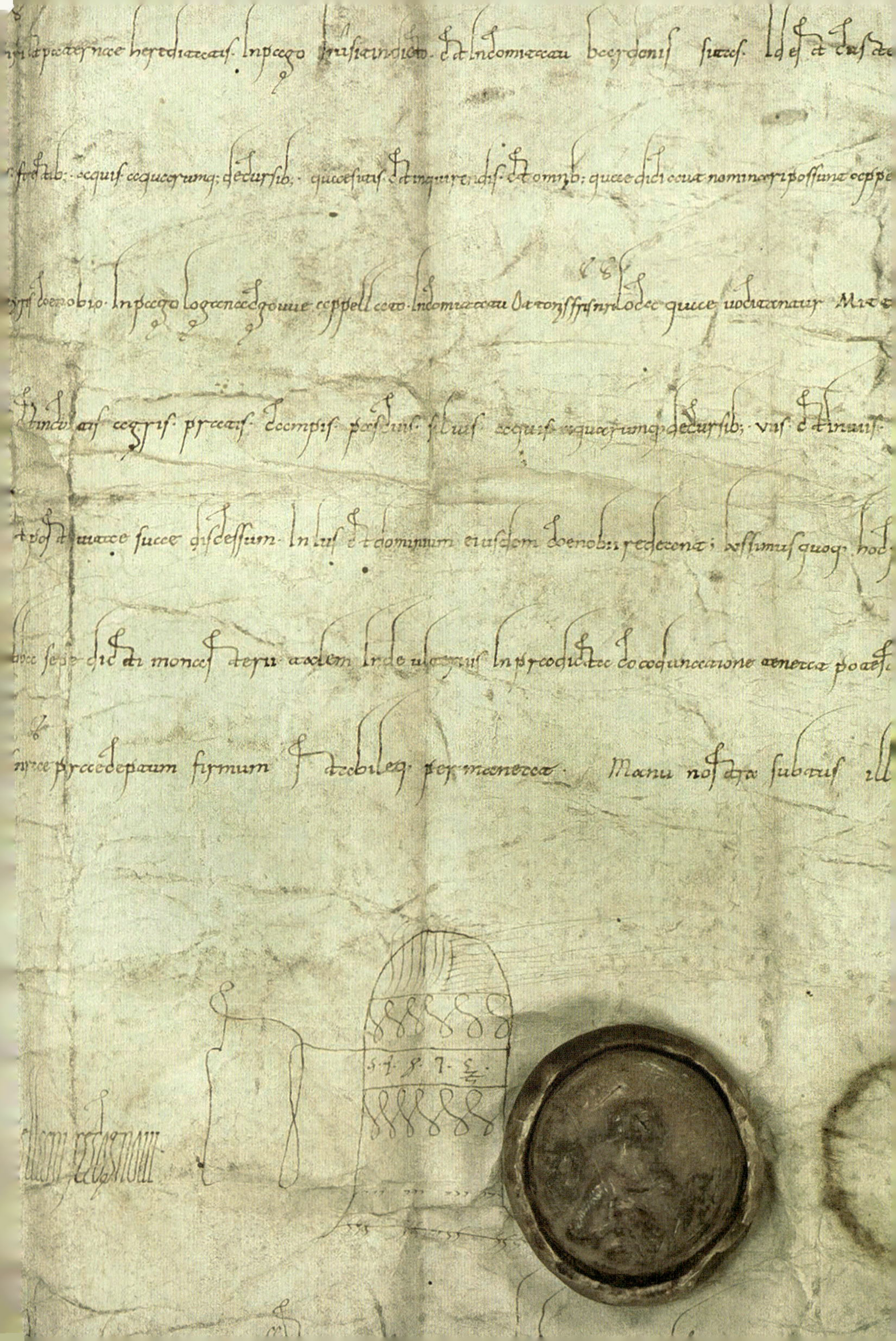
paternae hereditatis. In pago ... et in comitatu ... sitas. Id est cu(m) de
... aquis aquarumq(ue) decursib(us), quaesitis et inquirendis et omnib(us) quae dici aut nominari possunt appe
... coenobio. In pago ... in comitatu ... in loco quae vocitatur Mit
... terris, pratis, campis, pascuis, silvis, aquis aquarumq(ue) decursib(us), viis et inviis
... vitae suae discessum in ius et dominium eiusdem coenobii redeant. Iussimus quoq(ue) hoc
... dicti monasterii ... in praedicta conditione ...
... praeceptum firmum et stabileq(ue) permaneat. Manu nostra subtus ill

岡地稔

九一一年コンラート一世国王選挙研究

南山大学学術叢書

八坂書房

扉図版補説

コンラート1世国王文書第8番［DKI 8］（912年7月1日）

フルダ修道院への所領寄進状。左頁の口絵1に紹介した印章が付される。この寄進ではコンラート1世の母グリスムオーダ（「余の母グリスムオーダ」genitrix nostra Glismuoda ――見開き左頁1行目の中央部。下の拡大図の下線部）がただひとり、請願・斡旋者として名を挙げられており、フルダ修道院への彼女の強い思いが窺われる。本編76頁表5の⑧、および口絵57の補説を参照。

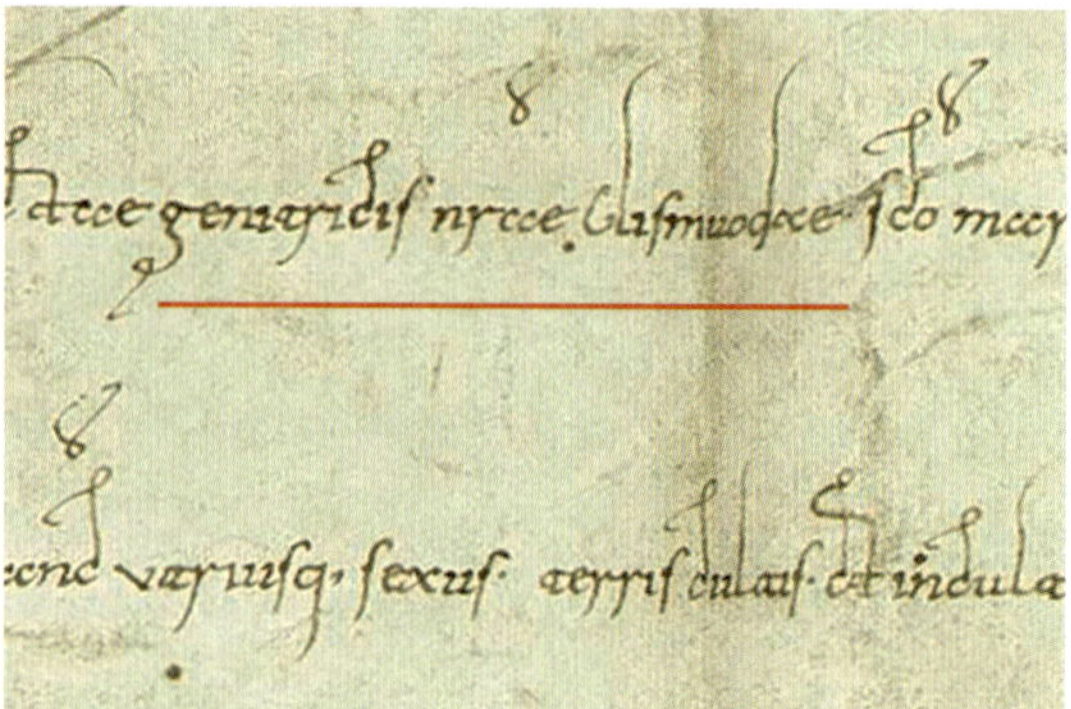

genitricis nostrae Glismuodae（余の母グリスムオーダの）［斡旋により］

1 コンラート1世の印章（SI 3）
国王文書第8番［DKI 8］（912年7月1日）
フルダ修道院への所領寄進状に付されたもの

…ia rex. Cum [illegible] divinae dispensationis [illegible] supra [illegible] unde [illegible] [illegible]

…tium nostrorum praesentium scilicet et futurorum, quia vir venerabilis Huggi abba ex monasterio quod dicitur Fulda, quod est situm in pago Grapfelt constructum in honore sancti

…minis nostri obtulit nobis quandam auctoritatem Hludouuici piissimi regis in qua continebatur qualiter idem clarissimus princeps praefatum monasterium cum

…nachis sub sua constituisset defensione et immunitatis tuitione. Obsecravit namque praescriptus abba ut similiter ipsum monasterium cum monachis ibidem deo

…sione, et praefati regis auctoritati nostram iungeremus auctoritatem. Cuius petitionem quia iustam [illegible] rationabilem esse iudicavimus, et beneficia quae postulavit assensu

…nquillitatemque fratrum ibidem consistentium circa ipsum monasterium fieri decrevimus. Per quam in futurum sancimus atque iubemus ut nullus iudex publicus aut quilibet ex

…et rationabiliter infra regnum divinitus nobis concessum praefatum possidet monasterium vel quae deinceps in iure ipsius loci voluerit divina pietas augeri ad

…ones vel paratas faciendas aut fideiussores tollendos aut homines ipsius monasterii tam ingenuos quam et servos super terram ipsius commanentes

…temporibus ingredi audeat vel ea quae supra memorata sunt exigere praesumat. Sed liceat memorato abbati suisque successoribus eiusdem monasterii cum

…imperio. Et quicquid de praedictis rebus ius fisci exigere poterit, pro aeterna remuneratione praefato monasterio et monachis concessimus. Pari modo

…us quas moderno tempore habere videtur vel quae deinceps in iure ipsius sancti loci divina pietas voluerit ampliare, quas habent praedictus abba

…vel restaurandum luminariaque ecclesiarum renovandum. Et ut sibi fratribusque suis pauperibus quoque et peregrinis tempore susceptionis usus

…beat monachos in susceptione hospitum pauperumque semper esse paratos. Et quandoque vocatione divina idem praefatus abba successoresque eius de hac

…m congregationem secundum regulam sancti patris Benedicti regere valeant, per hanc nostram auctoritatem consensu et licentiam habeant eligendi

…em manu propria eam subter firmavimus et anulo nostro sigillari iussimus.

…us [illegible] ad vicem [illegible] archicapellani recognovi

…lentissimi regis [illegible] Actum ad monasterium Fuldense [illegible] amen.

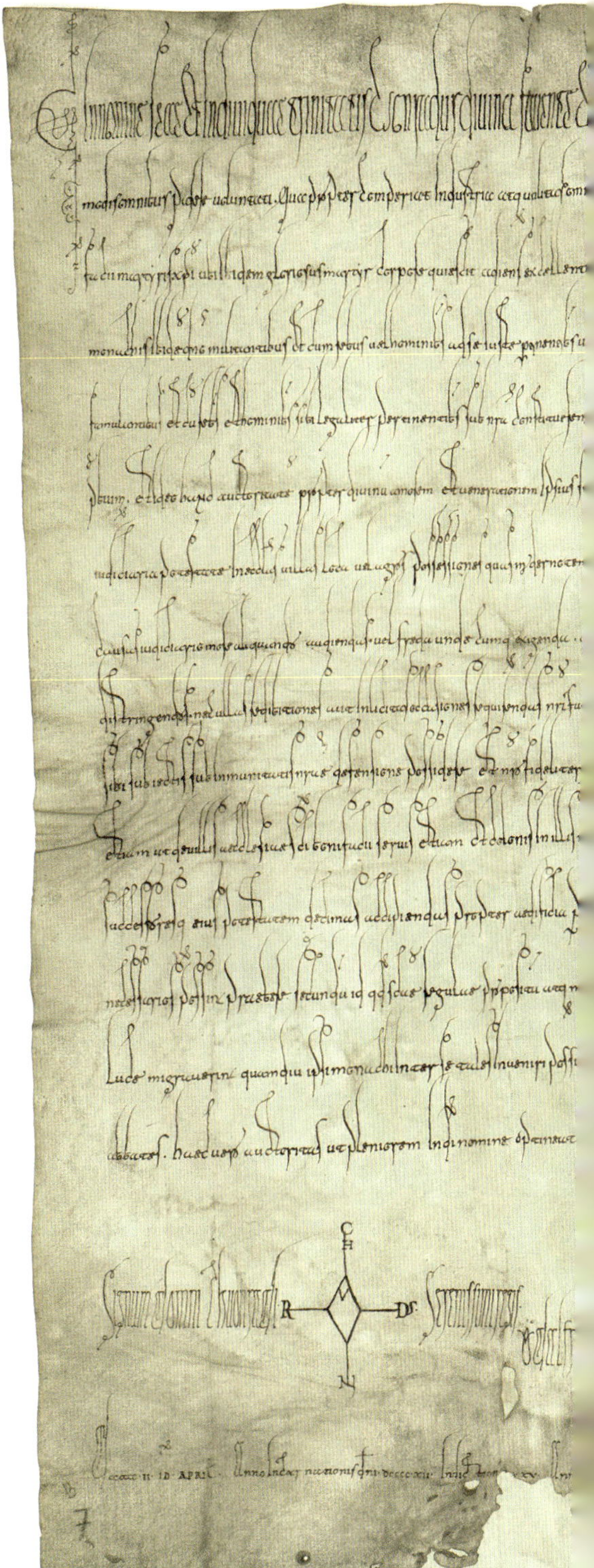

2 コンラート１世国王文書第６番
［DKI 6］（912年４月12日）
フルダ修道院への特権確認状

③コンラート１世のデナリウス銀貨
造幣地：レーゲンスブルク
（銘：上）CHONRADVS RE(X)　（国王コンラート）
（銘：下）REGINA CIVITAS（王都＝レーゲンスブルクRegensburgの美称）

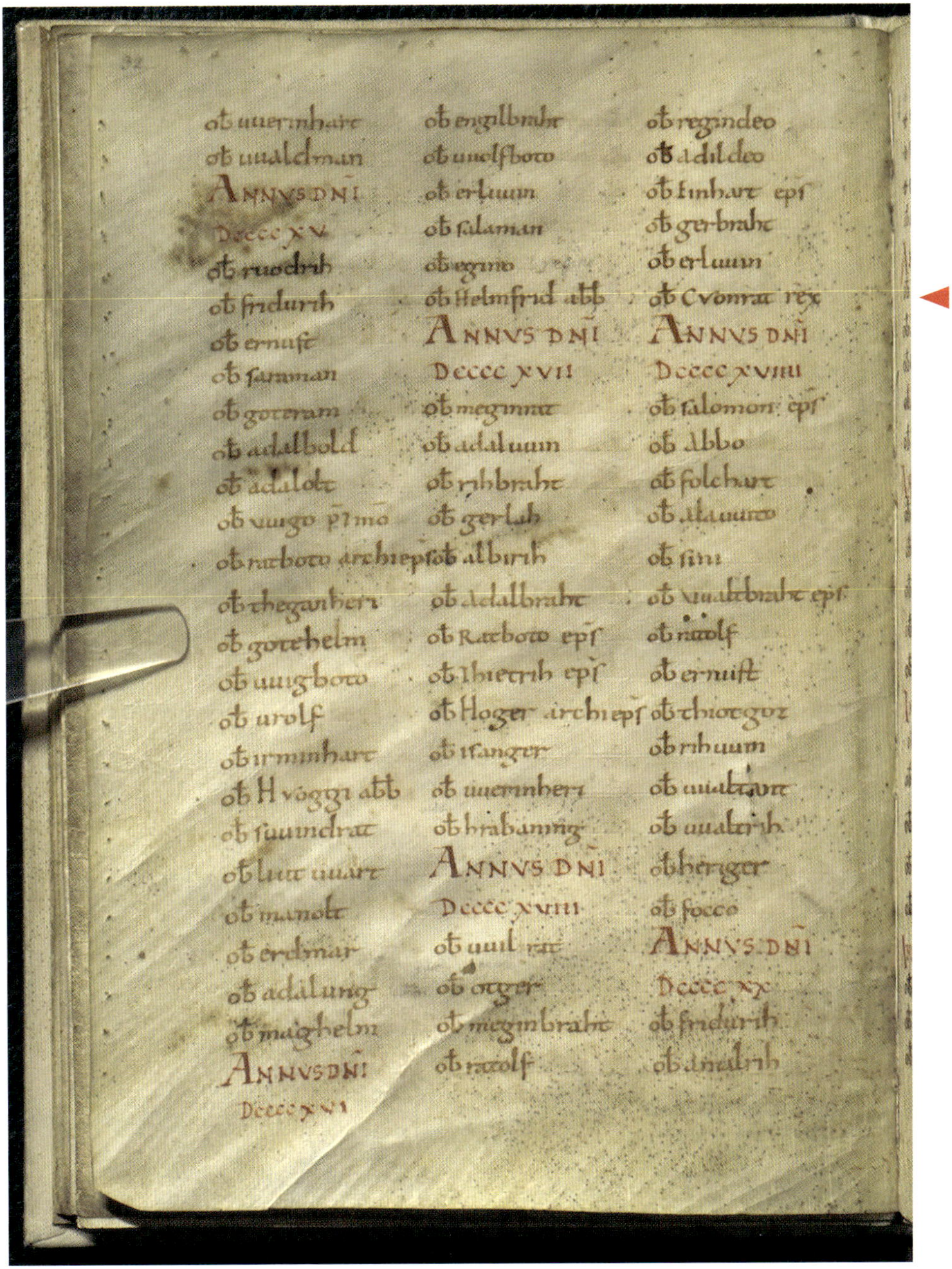

④『フルダ修道院死者年譜』（Annales necrologici Fuldenses）f. 17v
918年項の末尾（◀印）に「国王コンラートが死去」（ob[ii]t Cvonrat rex）とある

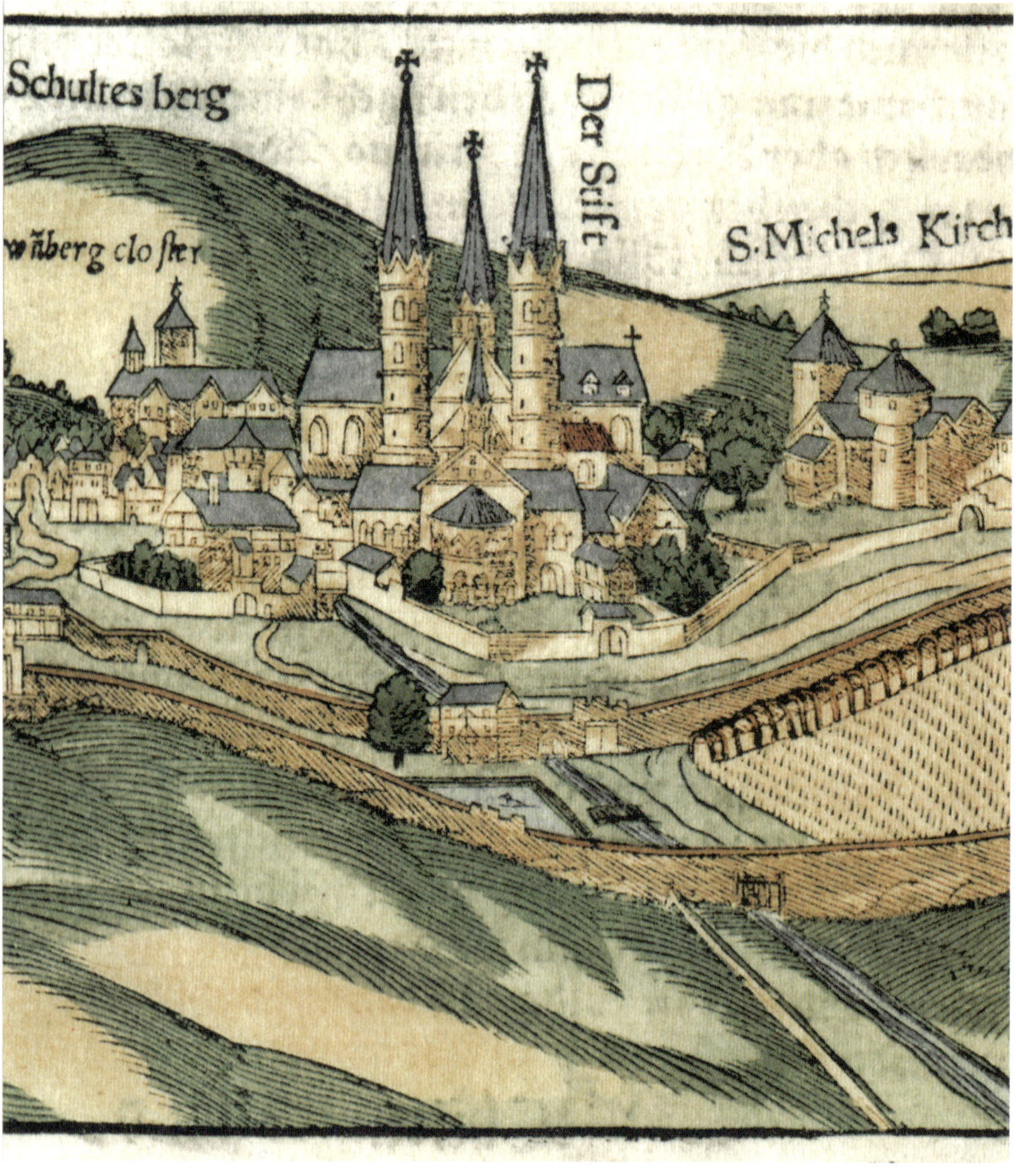

5 16世紀のフルダ修道院
S. ミュンスター『世界誌』、1550年版
コンラート1世と同修道院との関わりについては補説参照

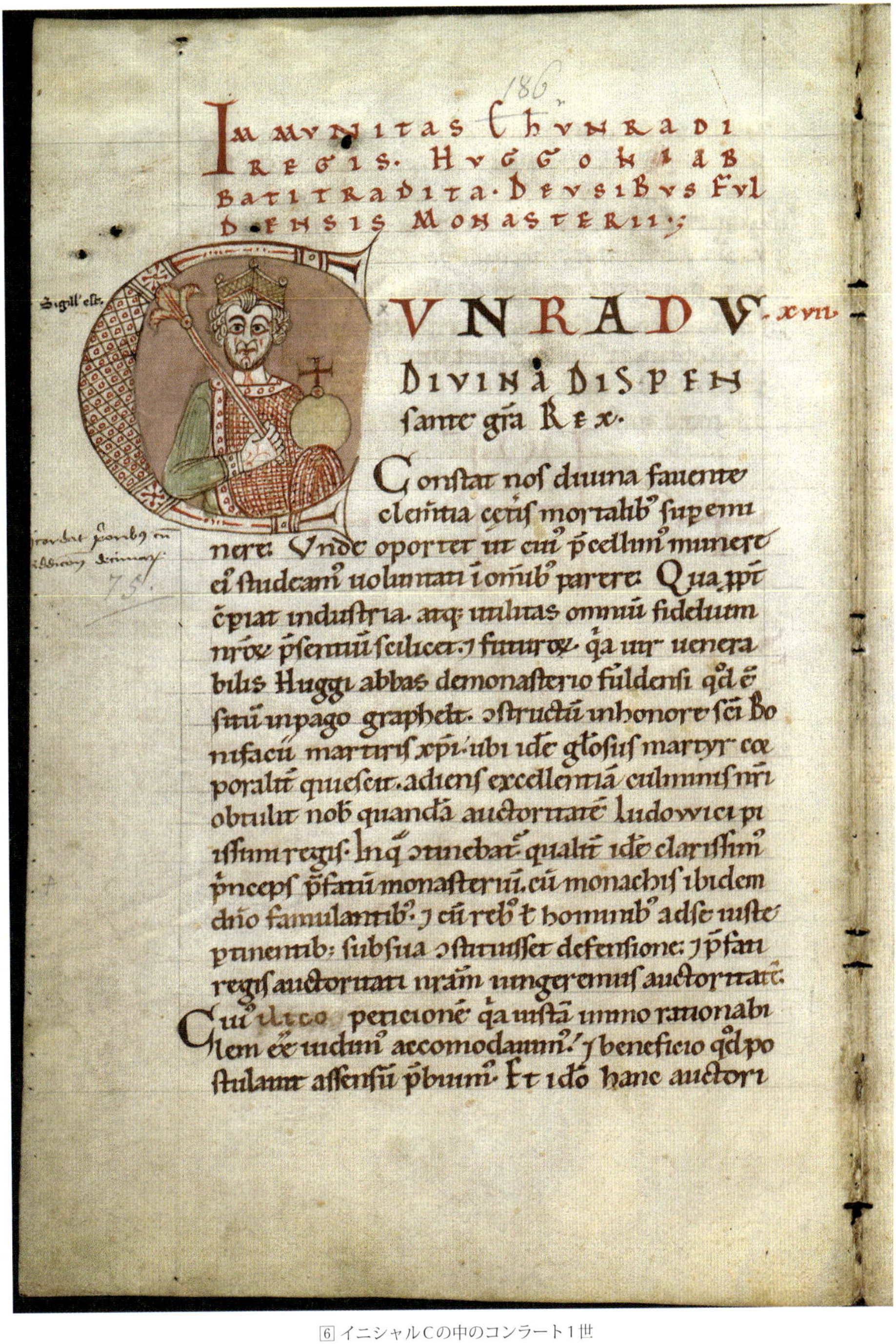

6 イニシャルCの中のコンラート1世
12世紀半ばにフルダ修道院で編まれた写本集成（Codex Eberhardi, Bd. 1, f. 93v.）
図2の国王文書［DKI 6］（特権確認状）を採録している箇所の冒頭

7アウラのエッケハルト「カロリング家の系譜」（12世紀）
画面右列の最後尾（◀印）に、カロリング家の出自ではないはずの国王コンラート１世が描かれている（補説参照）

8 ハットーの窓枠（9世紀末頃）

アーチの内側に“LVX ET SAL HATTHO S[ACRA]NS DIVI[NI]QVE SACERDO[S] [H]OC TEMPLVM [STR]VXIT PICTVRA COMPSIT ET AVRO”（光と塩　聖別されし者にして神の祭司ハットーがこの寺院を建て、絵画と金で装飾した）と刻されている。ハットーはマインツ大司教ハットー（891–913）と考えられ、彼の建設事業を今日に伝える貴重な資料となっている

HICRESIDETXPCVIRTV
TVMSTEMMATESEPTVS

9「エヴァンゲリウム・ロングム」Evangelium longum（「長い福音書」の意）（894年頃）
装丁板（右頁）と11頁（上掲）
ザンクト・ガレン修道院の至宝として名高い装飾写本の成立には、
マインツ大司教ハットー、修道院長ザロモが深く関わっていた（補説参照）

⑩フィルマール近郊、ラーン川左岸の崖上に立つ
コンラート１世の記念碑（1894年建立）

口絵補説

1 コンラート１世の印章（印璽）
［DKI 8］（912 年 7 月 1 日）フルダ修道院への所領寄進状の印章（SI 3）
マールブルク、ヘッセン州立文書館蔵、HStAM, Urk. 75, 61

国王文書などでは、文書の法的効力を保証するべく、文書認証（者）欄の最後、釣鐘様の認証記号の右に、印章（印璽）（［羅］Sigilium,［英］seal,［独］Siegel）が付けられた。印章の形体には 2 種類あり、1 つは蠟塊を文書の紙面に付着させて（紙面に十字または星形の切り込みを入れ、それを通して蠟を紙の表面から裏面に滲み出させて、両面から圧着させる）、その上に刻印を押したもの（押印 Sigillum impressum）、もう 1 つは金属製のメダル（鉛の台に金の薄板を張るなどしたもの）に刻印して、それを紐につるして文書紙面にぶら下げるもの（垂印 bulla）で、コンラート 1 世の場合は、すべて蠟の押印である。文書につけられた印章（押印）は、蠟塊が文書の紙面に付着させられたものであるため、オリジナルで伝えられる文書にうまく保存されて初めてわれわれの目にふれるが、当然、文書伝承の間に欠けたり、失われるもの（押印滅失）もある。滅失の場合でも、また写本の場合でも、現物を見た人による観察所見が残されているなど、好条件があればその具体像が知られる。

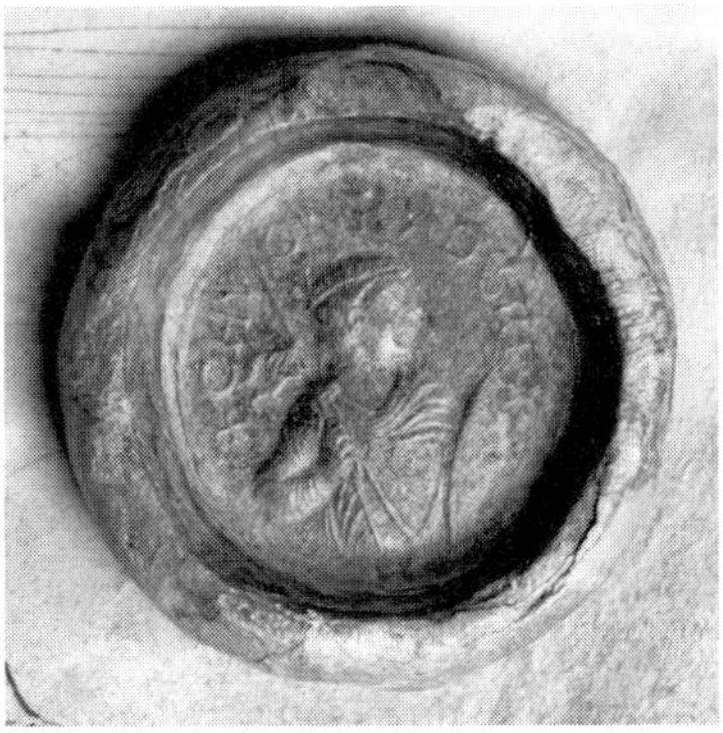

コンラート 1 世の印章は 5 種類あり、登場する時期が早い順に SI（Sigillum impressum の略）1 ～ 5 の番号がふられている。図案は 5 種類ともほぼ同じで、中央に、王冠をかぶり、右肩に留め金をつけた衣装をまとい、右手にスカーフ状に布を巻き縛った槍を、左手に盾をもったコンラート 1 世が描かれ、周囲に“CHVONRADVS REX”(国王コンラート）の銘が刻まれている。本図・図 2（SI 3）のほか、図 14［DKI 2］（912 年 1 月 11 日）の SI 2、右図［DKI 7］（912 年 4 月 12 日）の SI 4（HstAM, Urk.75, 60）も参照。

2 コンラート 1 世国王文書第 6 番
［DKI 6］（912 年 4 月 12 日）フルダ修道院への特権確認状
マールブルク、ヘッセン州立文書館蔵、HStAM, Urk. 75, 59

フルダ修道院に対し、イムニテート特権（不入権）、修道院領での十分の一税徴収権、修道院長自由選挙権などを確認したもの。12 世紀の“Codex Eberhardi”にも採録されている（図 6）。なおフルダ修道院は、同じ 912 年 4 月 12 日にこの特権確認状とは別に所領寄進状［DKI 7］をも得ている。

3 コンラート１世のデナリウス銀貨
造幣地：レーゲンスブルク、アイヒシュテット歴史協会蔵
銘・上＝ CHONRADVS RE(X) （国王コンラート）
銘・下＝ REGINA CIVITAS（王都＝レーゲンスブルクの美称）

国王コンラート１世の造幣地は、貨幣に刻まれた銘からマインツとレーゲンスブルクの２か所確認されている。マインツで発行された国王コンラート１世銘の貨幣（デナリウス銀貨）はいくつか伝わっているが、レーゲンスブルクでのそれは今日まで、掲載したもの１つしか伝わっていない。レーゲンスブルクはバイエルン大公アルヌルフの本拠地であり、彼もここで自身の名を刻んだ貨幣を発行している。アルヌルフは、914年にシュヴァーベンの宮廷伯である伯父エルカンゲルが国王コンラートに対して起こした反乱に与したが、コンラートは916年にバイエルンに軍を進め、レーゲンスブルクを攻略した。アルヌルフはマジャール人のもとへ逃れ、レーゲンスブルクは王弟エーベルハルトに委ねられた。しかし917年にアルヌルフは逃亡先のマジャール人のもとから戻り、レーゲンスブルクを奪還、エーベルハルトをフランケンへ追いやった。レーゲンスブルクで造られた国王コンラート１世銘の貨幣がただ一つしか伝わっていないのは、彼がレーゲンスブルクでは、ここを掌握していた916~917年の間にしか造幣できなかったためと考えられており、したがってまた、掲載の貨幣は916~917年に造られたと考えられている。

4 『フルダ修道院死者年譜』（Annales necrologici Fuldenses）
915~920年項が記された 第17葉裏
フルダ、大学・州立図書館蔵、Handschriften B1, f.17v

5 16世紀のフルダ修道院
ゼバスティアン・ミュンスター『世界誌』（Cosmographia Universalis）
バーゼル／1550年版
クリスティアン・シュティマーによる、ハンス・ブロザマーの作品を模した木版画

フルダ修道院は744年、フルダ川（北海へ流れ込むヴェーザー川の源流）のほとり、現在のドイツのほぼ中央に当たる地に「ドイツ人の使徒」ボニファキウスによって創建された。本図は、そのフルダ修道院を描いた16世紀半ばの木版画。コンラート１世はその本領域に近いこの修道院を、短い治世の間に幾度も訪れ、所領寄進や特権の授与・確認をおこなうなど、厚く遇した。上掲図2は、912年４月のコンラート１世が与えた特権確認状（DKI 6）である。コンラート１世は918年12月末に死去するが、その遺志により、フルダ修道院に葬られた。フルダ修道院では、779~1065年の間に死亡した関係者を記載する『死者年譜』（Annales necrologici Fuldenses）（上掲図4）において、918年項の末尾に（右列の上から６番目、右欄外の◀印参照）「国王コンラートが死去」（ob[ii]t Cvonrat rex）と記すなど、同王の記憶を伝え残している。

6 イニシャルＣの中のコンラート１世
フルダ修道院の写本集成（Codex Eberhardi）、1150~60年頃
マールブルク、ヘッセン州立文書館蔵、HStAM K 425, Bd.1, f.93v.

12世紀半ば、フルダ修道院では往時の繁栄が色あせるようになり、修道士エーベ

ルハルトは修道院の所領や権利を守り、勢威を回復させるべく、修道院の『財産目録』ともいうべき膨大な写本集“Codex Eberhardi”（エーベルハルトの集成の意）を作成し、かつて教皇や皇帝・国王たちから授与された特権状などを、時に修道院に有利となるように内容を改竄して、採録した。本図は、上掲図②のコンラート１世の特権確認状（DKI 6）を採録した箇所で、冒頭近く「神の恩寵に拠りてある余、国王コンラートは」の最初の部分「コンラート」Cvnradus の頭文字 C が装飾化されて大きく書かれ、その中で、右手に王笏、左手に十字架のついた宝珠をもつコンラート１世の姿が描かれている。

7 「カロリング家の系譜」

アウラのエッケハルト『世界年代記』（chronica, chronicon universale）
ベルリン国立図書館蔵、Ms. lat. fol. 295 f. 80v.

アウラのエッケハルト（Ekkehard von Aura, 1125年頃没）が描くカロリング家の系図は、左上に始祖アルヌルフの全身を描き、その右、中央最上段にその息子アンゼギゼルの胸像を描き、その下に順に、中ピピン、カール＝マルテル、ピピン短軀王、カール大帝、ルードヴィヒ敬虔帝とつづく。この下に西フランク王シャルル禿頭王が左右それぞれの手に帯状となった巻物を掲げ（下図中央、下から二段目）、これを左右それぞれの上方で受け取る人物が描かれる。画面左上方で巻物を握る人物はシャルルの長兄、中フランク王ロタール１世で、その下には中フランク系のカロリング家の人びとが描かれる。画面右上方で巻物を握るのはシャルルのすぐ上の兄、東フランク王ルードヴィヒ・ドイツ人王で、その下に東フランク系のカロリング家の人びとが描かれる。中央列は西フランク系の人びと。東フランク系のカロリング家の人びとは、最

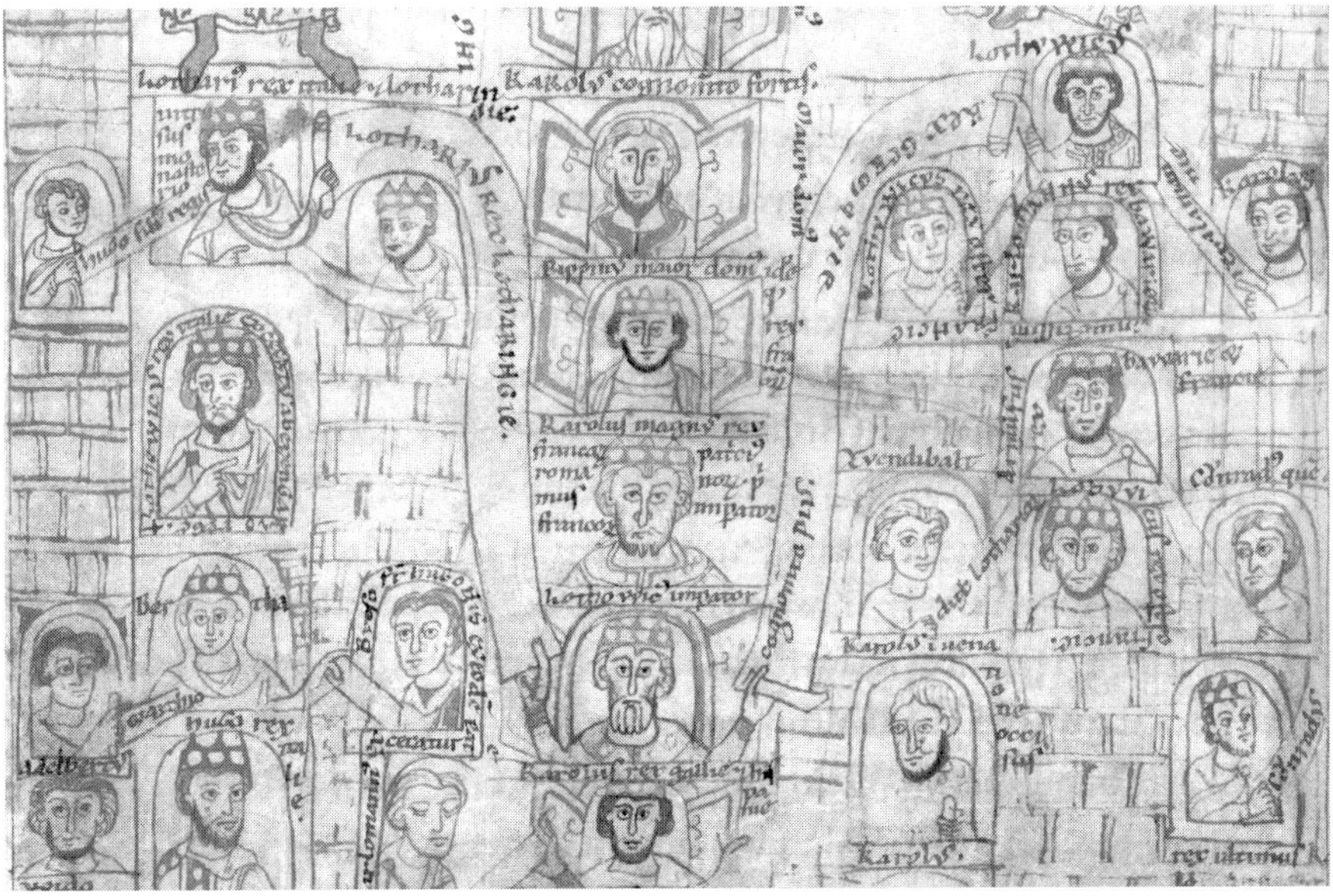

上段のルードヴィヒ・ドイツ人王の下にその三子、ルードヴィヒ３世、カールマン、カール３世（肥満王）が描かれ、中央のカールマンの下にはその子アルヌルフが描かれる。アルヌルフの下に、その二子ツヴェンティボルトとルードヴィヒ幼童王が描かれるが、その右には「コンラート、彼をアダルベルトが殺害した」(Cuonradus quem Adelbertus interfecit) と記され、コンラート１世の父で、バーベンベルガー・フェーデで斃れたコンラートが描かれる。そしてそのコンラートの下（画面右列の最後尾）に王冠を被った「コンラート、カロリング家最後の王」(Cuonradus rex ultimus Karolorum) が描かれる。カロリング家の出自ではない父コンラートと息子の国王コンラート１世である。コンラート１世はルードヴィヒ幼童王から「親族」とよばれ、またコンラートも国王即位後の文書でルードヴィヒをやはり「血縁者」とよんでいた。両者のこの関係は、従来、ルードヴィヒの母オーダがコンラートの属するコンラーディーナー家の出身であるということから説明されてきたが（巻末の略系図 1 参照）、最近では異説も唱えられている。他方、コンラート１世の母、すなわち父コンラートの妻であるグリスムオーダについて、古くから（とはいえ、コンラート１世の時代からはずっと後に）彼女が国王アルヌルフの婚外子（庶出子）であり、したがって父コンラートはアルヌルフの義理の息子（娘むこ）であるとの俗説が生じていた。コンラート１世の死から約200年、エッケハルトは父コンラートをアルヌルフの息子二人と並べ、その結果、その子国王コンラートをカロリング家の一員として描いた。かの俗説がエッケハルトの心を捕らえたのであろうか。エッケハルトに限らず中世盛期以降の年代記作家たちは、コンラート１世を、語るべき功名の欠如のゆえに、カロリング朝とオットー朝の間に埋没した「間奏曲」「つなぎの王」扱いし、東フランクの「消え去りゆく

カロリング家最後の王」と見なしたりもした。彼の母グリスムオーダがアルヌルフの子であるとの作話も、コンラートをこのように位置づける流れに掉さすものであろう。

なおグリスムオーダは息子コンラート１世よりも長らえたようである。フルダ修道院のかの『死者年譜』（図④）の 924 年項に “VI kal. mai ob(ii)t Glismout com(itissa)”（4月 26 日　伯妃グリスモウト（＝グリスムオーダ）死去す）とあり、コンラート１世の母の死を記載するものと見られている。

8 ハットーの窓枠
石灰岩、9 世紀末
マインツ大聖堂・教区博物館蔵

高さ約 130cm、幅 75.5cm の石灰岩でできた「石枠」。内側がアーチ状になっている。9 世紀末に建てられ 19 世紀初までマインツ市内にあった聖マウリティウス教会の、祭壇の背後の「窓枠」であったと考えられている。上部、およびアーチの内側にそって銘が彫られており（浮彫）、上部には “DEXTERA D(OMI)NI F(ECIT) V(IRTVTEM)”（主の右の手は良きことを成し遂げられた）と彫られ、中央に右手のひらが彫られている。おそらくは旧約詩篇 16:11「わたしは御顔を仰いで満ち足り、喜び祝い／（あなたの＝主の）右の御手から永遠の喜びをいただきます」をモティーフとしている。また銘の左右には、十字架とともに天使ミカエル MICH(AEL) とガブリエル GABR(IEL) の胸像（浮彫）と銘（印刻）が刻まれている。アーチの内側は “LVX ET SAL HATTHO S[ACRA]NS DIVI[NI]QVE SACERDO[S] [H]OC TEMPLVM [STR]VXIT PICTVRA COMPSIT ET AVRO”（光と塩　聖別されし者にして神の祭司ハットーがこの寺院を建て、絵画と金で装飾した）と彫られ、この「窓枠」、延いては教会の建設者の名を刻んでいる。ハットーはマインツ大司教ハットー（891–913）と考えられ、本窓枠は彼の建設事業を今日に伝える貴重な資料となっている。「光と塩」は新約マタイ福音書 5:13「あなたがたは地の塩である」同 14「あなたがたは世の光である」を主想とし、全体として「世の光、地の塩となって、私ハットーは……」の意となると思われる。新約マタ 5:16 は「あなたがたの光を人びとの前に輝かしなさい。人びとが、あなたがたの立派な行いを見て、あなたがたの天の父をあがめるようになるために」とあり、ハットーは人びとのために、神のなした良きこと・美徳（VIRTVS）に倣って、この建設事業を遂行したと語るのである。

9 「エヴァンゲリウム・ロングム」
装丁板（表表紙）とイニシャル C（11 頁）、894 年頃
ザンクト・ガレン修道院図書館蔵、Cod. Sang. 53

「エヴァンゲリウム・ロングム」Evangelium longum（長い福音書の意）は 894 年頃にザンクト・ガレン修道院で作られた、縦約 40cm、横約 25cm の長大な、福音書の装飾写本。ミサ説教者のための福音書から引用された文章句で構成される。表紙・裏表紙にはオーク材が用いられ、両面とも中央に繊細な彫刻を施された象牙板が金具で取り付けられ、象牙板をフレーム状に取り囲む部分は、葉形文様を浮き彫り加工した金属板が覆い、表表紙にはそこに 60 の大小の貴石が嵌め込まれている（一部剝落）。書冊部分は羊皮紙 154 葉、総ページ数 300 余からなる。ハルトムート小文字体（カロリング小文字体の一種）で書かれるが、すべての文が金を塗られた大文字で始まり、ペー

ジ全体を装飾的に彩る。段落の始まりの大文字は大きく拡大され、文字自体にも装飾があしらわれる。そのうちのいくつかはさらに大きく描かれ、とくに7頁のL（上図）と11頁のC（xv頁図）は大きく華麗に装飾されている。

11世紀のザンクト・ガレン修道士エッケハルト4世の『ザンクト・ガレン修道院事蹟録』によるならば、表紙となっている板はもともとカール大帝の書字用の蠟板であって、マインツ大司教に遺贈されていたものであり、9世紀末に大司教ハットーが国王アルヌルフのイタリア遠征に同行し、ザンクト・ガレン修道院に逗留したさい、修道院長ザロモに貴石などの財物とともに寄託したものであった。ザロモはこれらをもとに、福音書の書写を能筆の修道士ジントラムに、表紙の制作を工芸の才のある修道士トゥオティロに託し、かくして華麗で巨大な装飾写本が作成された、といわれる。加えてエッケハルトは前述のイニシャルLとCを修道院長ザロモ自身が描いたものと伝えるが、他の部分と同じ筆跡であることから、これらもジントラムによるものと見られている。

10 コンラート1世記念碑
フィルマール近郊（ラーン川左岸）、1894年建立

フィルマールはドイツ中部ヘッセン州の小自治体。フランクフルトの北西約50kmに位置する。この写真ではコンラート1世が見つめる左手に何かが映っている。王冠の一部なのだが、この破片もまた写真撮影（2012年5月28日）後に消失している。こうした王冠の消失は実はこれまで何度もくり返されてきた。その理由など詳しくは、この記念碑の由来ともども、第V章の図版⑰補説を参照。

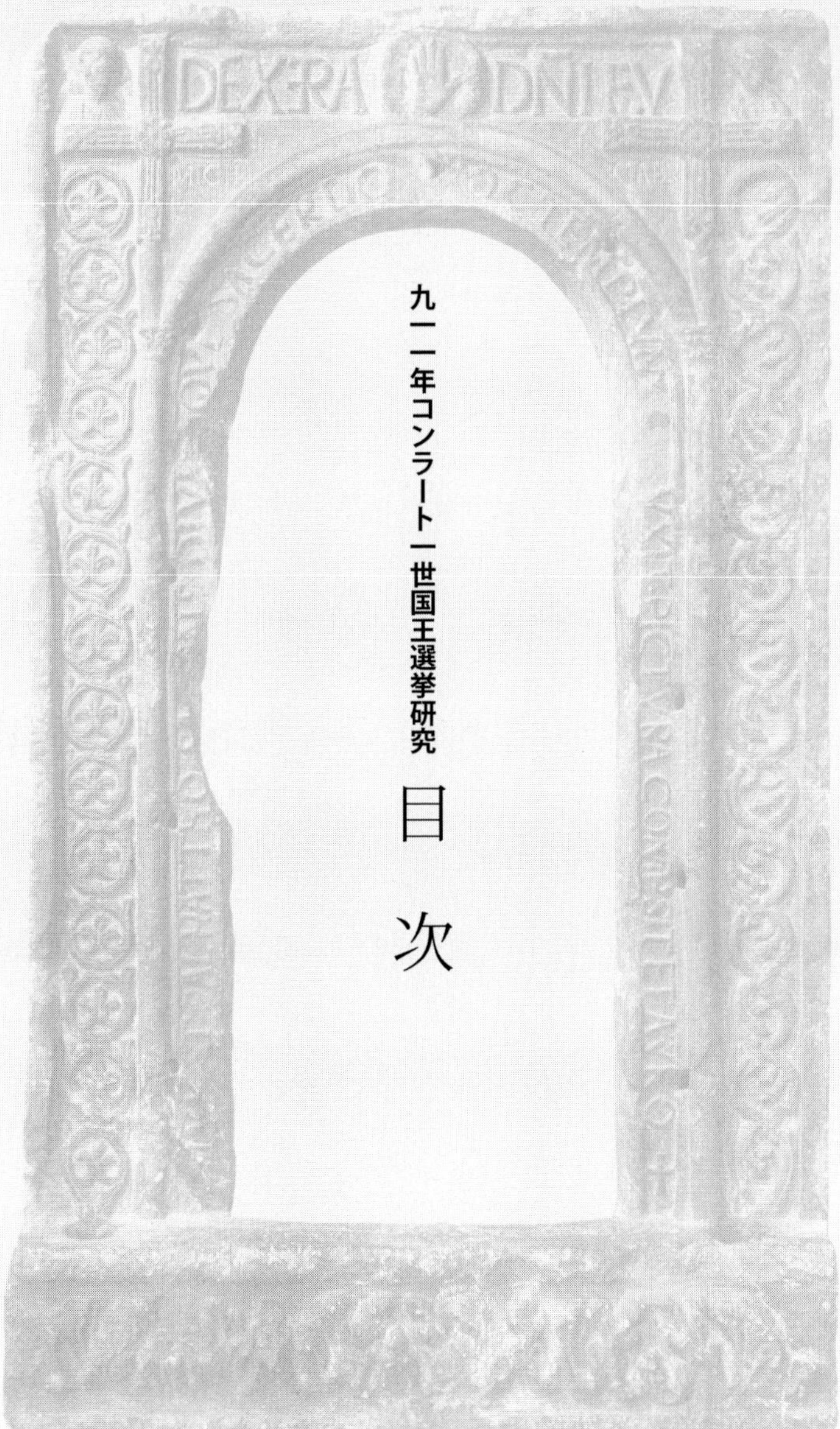

九一一年コンラート一世国王選挙研究

目次

掲載図版・表・地図一覧

図版

表

地図

略号一覧

AQDGM = Ausgewählte Quellen zur deutschen Geschichte des Mittelalters

BM² = Regesta Imperii. Die Regesten des Kaiserreichs unter den Karolingern 751-918, bearb. v. J. F. Böhmer, E. Mühlbacher u. J. Lechner, Bd. I, Innsbruck ²1908, Ndr. mit Ergänzungen v. C. Brühl u. H. H. Kaminsky, Hildesheim 1966

BO = Regesta Imperii. II Sächsisches Haus 919–1024. 1.Abt.：Die Regesten des Kaiserreichs unter Heinrich I. und Otto I. 919–973, bearb. v. J. F. Böhmer, E. von Ottenthal, mit Ergänzungen v. H. H. Kaminsky, Regensburg 1967

BUB = Bündner Urkundenbuch, 1. Bd., 1. Lieferung 390–877, bearb. v. E. Meyer-Marthaler u. E. Perret, Chur 1947

DArn = MGH Diplomata regum Germaniae ex stirpe Karolinorum, T. III. Arnolfi Diplomata, Die Urkunden der deutschen Karolinger, 3. Die Urkunden Arnolfs, Berlin ²1956（国王アルヌルフ文書）

DKIII = MGH Diplomata regum Germaniae ex stripe Karolinorum, T. II, Karoli III. Diplomata, Die Urkunden Karls III., Berlin 1937（カール3世肥満王文書）

DKI・DHI・DOI = MGH Diplomata regum et imperatorum Germaniae, T. I. Conradi I. Heinrici I. et Ottonis I. Diplomata, Die Urkunden der deutschen Könige und Kaiser, 1. Die Urkunden Konrad I. Heinrich I. und Otto I., Berlin ²1956（コンラート1世文書・ハインリヒ1世文書・オットー1世文書）

DKdE = Recueil des actes de Charles III le Simple, roi de France (893–923), éd. Ph. Lauer, T. I, Paris 1940（西フランク王シャルル3世単純王文書）

DLdD・DKarlmann・DLdJ = MGH Diplomata regum Germaniae ex stripe Karolinorum, T. I. Ludowici Germanici, Karlomanni, Ludowici Iunioris Diplomata, Die Urkunden der deutschen Karolinger, 1. Die Urkunden Ludwigs des Deutschen, Karlmanns und Ludwigs des Jüngeren, Ndr. München 1980（ドイツ人王ルードヴィヒ文書・カールマン文書・ルードヴィヒ3世文書）

DZw・DLdK = MGH Diplomata regum Germaniae ex stirpe Karolinorum, T. IV. Zwentiboldi et Lvdowici infantis Diplomata, Die Urkunden der deutschen Karolinger, 4. Die Urkunden Zwentibolds und Ludwigs des Kindes, Berlin ²1963（ロートリンゲン王ツヴェンティボルト文書・ルードヴィヒ4世幼童王文書）

JL = Jaffé–Löwenfeld, Regesta pontificum Romanorum, T.1, Leipzig 1885, neudr. Graz 1956

MGH = Monumenta Germaniae Historica

RL = K. Reindel, Die bayerischen Luitpoldinger 893–989, Sammlung und Erläuterung der Quellen, München 1953

UsT = Urkundenbuch der südlichen Teil des Kantons St.Gallen, 1.Bd., bearb. v. L. J. F. Perret, Rorschach 1961

WII = Urkundenbuch der Abtei Sankt Gallen, T.II 840-920, bearb. v. H. Wartmann, Zürich 1866（ザンクト・ガレン修道院文書）

第I章 序

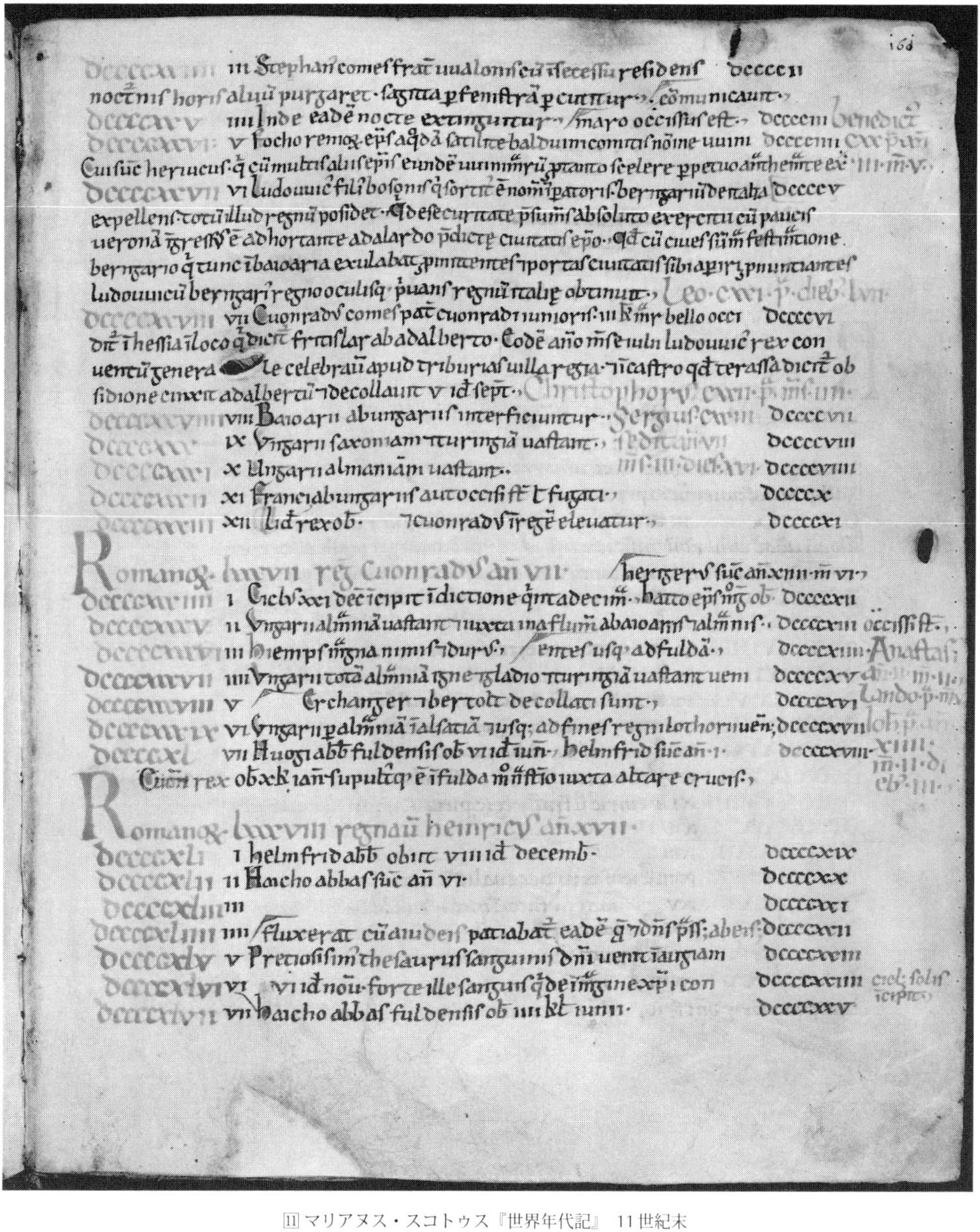

⑪ マリアヌス・スコトゥス『世界年代記』 11世紀末
バチカン図書館蔵、Cod. Pal. lat. 830, f.161r.
紙葉のなかほどに、コンラート1世の即位と死を伝える記事がみえる。詳細次頁参照。

図版⑪補説

マリアヌス・スコトゥスMarianus Scotus（1028–1082/83）　アイルランド人。24歳のとき修道士になり、1056年に大陸に渡る。ケルンのザンクト・マルティン修道院、フルダ修道院、マインツのザンクト・アルバン修道院で修道生活を送り、1082年ないし1083年にマインツで亡くなり、マインツ大聖堂に埋葬された。『世界年代記』は天地創造から自身の晩年に当たる1082年までの歴史を記した作品。掲載のバチカン図書館所蔵本（Cod. Pal. lat. 830）はマリアヌスの自筆とも目されている。この年代記では、キリスト紀元（西暦紀元）はディオニュシウス・エクシグウスの算出した年代より「22年」前であるという認識に基づいて、その年代と西暦年の2つの年代表記が用いられている。紙葉の中央あたり、左列に赤インクで書かれたマリアヌスの算出する年代DCCCCXXXIII（933年）（右列で西暦年DCCCCXI［911年］）の箇所に、“Lud(owicus) rex ob(ii)t. et Cuonradus in regem elevatur”（国王ルードヴィヒが死去す。そしてコンラートが国王に推戴さる）と記され、左列DCCCCXL（940年）（右列DCCCCXVIII［918年］）の2行目に“Cuon(radus) rex ob(ii)t X K(alend.) Ian(uar,) sepultusque est in Fulda monasterio iuxta altare crucis.”（国王コンラートが12月23日に死去し、フルダ修道院において十字架の祭壇のそばに埋葬された）と記される。

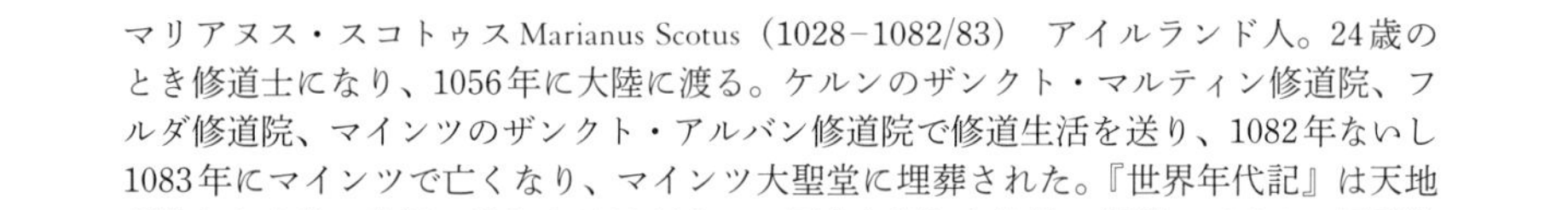

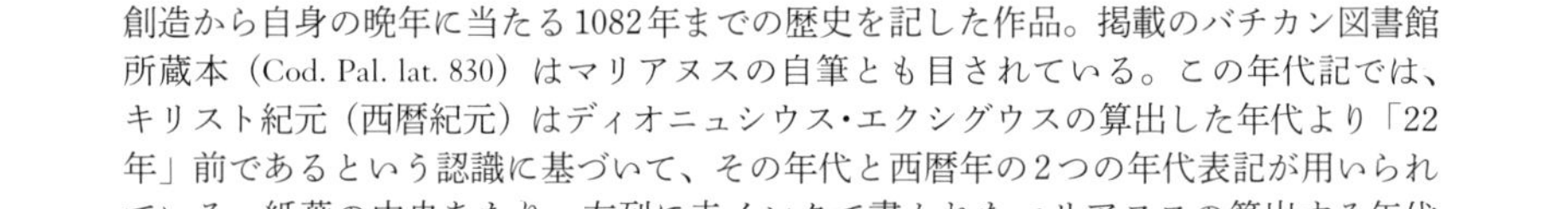

1　国王選挙研究と本書の課題

フランク王国最盛期のカール大帝の死（八一四年）から約一世紀後、フランク王国は分裂がすすみ、王国を名乗る地域だけをとっても、東フランク、西フランク、イタリア、上ブルグント、下ブルグント（プロヴァンス）、と分立していた。この間、とりわけ九世紀の第4四半期以降、この分裂状況に呼応して、各地域で相当数の「国王選挙」、すなわち一国の最高位たる国王位に就くべき者を選び出す行為、がおこなわれ、その中にあっては、時代を画するものも少なくない。

例えば八七九年、西フランクでのボゾン・ド・ヴィエンヌ（ボゾー・フォン・ヴィエンヌ）の国王選挙。これは、七五一年のカロリンガー王権成立以降において、初めてカロリンガーに非ざる者を王として登場させた事例であり、注目すべきことに、ボゾンの周辺聖職者たちのもとで彼の王権を正当化するべく、カロリンガーの相続権ないし血統権に縛られない、教会的観点からの自由選挙の主張がなされ、ここに、諸侯・貴族の「自由選挙（権）」の考えへと連なる、国王選挙史上画期的な理念が提起された(1)。

また八八七年末、皇帝カール三世（肥満王）の失脚とその甥アルヌルフの国王選挙は、カール三世のもとで再統合されたフランク王国の、最終的な分裂を生ぜしめるとともに、各地に非カロリンガーの王権の登場をもたらした。すなわち翌八八八年、西フランクではロベール＝カペー家のウードが国王に推戴され、イタリアではウンルオヒンガー家のベレンガール一世とヴィドーネン（ヴィドー）家のヴィドーの二人が王として立ち、上ブルグントではヴェルフェン〔ヴェルフ〕家のルドルフ一世が王を呼号する。この結果カロリンガーの王権はアルヌルフの東フランクのみに後退し、諸地域での貴族権力の台頭が王位獲得という究極的なレヴェルで提示され、同時にフランク王国の分裂も一挙に明示された。(2)

こうした事例に限らず、「国王選挙」は一国の現実の諸関係〔政治力学〕と様々な理念〔王権理念、国家観〕が自己主張し、競合する機会・場であって、いわば、時代を動かす力学が働く場であった。かつてエドゥアルト・ラヴィチュカ〔Eduard Hlawitschka〕はとくに九・十世紀交期の国王選挙研究にふれて、つぎのように語った。

フランク・カロリンガー時代の王位交替は、続くオットー朝＝初期ドイツ時代のそれと同様に、様々な、たいていは互いに相容れない諸理念と諸力の影響の下でおこなわれた。それは、相続権ないし血統権と選挙権との緊張に満ちた戦いの場の中に、王権と貴族とが競合する場の中に、古くからの血統観念と〔キリスト〕教会的な官職思想との、正しき適格性をめぐる論争の中に、伝統的な、とりわけ国王の人格に関連づけられた国家観と、新たな、人格を越えた、〔国家を〕抽象化へと押しやろうとする国家理解との力比べ、等々、の中に、立っていた。〔歴史〕研究はこの闘争の場へ久しくその関心を向けてきた。(3)

副詞句が続いて少々分かりにくく思われるので、屋上屋を架すようではあるが、ここであげられた様々な対立項を図式的に示すならば、つぎのようになろう。

王権 Königtum　vs　貴族権力 Adelsherrschaft（貴族権力 vs 貴族権力）
相続権ないし血統権 Erb- bzw. Geblütsrecht　vs　選挙権 Wahlrecht
血統観念 Geblütsdenken　vs　キリスト教的官職観 Amtsgedanken
国王制的国家観　vs　超人格的・抽象的国家観

国王選挙はこうした、普段はあまり見えてこない、時代の諸々の関係・理念を、そしてそれらの複合、あるいはまた対立の様を、ときに劇的に、象徴的に、表出させる。ことに九・十世紀交期についていうなら、そこでなされた少なからぬ一連の国王選挙は、カロリング朝フランク王国の分裂・解体という全般的情勢の中で、各地域・各時点において時代を動かすことに与《あずか》った諸力・理念を析出するにふさわしい分析対象、研究対象といえる。

本書が対象としようとする九一一年、東フランク王ルードヴィヒ四世（幼童王）の死去にともなう、コンラート一世（在位九一一―九一八年）の国王選挙もまた、そうした国王選挙のひとつである。

従来この国王選挙でとくに注目されてきたことは、ルードヴィヒ幼童王の死去により東フランク・カロリンガー王統が断絶し、非カロリンガーの有力貴族の中から新王が選出されたことであり、この観点からコンラート一世国王選挙はドイツ成立史における一つの里程標ともされてきた。しかし、思うにこのコンラート一世国王選挙の歴史研究としての真髄は、ことをそうした「歴史的」意味合いに還元させること以上に、コンラート一世国王選挙それ自体の解明にある。

この国王選挙については、本編で縷々述べることになるが、史料報告がきわめて少なく、事実関係それ自体の解明が隘路となっていて、この国王選挙へ向けての個々人あるいは集団の動力学を明確に描くことは困難である。研究上のそうした困難を前に、この国王選挙について細部の解明をいわば捨象して、巨視的・大局的な観点からその「歴史的」意味合いに考察の翼を広げるのも研究の一つの在り方ではあるが、むしろ細部にこだわり、事実関係の解明を可能な限り突きつめて、その過程で、時代を動かした諸力のありようを、時に静態的に、時に動態的に浮かび上がらせることもまた、歴史研究の醍醐味のように思われる。それは、ラヴィチュカの提示する歴史を動かす種々の対立項の実相を、一部ではあれ、コンラート一世国王選挙の場合で提起・解明することでもある。本書においてはこのような観点のもと、コンラート一世国王選挙に関する事実関係を、様々な史資料の突き合わせをとおして、可能な限り丁寧に掘り起こしていって、解明することをめざし、これを取り組むべき第一の課題としたい。

ところで事実関係の解明という課題にあって、誰しもが直面する問題に、史料をどう読むべきか、どう扱うべきか、という問題がある。史料批判の問題である。上述のようにこのコンラート一世国王選挙に関しては、史料状況に厳しいところがあり、それゆえに史資料の扱いにはいっそうの注意が必要とされる。しかし、これも本編で縷々指摘することになるが、最重要に位置づけられる史料『モンツァ本アレマニエン年代記』それ自体の検討は、従来、等閑に付されたままできた。史料の分析・読解をとおして事態の解明をめざすという過程において、史料批判の手続きは不可欠であろう。事実関係の解明からは遠回りとなり、煩雑とはなるが、第一の課題への取り組みを支えるべき、われわれの第二の課題として、史料・テキストそれ自体の分析、具体的には『モンツァ本アレマニエン年代記』のテキスト構造の分析に、一章を割いて、踏み込んでいきたい。

注

（1）以下、拙稿「カロリンガー後期・国王選挙における正統性問題――八七九―八〇年 西フランクにおける王位継承問題をめぐって」『アカデミア』人文・社会科学編六九、南山大学 一九九九年、三六一―四三九頁；同「八七九年 ボゾー・フォン・ヴィエンヌの国王選挙――フリート説をめぐる問題状況」『アカデミア』人文・社会科学編七四、南山大学 二〇〇二年、三八九―四一四頁；同「ボゾー・フォン・ヴィエンヌの国王選挙（八七九年）小論――初の非カロリンガー王権の正当化をめぐって」『光環（CORONA）――南山ゲルマニスティク』一七、南山大学大学院文学研究科独文学専攻課程 二〇〇六年、三九―五五頁を参照。

（2）以下、拙稿「八八七年（東）フランク国王選挙――カール三世（肥満王）の失脚とアルヌルフの国王推戴」『アルケイア――記録・情報・歴史』一五号、南山アーカイブズ 二〇二〇年一一月、一―一一三頁を参照。

（3）E. Hlawitschka, Einleitung, in : ders.(hrsg.), Königswahl und Thronfolge in fränkisch-karolingischer Zeit (=Wege der Forschung 247), Darmstadt 1975, S. VII.

2 九・十世紀交期東フランク＝ドイツにおける権力構造
――東フランク・カロリンガー王統の断絶をめぐる問題状況

九一一年九月二四日、東フランク王ルードヴィヒ四世（幼童王、在位九〇〇―九一一年）が死去した[4]。享年一七ないし一八、未婚で、嗣子を遺さぬままの逝去であった。ここに東フランク系のカロリンガー王統は断絶し、空位となったこの栄位をめぐって、にわかに事態が動き出すことになる。

ことの背景を理解するために、あらかじめルードヴィヒ幼童王治下の東フランク情勢を少し遡ったところから瞥見しておこう。

ルードヴィヒの父王アルヌルフ（アルヌルフ・フォン・ケルンテン）（在位八八七―八九九年）は、八九六年にローマで皇帝戴冠をうけるも、そのイタリア滞在の間に卒中に倒れ、東フランクへの帰途につく。帰還後は自らの本拠バイエルンを出ることもあまりなく、病状の悪化にともない徐々に統治能力を失う。この間、国政の中枢たる宮廷において実権を掌握したのはアルヌルフの嫡子ルードヴィヒの洗礼親（代父）であるマインツ大司教ハットーと、その僚友、コンスタンツ司教ザロモ三世であった。

両者はカール三世（肥満王、在位八七六―八八七年）の宮廷書記局 Kanzlei においてその政治的閲歴を開始し、アルヌルフ政権発足とともにその宮廷に移り、同王の知遇を得て宮廷における影響力を急速に伸長させていった。ハットーは早くも八八八年にライヘナウ修道院長、八九一年には東フランク聖界を代表するマインツ大司教に抜擢され、ザロモは八九〇年にコンスタンツ司教職ならびにザンクト・ガレン修道院長職をえていた。宮廷を支える宮廷教会（宮廷礼拝堂）Hofkapelle の最高職たる宮廷司祭長（archicappellanus, Erzkaplan）の地位は、アルヌルフの本拠バイエルンのザルツブルク大司教テオトマールが有したが、しかしその影響力はバイエルンに限定され、ハットー、ザロモの両者が宮廷教会ならびに宮廷書記局を指揮し、フランケン（補注1）を中心とする東フランク枢要部においてアルヌルフ政権を支えていた。アルヌルフが統治能力を失して以降は両者が実質的に宮廷を、宮廷教会・宮廷書記局を、動かしていった。(5) ——そうした中、八九九年一二月八日、アルヌルフがバイエルンのレーゲンスブルクにあって、病状悪化のため、死去する。(6) ハットー等はすぐに嫡子ルードヴィヒの擁立に動き、翌九〇〇年二月四日、フランケンの王宮地フォルヒハイム Forchheim においてルードヴィヒの国王選挙が挙行される。(7) このときルードヴィヒは六歳ないし七歳の文字通り幼童であった。新たな政権の実質的な担い手は、彼を擁するハットーとザロモ、そして両者と結んだフランケンの貴族家門、すなわちアルヌルフの正妃でルードヴィヒの母であるオーダが出自する(8) コンラーディーナー家であった。

政権の発足後ハットーらがただちに取った行動のひとつが、幼童王ルードヴィヒの異母兄ツヴェンティボルトのロートリンゲン（ロレーヌ）「下王権」Unterkönigum を圧伏して、東フランク統一政権を確立することであった。

ツヴェンティボルトはアルヌルフの最初の男子であったが、婚外子であった。アルヌルフは、この息の王位継承を図るも庶出を理由に貴族らの反対をうけてこれを断念。が、八九五年に王国西部のロートリンゲンにおける国王——父王に従属する「下王」——とすることに成功した。(9) 八七〇年メルセン条約、八八〇年リベモン条約により全域が東フランク王国に帰属していたロートリンゲンはしかし、カロリンガー・フランク王権の本拠地であったその歴史を背景に、政治的な勢力分布に関する限り、きわめて複雑な様相を呈していた。地域全体の指導権を握るような勢力はいないものの、いくつかの比較的強大な貴族家門があり、また古くからの有力な大司教座・司教座・修道院も数多くあるという状況であり、これに加え、東のフランケンからはコンラーディーナー家が勢力拡大を図り、さらに西からは西フランク王シャルル三世（単純王、在位八九三―九二三／九二九年）がこの地の支配を視野に入れており、ロートリンゲン内部の党派対立は容易に西フランク勢力の干渉を招く傾向があった。

さてツヴェンティボルトはロートリンゲン王に登位後、毎年のように貴族諸党派と軋轢を生じさせていたが、八九八～八九九年には国王への反乱が激化し全域化する。父王アルヌルフはバイエルンにあって、病状悪化のため、ツヴェンティボルトを支援できぬまま、既述のように八九九年一二月に死去する。翌九〇〇年二月のルードヴィヒの国王選挙に呼応する形で三月、ロートリンゲン貴族らは国王ルードヴィヒに臣従する決議をおこなう。四月、幼童王ルードヴィヒがハットー等に伴われてアーヘンへ進軍。劣勢にまわったツヴェンティボルトは八月に至って、一三日、戦闘に斃れる。かくしてルードヴィヒによる東フランク統一政権が誕生するが、それは実質的にはハットー＝コンラーディーナー政権の成立であった[10]。

東フランク王国の統合がなったとはいえ、ルードヴィヒ政権下においては、アルヌルフ政権末期においてきざしていた王国における権力構造の変動が進行していた。地域に、より密着した権力、すなわち大公権力の胎動がそれである[11]。

東フランク王国北部のザクセン、および南東部のバイエルンでは九世紀末～十世紀初に、侵攻を繰り返すマジャール人・ノルマン人に対する防衛戦において、あるいはまたスラヴ人との戦いにおいて、地域の軍隊を指揮して、地域全体の指導権を握る貴族＝貴族家門が出現する。謂う所の大公権力の形成である。ザクセンでリウドルフィンガー＝オットーネン（オットー）家のオットー（貴顕公）が、バイエルンではリウトポルディンガー家のリウトポルトが、相次いで勇躍、登場する。両者と王権との「距離」を測るため、試みにここでルードヴィヒ幼童王治世下の国王巡行路 Itinerar を取り上げよう。

国王文書、その他の史資料から確認されるルードヴィヒ幼童王の王国巡行の経路＝巡行路は、九〇六年四月／五月の以前と以後とで、大きく異なる。まず前半の時期（地図1‐1：九〇二年二月〜九〇六年五月）においては、当時の王宮地のうちルードヴィヒ幼童王が最も頻繁に訪れているレーゲンスブルクをいわば拠点として、そのレーゲンスブルクを代表とするドイツ東南部のバイエルン地方、ドイツ中部のフランケン地方、ドイツ南西部のシュヴァーベン地方、（補注2）そして西部のロートリンゲンを巡っており、唯一ドイツ北部のザクセン地方のみが巡行路から外れていた。このことは、ザクセン地方がルードヴィヒ王権にとって塞外の地、関心の低かった地域であった、とも読み取れるが、ザクセン地方が大公権力の成立とともに国王権力の及ばない地となっていた可能性をも示唆する。後者の可能性が高いように思わせるのが、治世後半の巡行路でのバイエルン地方の位置づけとのアナロジーである。後半の時期（地図1‐2：九〇六年五月〜九一一年六月）においては、ザクセン地方とともにバイエルン地方もルードヴィヒ幼童王の巡行路から外れ、レーゲンスブルクの滞在も九〇六年四月八日を最後におこなわれなくなっており、巡行の中心はフランクフルト・トリブール・インゲルハイム、そしてフォルヒハイムの所在するフランケン地方を拠点として、シュヴァーベン、そしてロートリンゲンを巡るものへと変わっている。

バイエルンではアルヌルフ政権期、リウトポルディンガー家の辺境伯リウトポルトが対マジャール人戦などを通じて指導的地位に立ち、事態は地域の自立的権力＝大公権力の確立へと進んでいた。リウトポル

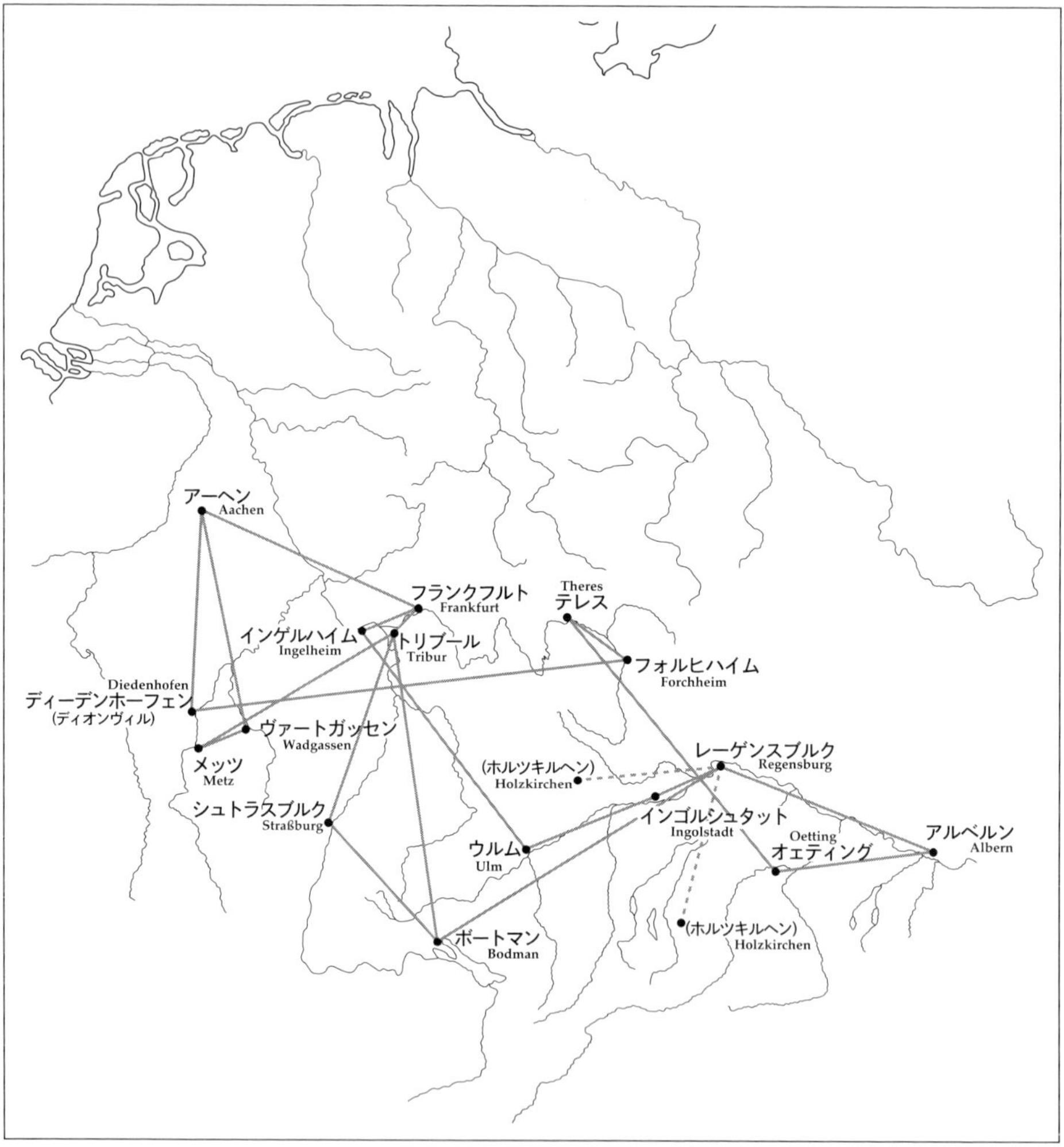

＊ホルツキルヘンHolzkirichenの場所比定については2説ある。

地図1-1　ルードヴィヒ幼童王の巡行路（900.2～906.5）

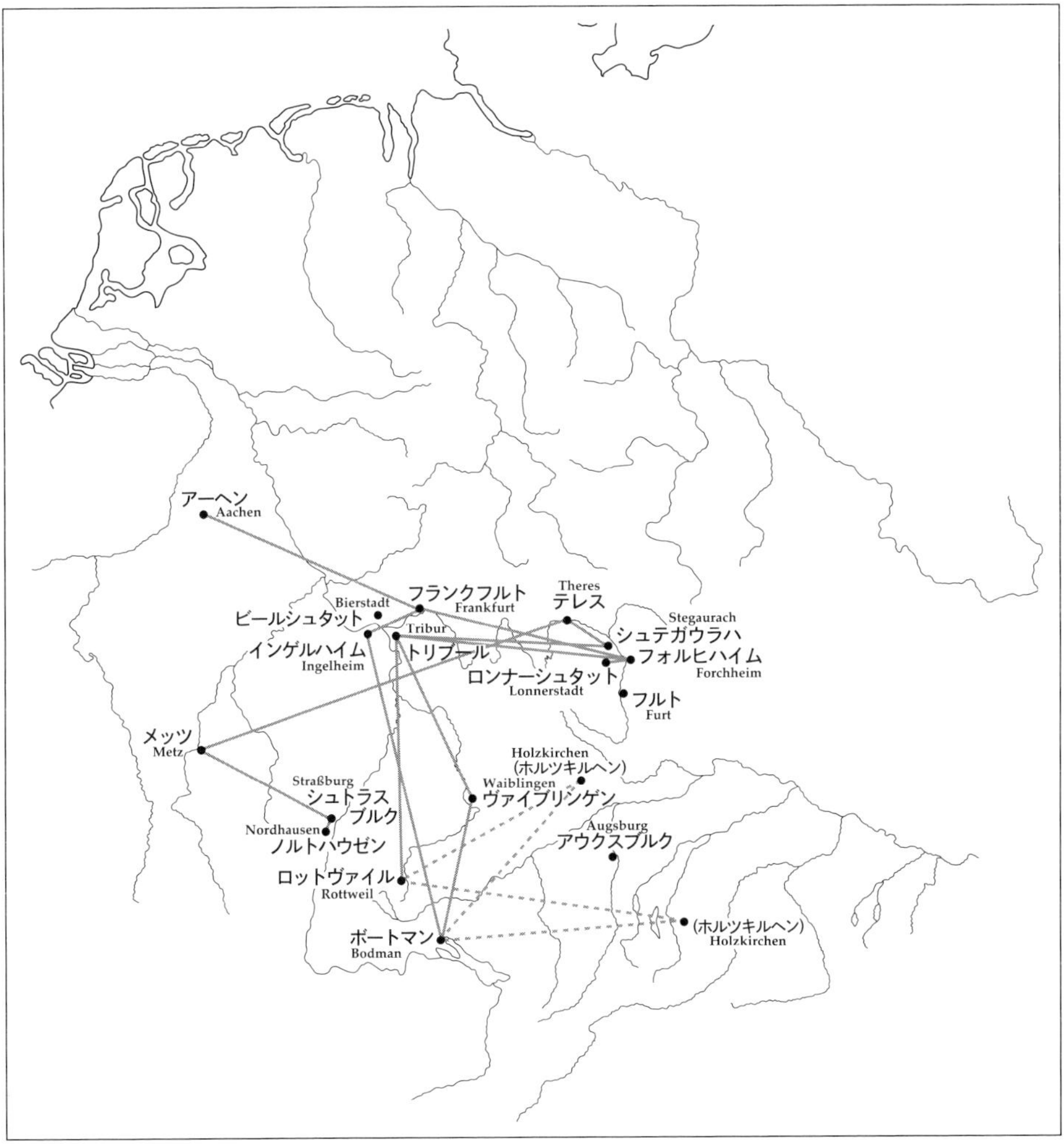

＊フルト（907.3）・アウクスブルク（910.−）・ビールシュタット（910.7）は、確認できる前後の滞在地との間に時間的間隔がありすぎるなどの理由から、動線上に示していない。

地図1-2　ルードヴィヒ幼童王の巡行路（906.5〜911.6）

トがルードヴィヒ幼童王期に入って九〇七年、マジャール人とのプレスブルク（現スロバキアの首都ブラチスラヴァ）の戦いで戦死した後、後継者となった息子、「大公」と称されることになるアルヌルフは自立性を強め、もはや国王宮廷へ伺候することもなかった。ルードヴィヒ幼童王がバイエルンに足を踏み入れなくなった事態のいわば裏返しである。父王アルヌルフが本拠とし、ルードヴィヒ幼童王もまた当初は支配・統治拠点としたバイエルンが巡行路から外れる事態に、ルードヴィヒ幼童王政権を支える人的環境がフランケン中心になったことと並んで、バイエルンでの自立的な大公権力の確立という状況がかかわっていたことが容易に推察される。[12]

ルードヴィヒ政権が比重を置くようになったフランケン、並びにそれに準じるシュヴァーベンでは、地域の支配権＝大公権の形成へ向けての動きは、それぞれ対立する二つの有力な貴族家門が、一方で王権との関係を測りつつ、他方で指導権をめぐり争うという形で展開された。フランケンでは西部のラインフランケン地域を本拠とするコンラーディーナー家と、東部のマインフランケン地域をそれとするバーベンベルガー家とが激しくぶつかりあい、シュヴァーベンではボーデン湖地域を本拠とするエルカンガー家と、南部のクール＝レティエン地域をそれとするフンフリディンガー＝ブルハルディンガー家とが対峙した。これらの権力闘争のうち、ルードヴィヒ政権下ではフランケンでのそれが決着を見る。すなわちフランケンにおける指導権をめぐる貴族間の闘争（バーベンベルガー・フェーデ Babenberger Fehde）において、コンラーディーナー家が王権＝ハットーの支援をえて、九〇六年宿敵バーベンベルガー家を殲滅したのち、コンラート（後の国王コンラート一世）がフランケン大公として登場する。[13]

ロートリンゲンでは九〇三年、ルードヴィヒ幼童王のもと、コンラーディーナー家のゲープハルト（コンラート一世の叔父、九一〇年没）が「大公」位をもって登場する。当地での、フランケンのコンラーディーナー家の勢力伸張はしかし、マットフリディンガー家やレギナール家など、ロートリンゲンに本拠をもつ貴族家門との競合を激化させることになる。しかもルードヴィヒ政権下にあっても、事あれば西フランク勢力とすぐに手をむすぶ聖俗貴族群をかかえるという、ロートリンゲン特有の状況に大きな変化はなかったのである。[14]――なお、ルードヴィヒ政権下でのロートリンゲンに関連して、国王宮廷との関係についてここで述べておきたい。ロートリンゲンの再統合後、ツヴェンティボルト王権の下での宮廷書記局が、ルードヴィヒ政権下でも存続し、宮廷書記局長（archicancellarius, Erzkanzler）職を担っていたトリーア大司教ラトボートがこの地位を引き続き有した。ただしこの書記局はもっぱらロートリンゲン地域に関する文書行政その他を担うものであった。[15]念のため言い添えるなら、ルードヴィヒ幼童王の宮廷教会・宮廷書記局においては、それぞれの最高職である宮廷司祭長職と宮廷書記局長職について、名目上、前者をザルツブルク大司教、後者をトリーア大司教が占めた（トリーア大司教ラトボートは形式的にはロートリンゲンを含む東フランク王国全体の宮廷書記局の宮廷書記局長職を担った）。しかし、常に幼童王を擁して、フランケンなど東フランク枢要部を中心に宮廷での実権を掌握していたのはマインツ大司教ハットー、そして彼の僚友コンスタンツ司教ザロモらであり、国王の宮廷教会・宮廷書記局は実質上彼らの指揮するところにあった（後述）。

東フランクのこうした全般情勢のなか、国王ルードヴィヒが死去する。しかもそれは一国王の死という次元にとどまらず、東フランク系のカロリンガー王統の断絶でもあった。事態はいかなる展開を見せるのか。皮相ではあるが、この時点において見通される可能性について指摘しておこう。

(1)フランク王権に対するカロリンガーの相続権理念がなお強固で、これに従うべきと観念されていたのなら、西フランクにカロリンガーの国王シャルル単純王がいる以上、シャルルの王権相続=王位推戴が選択されることになろう。すなわち西フランクとの再統合の可能性である。近い過去においてカール三世(肥満王)の例がある。彼は、東フランクのアレマニエン分国王として出発し、イタリア王権(八七九年)、全東フランク王権(八八二年)、西フランク王権(八八五年)を、各王位が空位になるにともない、主として相続権に基づき、大きな軋轢もなく次々に獲得していって、全フランクを再統合するに至った。これはカロリンガーの相続権理念の強固さを示していよう。ただし統合とはいえ、この事例にあっては同君連合的性格が強く、各分国の独自性を止揚してのものではなかった。実際カール三世の失脚にともない、既述のようにフランク国家は再び分裂し、しかも東フランク以外の分王国における非カロリンガー王権の簇生という事態をまねく。このことは統合フランク王国が擬制的統一体にすぎなかったこと、ならびにカロリンガーの相続権理念が相対的なものとなっていたことを示していよう[16]。とはいえ全般的傾向がそのようなものであったにしても、カロリンガーの相続権理念・主張がまったく後退していたわけではなく、九一一年の時点においては、少なくとも西フランクのカロリンガー、シャルル三世(単純王)は当然相続権に基づいて東フランク王位を要求するであろうし、理由はどうあれ――純粋にこの理念の信奉者であれ、政治的判断としてこれに加担するのであれ――これを支持する勢力も現れるであろう。試されていたのはなおカロリンガーの相続権理念であったといいうるのであり、これが貫徹される可能性は初めから排除されていたわけではないのである。

(2)カロリンガーの相続権理念が相対的なものとなっていたという全般的傾向の中、非カロリンガー王権の簇生という既存の状況のもと、九一一年、東フランクにおいても非カロリンガーが国王へ推戴される、――この可能性もまた排除されまい。アルヌルフ政権末期、およびルードヴィヒ幼童王政権のもとで、国王に代わって国政の実権を握ってきた一群の貴族、あるいは政権から距離をおき、自己の支配権（支配領域）＝大公権（大公領）を構築しつつあった貴族たち。彼ら、「国王能力のある」（königsfähig）貴族が、カロリンガーに代わって自ら東フランク王権を握ろうとする可能性は小さくなかろう。その場合問題は、王権を担おうとする者に対して全般的な支持が寄せられるかどうか、すなわち一方でその者に対し、カロリンガーの伝統的な力、相続権理念を打ち破って、支持が寄せられるかどうか、他方でその者と同程度の力をもつ他の貴族たちの支持が寄せられるかどうかである。

(3)東フランク王国が複数の地域権力から構成される集合体であるという側面、それはアルヌルフ政権末期、およびルードヴィヒ幼童王政権のもとで、より明確となっていた。各地域で、そこでの指導権＝大公権を確立する貴族家門があらわれたり、あるいはそれをめざしての家門間の角逐が見られた。他方、目を東フランクの外へ転じるならば、九世紀末以来、カロリンガー・フランクの分王国という伝統のない地域で、非カロリンガー貴族が自らの支配領域・勢力圏において国王を呼号し、結果的に独立した王国の形成へと至った例が、上ブルグント・下ブルグント（プロヴァンス）で見られた[17]。九一一年・東フランクの場合、カロリンガー王統の断絶を契機に、各地域において指導権を確立した「国王能力のある」貴族たちが、国王と称し、結果的に個別の王国が形成される可能性も、決してないわけではあるまい。

「国王能力のある」貴族たち、自己の排他的な支配領域を構築しつつあった貴族たちが、カロリンガーの相続権理念に従って西フランクのシャルル単純王を招聘するのか、カロリンガーに代わって東フランク全体の王権を担おうとするのか、あるいはさしあたりは自己の支配領域での王権をめざすのか。東フランク王国という視点からいい直すならば、同君連合的であれ西フランクとの統合の道を選択するのか、東フランクの一体性を保持しつつカロリンガー以外から東フランク王国全体の王権を担う者を選出するのか、あるいは複数の国王を出現させて、場合によっては東フランク国家の解体へ向かうのか。——西フランクのカロリンガー、シャルル単純王が掲げるであろう要求権の行方と合わせ、九一一年、事態は様々な方向へと進む可能性を内在していた。

こうした中、ルードヴィヒ幼童王死去前にも一部貴族が離反していたと思われるロートリンゲンでは、幼童王の死後、おそらくは伯レギナール等が中心となって西フランク王シャルル三世（単純王）を国王に招聘する。他方、時を前後して、ロートリンゲンをのぞく東フランクの地においては、非カロリンガーの国王が登場する。コンラート一世である。コンラーディーナー家出自のフランケン大公であったコンラート——。彼が王位に登る、その経緯はいかなるものであったろうか。

注

（4）BM² 2070b.

（5）ハットーについては、F. Knöpp, Hatto. Abt von Reichenau, Ellwangen und Wießenburg. Erzbischof von Mainz. 891-913, in: Die Reichsabtei Lorsch. Festschrift zum Gedenken an ihre Stiftung 764, T.1, hrsg. v. F. Knöpp, Darmstadt 1973, S. 261-267; T. Offergeld, Reges pueri. Das Königtum Minderjähriger im frühen Mittelalter, Hannover 2001, S. 490, S. 526-638, bes. S. 537-547. ザロモについては、U. Zeller, Bischof Salomo III. von Konstanz, Abt von St. Gallen, Leipzig/Berlin 1910, S. 44-55; T. Offergeld (wie oben), S. 490, S. 544-547.

（6）BM² 1955b.

（7）BM² 1983d.

（8）オーダ Oda の出自に関して、近年、ドナルド・C・ジャックマンは、オーダはコンラート一世の母と姉妹であって、コンラーディーナー家の出身ではないとする所説を提出している。Donald C. Jackman, Die Ahnentafeln der frühesten deutschen Könige, in: Herold-Jahrbuch, Neue Folge 15, 2010, S. 47–67.

（9）BM² 1813a, 1908a, 1955d.

（10）BM² 1983a, 1984a, 1988d, 1983c. Vgl. E. Hlawitschka, Lotharingien und das Reich an der Schwelle der deutschen Geschichte (=MGH Schriften 21), Stuttgart 1968, S. 158-184.

（11）全般情勢について、以下、しばらく山田欣吾「国王・大公・教会――カロリンガー後期からオットーネン初期の国制をめぐって」同『教会から国家へ――古相のヨーロッパ』（西洋中世国制史の研究Ⅰ）、創文社 一九九二年、二〇三―二二五頁；船木順一「シュヴァーベン太公権の形成について――ドイツ王国の生成期における dux の政治史的再考」『史友』一九、青山学院大学史学会 一九八七年、一六―二八頁；拙稿「ザンクト・マクシミン修道院改革――十世紀前期ロートリンゲン政治史の一断面（その２）」『アカデミア』人文・社会科学編五一、南山大学 一九九〇年、三三―三五頁を参照。

（12）拙稿「中世前期・東フランク＝ドイツ王国における「宮廷アーカイヴ」」『アルケイア――記録・情報・歴史』第八号、南山大学史料室 二〇一四年三月、七三―七五頁；同「中世ヨーロッパの巡行王権」『アルケイア――記録・情報・歴史』第一七号、南山アーカイブズ 二〇二二年一一月、六―七頁。

（13）早川良彌「「バーベンベルガー・フェーデ」に関する一考察」『原弘二郎先生古希記念 東西文化史論叢』一九七三年、一二三―一四六頁；J. Petersohn, Franken im Mittelalter. Identität und Profil im Spiegel von Bewußtsein und Vorstellung (=Vorträge und Forschungen, Sonderband 51), Ostfildern 2008, S. 150-162.

（14）山田欣吾（前注11）、二〇七―二〇八頁；拙稿（前注11）、三五―四〇頁を参照。

（15）Vgl. DLdK, Einleitung zu den Urkunden Ludwigs d. Kindes (v. Th. Schieffer), S. 84-85; P. Kehr, Die Kanzlei Ludwigs des Kindes, Berlin 1940（第Ⅱ章注23）, bes. S. 35-38; Th. Schieffer, Die lothringische Kanzlei um 900, Köln – Graz 1958（第Ⅱ章注23）, bes. S. 92-115.

（16）拙稿「カロリンガー後期・国王選挙における正統性問題」（前注1）、三六二―三六三頁；同「八八七年（東）フランク国王選挙」（前注2）一―七頁、九二―一〇〇頁を参照。

（17）拙稿「八七九年 ボゾー・フォン・ヴィエンヌの国王選挙」（前注1）、三八九―四一四頁を参照。

（補注1）フランク人・フランク王国はラテン語でそれぞれ franci (pl.), regnum Francorum（「フランク人たちの王国」の意）

と表され、東フランク王国は regnum Francorum orientalium と表される。そして地理的概念としてのフランクは Francia、東フランクは Francia orientalis と表される。しかしこの Francia orientalis は次第に、東フランク王国域のうち、フランク人の居住する地域――フランク人に服属したザクセン人・バイエルン人・アレマニエン人の居住地域（ザクセン・バイエルン・アレマニエン）以外の地域――を、すなわちライン川中流域、その支流マイン川流域を表すようになり、九世紀後半からはほとんどもっぱらこの意味で用いられ、単に Francia と表されるようにもなる。ドイツ語でいうフランケン Franken 地方がこれである（ラテン語での地理的名称としてはフランキア Francia とともにフランコニア Franconia と表されることがある）。

さてフランケン Franken は元来ドイツ語でフランク人のこと。フランク人は、ラテン語であれドイツ語であれ、フランク王国の時代についても、続くオットー朝期以降についても、一貫してそれぞれ franci, Franken と呼ばれるが、わが国ではこの語を概ね、フランク王国時代については「フランク人」、オットー朝期以降については、前述の地域名に合わせる形で、「フランケン人」と呼び分けている。本書では地域名としての「フランケン」は使用したが、住民名としては、史料の訳出の問題もあり、フランク人・フランケン人の明確な訳し分けをおこなわず、時に「フランク人（フランケン人）」などと記した。

（補注2）現在のドイツ南西部を中心とする地域は、かつて居住したゲルマン族の名からアレマニア Alemannia/Alamannia ないしスワビア Swabia/Suebia と呼ばれたが、研究者の間では概ね、カロリング朝期までに関してはアレマニア由来の「アレマニエン」が、十世紀初の大公権成立期以降に関してはスワビア由来の「シュヴァーベン」が用いられる。ただし九・十世紀交期を対象とする研究では往々にして両呼称が、主として史料の表記に合わせることに起因して、混在して用いられている。本書でもあえて表記を統一することはおこなわず、時に「アレマニエン＝シュヴァーベン」とした。

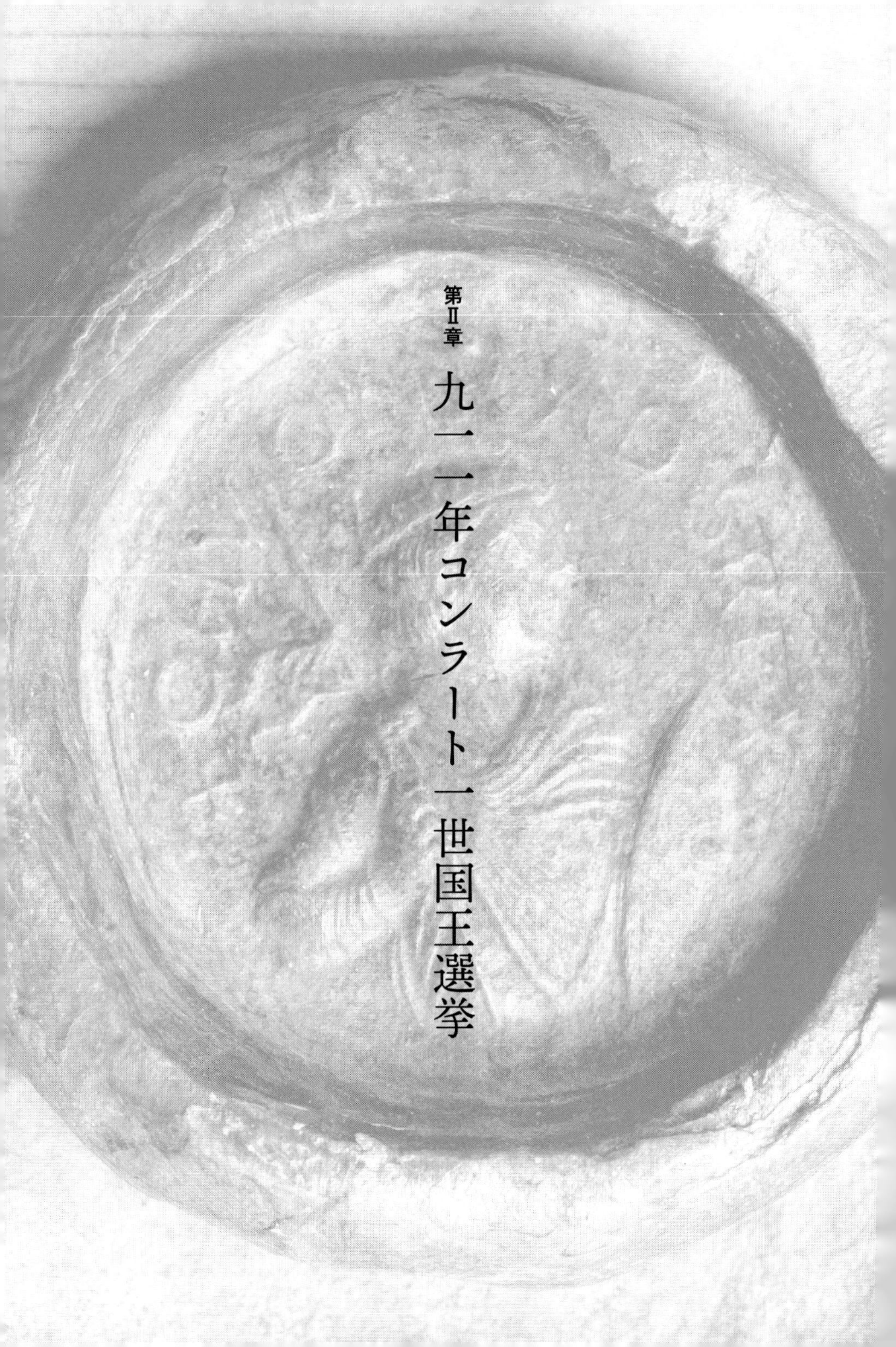

第Ⅱ章　九一一年コンラート一世国王選挙

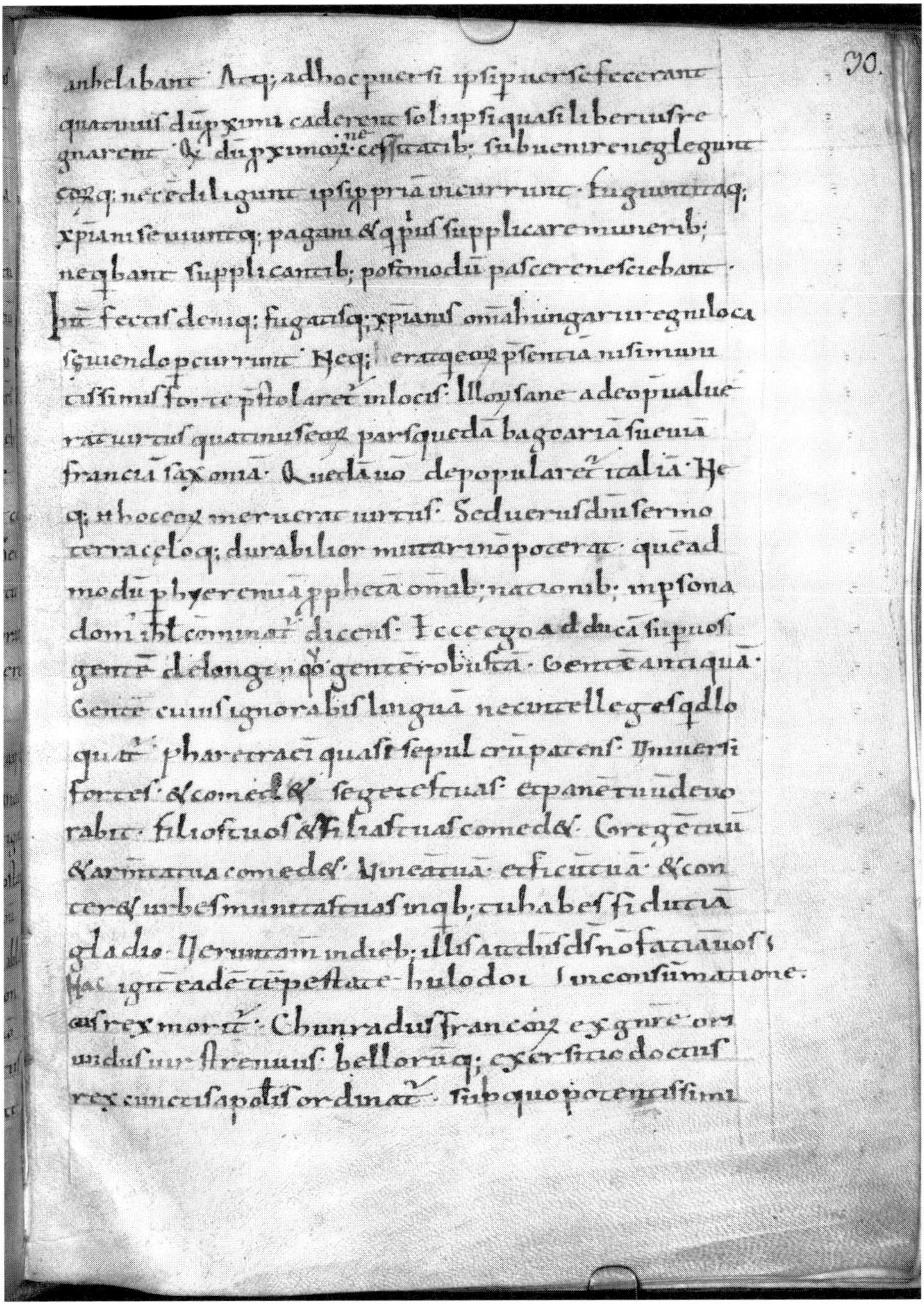

⑫フライジング本リウトプラント『報復の書』　10世紀
バイエルン州立図書館蔵、Clm 6388, f.30r.
コンラート1世の国王選出についての言及（第2章第17節）を含む紙葉

図版12補説

バイエルンのフライジングで司教アブラハム（994年没）の下で制作された当書冊には、クレモナのリウトプラント（972年頃没）の2作品、『オットーの事績』Liber de rebus gestis Ottonis (Historia Ottonis) と『報復の書』Antapodosis、プリュム修道院長であったレギノー（915年没）の『年代記（レギノー年代記）』Reginonis abbatis Prumiensis Chronicon と、その続編であるマクデブルクのアダルベルト（981年没）による『レギノー年代記続編』Adalberti Continuatio Reginonis が収められている。各作品につけられた序文は司教アブラハム自身が書いたと目されている。掲載したのは、リウトプラント『報復の書』の第2章の部分であり、第17節コンラート1世の国王選出に関する箇所が含まれる（本章31頁などを参照）。

Hac igitur eadem tempestate Hulodoicus rex moritur. Chunradus Francorum ex genere oriundus, vir strenuus bellorumque exercitio doctus, rex cunctis a populis ordinatur（さてこの同じころ、国王ルードヴィヒが死去した。フランク人の種族から出自し、力強く、戦いの技量にたけた男コンラートがすべての人民によって国王に任じられた）

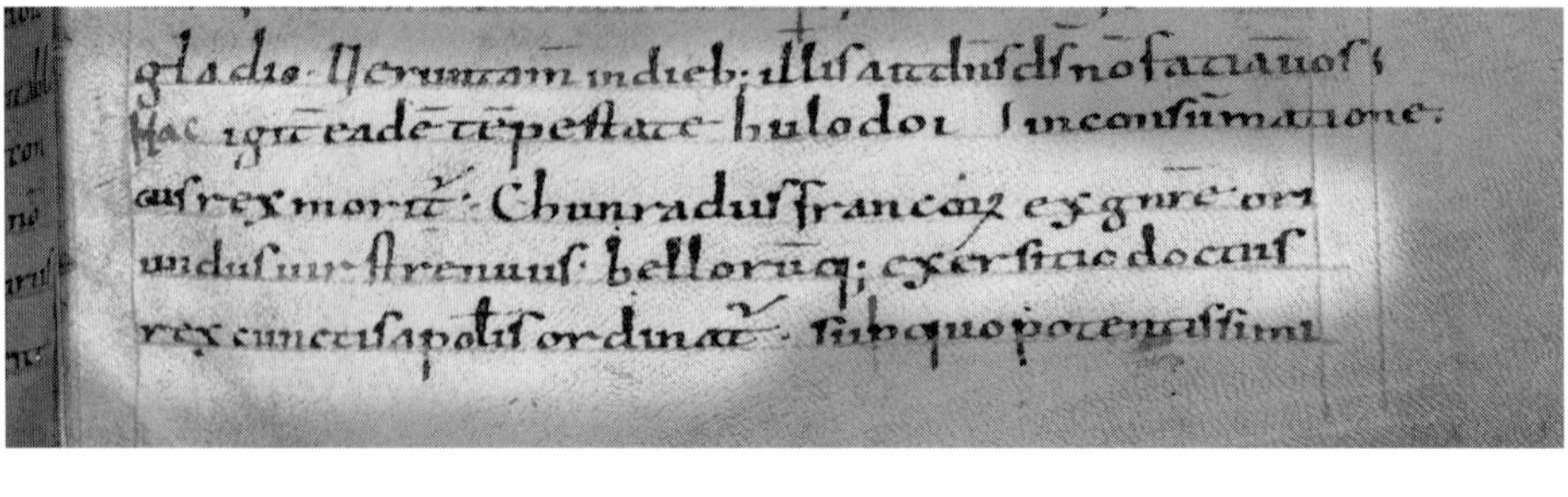

1　史料、事実関係、および研究史上の問題点

コンラート一世の国王選挙に関する史料証言は多くない。

同時代、あるいは後年の年代記史料の多くは、単に九一一年における彼の国王推戴をつげるのみで、その経緯を伝えてはおらず[1]、わずかに『モンツァ本アレマニエン年代記』(Annales Alamannici [codex Modoetiensis])[2]がコンラートの選出母体に関しての知見をあたえてくれる程度である。

他方、九六〇～七〇年代にオットー＝ザクセン朝宮廷の周辺で書かれた歴史叙述は、やや詳しく事の経緯を描く。コルファイ修道士ヴィドゥキントの『ザクセン人の事績』(Res gestae Saxonicae)[3]、クレモナのリウトプラントの『報復の書』(Liber antapodoseos)[4]がそれである。ただしこれらは、近年でもヨハネス・フリート(Johannes Fried)が厳しく批判したように、オットー朝宮廷での伝承をもとに、事実から大幅に変容した歴史像を提供している可能性があり、史料としての扱いには慎重さが求められる[5]。

これらの史料がつげるところの詳細は後述するが、それらにあっては、コンラートの国王選挙がおこなわれた日時(月日)・場所については言及されていない。しかしこれに関しては、今一つの史料群、コンラート一世の国王文書群が有益な情報を提供してくれる。

今日コンラート一世の国王文書として収集・編纂されているものは原本・写本を合わせて三八点を数え

る。そのうち、写本集の中で本文（Kontext）のみ伝えられ、日付け・発給地・文書認証者欄を欠くものが三点（DKI 4・31・38――略号DKIは巻頭の略号一覧において示したように“Diplomata Konradi I”（コンラート一世国王文書）の略。文書集の編纂者によって、作成・発給された年代順に番号がふられ、例えばDKI 4はコンラート一世国王文書第四番の意）あり、残る三五の文書が「日付け部」（datum）を欠けることなく伝える。「日付け部」は通例順番に「日・月、キリスト降誕年代（西暦）、インディクティオ（indictio、一五年周期のローマ更税期年代）、国王・皇帝の統治年代、文書発給地」を記載する。ここではそのうちの統治年代に注目しよう。統治年代は、例えばわが国の現在の元号のように、初年が何月何日に始まるかに関係なく、一月一日を新年度の起点として数えるのとは異なり、国王推戴日を起点として数え、翌年の同日から統治第二年が始まる。一連のコンラート一世国王文書から「統治年代」表記の部分を取り出したものが**表1**で、年代はローマ数字で記されている（DKI 1のみ、発給地部分も取り出した）。

注目されるのはつぎの点である。①九一一年一一月一〇日付けの、現伝する、コンラートの国王としての最初の文書（コンラート一世国王文書第一番［DKI 1］）は「統治第一年」にフォルヒハイムにおいて発給されている（actum Forachaim）。統治第一年は、遅くとも一一月一〇日には始まっている。②九一五年一一月六日付けの国王文書第二七番［DKI 27］は「統治第四年」とされる。九一五年は一一月六日の時点でまだ統治第四年である。③すべての統治年代による一年間が、一一月一〇日から翌年の一一月六日の間に収まり、(6)例外は全くない。――したがって統治年代の上での年始、すなわち国王書記局が据えるコンラートの国王推戴日は、一一月七日以降、一一月一〇日までの四日間にしぼられる。

ところで国王文書第一番［DKI 1］の発給地フォルヒハイムは既述のように九〇〇年二月、前王ルードヴ

表1　コンラート1世国王文書・日付け欄

DKI 1	(911.11.10)	regnante piissimo rege Chuonrado anno I, actum Foracheim
DKI 2	(912. 1.11)	anno vero imperii Chuonradi piissimi regis I
DKI 3	(912. 3. 5)	regnante domno Chuonrado anno I
DKI 5	(912. 3.14)	anno vero supradicti piissimi regis Chuonradi I
DKI 6	(912. 4.12)	anno vero regni invictissimi regis Chuonradi I
DKI 7	(912. 4.12)	regnante gloriosissimo rege Chuonrado anno I
DKI 8	(912. 7. 1)	〃　〃　〃
DKI 9	(912. 8. 8)	anno vero regni gloriosis(s)imi regis Chuonradi I
DKI 10	(912. 8.23)	anno I. regni Chuonradi gloriosissimi regis
DKI 11	(912. 9.25)	anno vero regni gloriosissimi regis Chuonradi I
DKI 12	(912.10. 3)	anno vero imperii Chuonradi piissimi regis I
DKI 13	(912.11.28)	regnante gloriosissimo rege Chuonrado anno II
DKI 14	(913. 2. 3)	regni autem domni Chuonradi serenissimi regis anno II
DKI 15	(913. 2.18)	anno vero regni domni Chuonradi serenissimi regis II
DKI 16	(913. 2.18)	anno vero regni domni Chuonradi II
DKI 17	(913. 3.12)	anno autem regni domni Chuonradi regis II
DKI 18	(913. 6.22)	anno vero piissimi regis Chuonradi II
DKI 19	(914. 4.24)	regnante glorioso rege Cuonrado anno III
DKI 20	(914. 5.24)	anno vero gloriosissimi regis Chuonradi III
DKI 21	(914. 5.24)	anno vero regni regis Cuonradi III
DKI 22	(914. 5.25)	anno vero regni regis piissimi Chuonradi III
DKI 23	(914. 6. 7)	anno vero regni gloriosissimi regis Chuonradi III
DKI 24	(914. 7. 9)	〃　〃　〃
DKI 25	(915. 2. 8)	regnante piissimo rege Cuonrado anno IV
DKI 26	(915. 8. 9)	anno vero gloriosissimi regis Chuonradi IV
DKI 27	(915.11. 6)	anno vero regni gloriosissimi regis Cunradi IV
DKI 28	(916. 5. 4)	anno vero regni gloriosissimi regis Chuonradi V
DKI 29	(916. 6.29)	anno vero regni regis Chuonradi piissimi V
DKI 30	(916. 7. 6)	anno vero regni gloriosissimi regis Chuonradi V
DKI 32	(917.11. 3)	regnante gloriosissimo rege Chuonrado anno VI
DKI 33	(918. 4.21)	anno vero regni serenissimi regis Cuonradi VII
DKI 34	(918. 7. 4)	anno vero regni invictissimi regis Chuonradi VII
DKI 35	(918. 7. 5)	〃　〃　〃
DKI 36	(918. 9. 9)	〃　〃　〃
DKI 37	(918. 9.12)	anno vero regis gloriosissimi regis Chuonradi XII (VII ?)

DKI 4・31・38は日付け欠如

ィヒの国王選挙がおこなわれた、カロリンガーの伝統的な王宮地であった。この点を考慮するなら、コンラートが国王推戴の日から遅くとも三日後にフォルヒハイムにいるという状況は、同地において一一月七日～一〇日の間に国王選挙がおこなわれた可能性が高いことを示している。――かくしてコンラートの国王文書の「証言」により、従来より、コンラートの国王選挙は九一一年一一月七日～一一月一〇日の間に、すなわちルードヴィヒの死の約一カ月半後に、フォルヒハイムの地でおこなわれた、と考えられているのである。(7)(8)

それではコンラートの国王選挙の経緯はどのようなものであったか。関係する先の三点の史料証言は以下のとおりである。

《史料①》

国王ルードヴィヒ逝去。伯コンラートの息子コンラートがフランク人とザクセン人およびアレマニエン人ならびにバイエルン人によって国王に選ばれた。そしてロートリンゲン人はガリアの国王シャルルを彼らの上に戴いた。(hludouuicus rex mortuus. chonradus filius chonradi comitis a francis et saxonibus seu alamannis ac bauguariis rex electus et hlodarii karolum regem galliȩ super se fecerunt.)

『モンツァ本アレマニエン年代記』九一二年項(9)

《史料②》

しかし国王ルードヴィヒには息子がなく、フランク人とザクセン人のすべての人民はオットーに、王冠を戴くことを求めた。しかし彼（オットー）は、既に割に高齢であるとして、帝国の重荷を〔担うことを〕拒絶した。しかし彼の助言によってそれまでフランク人たちの大公であったコンラートが国王へ塗油された。しかしオットーの側には常にそしてどこにおいても最高の命令権が認められていた。(Regi autem Hluthowico non erat filius, omnisque populus Francorum atque Saxonum quaerebat Oddoni diadema inponere regni. Ipse vero quasi iam gravior recusabat imperii onus; eius tamen consultu Cuonradus quondam dux Francorum ungitur in regem. Penes Oddonem tamen summum semper et ubique fiebat imperium.)

コルファイのヴィドゥキント『ザクセン人の事績』第一章・第一六節[10]

《史料③》

さてこの同じころ、国王ルードヴィヒが死去した。フランク人の種族から出自し、力強く、戦いの技量にたけた男コンラートがすべての人民によって国王に任じられた。(Hac igitur eadem tempestate Hulodoicus rex moritur. Chunradus Francorum ex genere oriundus, vir strenuus bellorumque exercitio doctus, rex cunctis a populis ordinatur.)

クレモナのリウトプラント『報復の書』第二章・第一七節[11]

見られるように、選挙の具体的相に少しでもふれる報告は**《史料②》**ヴィドゥキントのそれのみである。「フランク人とザクセン人のすべての人民」(omnis populus Francorum atque Saxonum)が当初はザクセン大公オットー（貴顕公）を国王に望んだが、オットーがこれを固辞し、代わりにフランケン大公コンラートを国王に推し、これに基づき、コンラートが国王に選挙された、――ヴィドゥキントの描くかような経緯が、しかし、オットー朝宮廷に伝えられてきた伝承に基づくものであること、あるいはヴィドゥキント自身の強い思いが込められたものであることは、容易に想像がつく。「しかしオットーの側には常にそしてどこにおいても最高の命令権が認められていた」との言は、その本心を垣間見せる。ヴィドゥキントの叙述からどこまで事実関係の骨格を取り出すことができるのか。さしあたりは、コンラートの国王選挙にそれぞれ大公の率いるフランク人とザクセン人の政治的集団が参与した、ということが抽出できようか。しかし、そうだとするならば、フランク人・ザクセン人・アレマニエン（シュヴァーベン）人・バイエルン人の四者をあげる《**史料①**》『モンツァ本アレマニエン年代記』の記述内容とは異なる。

一方ヴィドゥキントと同時代のリウトプラントは、コンラートの国王選挙に参集した政治的集団として「すべての人民」（cunctae populi）をあげる（《**史料③**》）。彼が「すべての人民」というとき、具体的にいかなる政治的集団を想定していたかは、続く第一八節が参考になろう。すなわちそこでは、

彼（コンラート）のもとで最も強力な君侯はバイエルンのアルヌルフ、シュヴァーベンのブルハルト、フランケンの最も強力な伯エーベルハルト、ロートリンゲンの大公ギーゼルベルトであった。彼らの中でザクセン人とチューリンゲン人を支配している大公ハインリヒが抜きん出ていた。（Sub quo potentissimi principes Arnaldus in Bagoaria, Burchardus in Suevia, Everardus comes potentissimus in Francia, Giselbertus dux in Lotharingia erant. Quos inter Heinricus, Saxonum et Turingorum praepotens dux, clarebat.）

と述べられている。[12] 先に少しくふれたように、ロートリンゲン人は九一一年の時点で西フランク王シャルルを選択し、この地が東フランク＝ドイツに再び帰属するのは次代の国王ハインリヒ一世のもとであり、

ギーゼルベルトが大公として登場するのも同じくハインリヒ一世のもとでである。おそらくリウトプラントは、彼がものした九六〇〜七〇年代、ロートリンゲンが東フランク＝ドイツを構成する大公領のひとつであったことから、これをコンラート一世期にもあてはめたものと思われる。すでにこのことからリウトプラントの記述の信憑性には疑問符がつくが、ともあれ彼においては、コンラートの国王選挙に、後年すべて大公を筆頭とするようになる政治的集団、すなわちバイエルン・シュヴァーベン・フランケン・ザクセンの各人民が参集したと考えられていた、と判断してよいであろう。

《史料①》『モンツァ本アレマニエン年代記』はほぼ同時代の証言[13]としては唯一のものであり、記述も事実関係のみをたんたんと報告するスタイルであって、高い信憑性をもつ感が強い。すなわち、ルードヴィヒ幼童王の死と、それに続くコンラートの選出、およびロートリンゲン人による西フランク王シャルルの推戴、と事実関係の骨子のみを伝え、余分なものを付け加えていないように見える。コンラートの選挙に参集した政治的集団としてあげられるのはフランク（フランケン）人・ザクセン人・アレマニエン（シュヴァーベン）人・バイエルン人の四者であり、それは、上述のようにリウトプラントが想定している思われるところに呼応する。

国王選挙に参与した政治集団に関する記述の相違、特にヴィドゥキントの記述と『モンツァ本アレマニエン年代記』のそれとの間の明らかな相違は、非常に限られた情報の中にあるだけにきわだっている。ただ上に述べたように『モンツァ本アレマニエン年代記』は価値観を挟まず、客観的に記述しているように見える故に、問題はさしあたり、フランク人とザクセン人の名しかあげないヴィドゥキントの証言をどう見るか、にかかってこよう。この証言を単純に退けることができないのは、しかし、ヴィドゥキントの『ザクセン人の事績』が十世紀初〜同世紀第3四半期の東フランク＝ドイツ王国に関する最も基本的な叙述史料＝歴史叙述であり、宮廷周辺で書かれたという背景から記述内容に偏りがある、あるいはフィクショナルな記述を多分に含む、と推察されながらも、これに頼らざるをえない部分が少なくない、そのように位置づけられる史料だからである。しかも、国王選挙に参集したのが事実ヴィドゥキントの語るようにフランク人・ザクセン人の二つの政治的集団のみであったならば、コンラートの王権は、ロートリンゲン人はもとよりバイエルン人、シュヴァーベン人の承認をも欠く、片肺飛行的な状況から出発したとも考えられ、それは『モンツァ本アレマニエン年代記』が語るフランク人・ザクセン人・アレマニエン（シュヴァーベン）人・バイエルン人の四者、すなわちロートリンゲンをのぞくすべての地域の代表者の参集という状況から得られる印象とはかなり異なることになる。

はたしてコンラート一世の王権は、ヴィドゥキントの報告からうかがわれる片肺飛行的な状況から出発したのであろうか、それとも『モンツァ本アレマニエン年代記』から印象づけられる順風満帆的な状況から出発したのであろうか。

この問題に関しては、議論は十九世紀末以来、具体的にはヴィドゥキントの「フランク人とザクセン人のすべての人民」という表現の解釈をめぐってくり広げられてきた。ここでその要点を摘記しておこう[14]。

この表現はヴィドゥキントにおいてはつぎの三カ所で、特徴的なことにいずれも国王選挙の場面で使われ、選挙母体を表すそれとして用いられている。

①九一一年・コンラート一世国王選挙（第一章・第一六節）

②九一九年・ハインリヒ一世国王選挙（第一章・第二六節）

③九三六年・オットー一世国王選挙（第二章・第一節）

これらのうち事例②が対象とするハインリヒ一世国王選挙に関しては、他の史料と突き合わせて考えるなら、実際に、ザクセン人とフランク（フランケン）人による国王擁立と、バイエルン人、シュヴァーベン人の選挙への不参加が推察され、この限りにおいてヴィドゥキントの表現は事実関係と齟齬をきたさない。これに対し事例③が対象とするオットー一世国王選挙においては、ヴィドゥキント自身が伝えるところによると、「フランク人とザクセン人のすべての人民」によるオットーの国王への選出につづくアーヘンでの「普天の選挙」（universalis electio）での戴冠祝餐に、フランケン・バイエルン・シュヴァーベン・ロートリンゲンの各大公が出席しており、ザクセン人・フランク人のみならず、バイエルン・シュヴァーベン・ロートリンゲンの主要な王国構成員が国王選挙に参集したことは疑いないところである。したがって、この事例③ではかの表現が事実を伝えていないように見える。

この事例③の問題、ならびにかの、事例①と『モンツァ本アレマニエン年代記』の記述との齟齬の問題において、ヴィドゥキントの記述をなお整合的に理解しようとして、つぎのような解釈が出された。すなわち、❶ヴィドゥキントにおける「フランク人とザクセン人のすべての人民」は字義どおりフランク人とザクセン人からなる集団を指し示すのではなく、「王国全人民」を意味するフォルメル（定式）である、との解釈がそれである。(15)

他方、❷事例②における事実関係との相関性を重視する立場からは、「フランク人とザクセン人のすべての人民」は字義どおりフランク人・ザクセン人からなる集団と理解されるべきで、事例③の問題点は、「フランク人とザクセン人のすべての人民」によるオットーの国王への選出を、アーヘンでの戴冠式＝全体選挙に先立つ狭義の国王選挙＝事前選挙と見て、それは字義どおりフランク人とザクセン人によっておこなわれたと解することで、解決される。[16]

「フランク人とザクセン人のすべての人民」という表現から、解釈❷がフランク人とザクセン人による選挙という事実関係を読み取ろうとしたのに対し、解釈❶は、すべての王国構成員による選挙という事態を読み取ろうとしたわけであるが、後者の解釈❶は同時に、ヴィドゥキントの表現が含意するものに注目した解釈であった。研究史はその後この、ヴィドゥキントが含意するものの解明へと、歩みを進めることになる。すなわち、事実関係の解明自体が多くの場合ヴィドゥキントに依存せざるをえない史料状況のもと、ヴィドゥキントにおける「フランク人とザクセン人のすべての人民」という表現を、すべての場面で合理的に理解しようとするならば、事実関係をここから読み取る困難な作業よりも、ヴィドゥキントがこの表現でもって何を書き記そうとしたか、に焦点が合わされるようになる。画期をなしたのは前世紀半ばに提出されたヘルムート・ボイマン（Helmut Beumann）の見解であった。彼によるならば、❸ヴィドゥキントにおいては「フランク人とザクセン人のすべての人民」という表現は、意味においては「王国全人民」を表すも、それが王国の担い手＝「王国人民」Reichsvolk としてのフランク人とザクセン人の名をもって代表されること、つまり意識においてはザクセン人が、従来支配的地位にあったフランク人とならんで今や支配的地位に立ったこと、を示すべく採られた表現なのであった。[17]

われわれがここで留意しておきたい点は、ボイマンに代表される解釈が支配的となったため、これ以後、ヴィドゥキントにおいては事実を伝えることにプライオリティがおかれていたわけでないとされ――それはおそらく正しいであろうが――、結果的に事実上『モンツァ本アレマニエン年代記』の報告が事実を伝えていると見なされがちになってしまったことである。もとよりこの間、❹問題の表現をフランク人とザクセン人のみの一体化された従士団と解釈するヨーゼフ・オットー・プラスマン（Josef Otto Plassmann）の所説（一九五四年）が提起されたが、[18] ボイマンの所説が長く支配的な位置を占めたため、この傾向は基本的には変わらなかった。

一九八〇年にエックハルト・ミュラー＝メルテンス（Eckhard Müller-Mertens）が、オットー一世の「支配実践」の分析をとおして、「直接的な国王支配の領域」と「国王支配の遠隔地帯」とから成る王国構造を提示して以来、[19] ❺ヴィドゥキントの「フランク人とザクセン人のすべての人民」という表現も、この政治的現実を背景としたもので、「直接的な国王支配の領域」であるザクセン・フランケン下のザクセン人・フランク人を指し示すものではないか、との見方が近年多くの研究者のもとで見られる。この場合、ボイマンのいうザクセン人の支配的な「王国人民」としての位置づけを認めた上で、あらためて、ヴィドゥキントが「フランク人とザクセン人のすべての人民」という表現でもって「王国全人民」を代表させたというより、そもそもヴィドゥキントの政治的視野には「フランク人とザクセン人」しかなかったのではないか、と考えるのである。[20]

久しく支配的であったボイマンの所説❸も、またミュラー＝メルテンスの研究を契機とした見解❺も、三カ所で用いられるヴィドゥキントの「フランク人とザクセン人のすべての人民」という表現について、すべての場面で合理的に説明するべく、事実関係との整合をさしあたり措いて、ヴィドゥキントの観念世界に立って読み解こうとしたものであった。それは研究の方向として至当ではあろうが、その結果、九一一年のコンラート一世国王選挙に関しては、上述のように、概して『モンツァ本アレマニエン年代記』の記述が信用のおけるものであって、ヴィドゥキントの叙述は、こと事実関係に関しては必ずしも事実を述べてはいない、と判断されがちとなる。だが、はたしてそう判断してよいのであろうか。事実関係に関してヴィドゥキントの叙述をどう扱うべきか、処理済みなのであろうか。また『モンツァ本アレマニエン年代記』の記述の信憑性は証明済みなのであろうか。

事例②ハインリヒ一世・国王選挙の場合、「フランク人とザクセン人のすべての人民」という表現に呼応するかのように、実際ザクセン人・フランケン人のみによるハインリヒの国王への選出がおこなわれたであろうことは、右にふれた。ボイマンの所説❸やミュラー＝メルテンス以降の見解❺では、この国王選挙に主体的にあずかるべき王国構成員をあげようとするヴィドゥキントの「真実」が、あるいは彼の政治的視野が、単に「事実」に重なったにすぎない、ということになろうか。いずれにせよボイマンも、ミュラー＝メルテンス以降の見解も、事実関係への判断に関しては、何も確言できてはいないのであり、問題を九一一年・国王選挙に戻すなら、ボイマンの所説やミュー＝メルテンス以降の見解をもって『モンツァ本アレマニエン年代記』の記述に一方的に軍配をあげることはできないのである。われわれは今一度諸史料の精査、突き合わせに立ち帰って、事実関係の探求に努めたい。

注

（1）例えばアダルベルトの『レギノー年代記続編』（十世紀後半）の九一一年項は、「皇帝アルヌルフの息子、国王ルードヴィヒが死去した。今や王の系統が絶えてしまったので、彼を、アダルベルトによって殺害されたコンラートの息子コンラートが王国において継いだ」（Ludowicus rex filius Arnolfi imperatoris obiit; cui Cuonradus filius Cuonradi ab Adalberto occisi regali iam stirpe deficiente in regno successit）と述べるにすぎない。Adalberti continuatio Reginonis, in: Quellen zur Geschichte der sächsischen Kaiserzeit (=AQDGM Bd. 8), Darmstadt 1971, a. 911, S. 190.

（2）Annales Alamannici (codex Modoetiensis), in: W. Lendi, Untersuchungen zur frühalemannischen Annalistik. Die Murbacher Annalen. Mit Edition, Freiburg/Schweiz 1971, S. 146-193.

（3）Widukindi res gestae Saxonicae, in: AQDGM 8, S. 12-183;『ザクセン人の事績』（コルヴァイのヴィドゥキント著、三佐川亮宏訳）、知泉書館 二〇一七年。

（4）Liudprandi liber antapodoseos, in: AQDGM 8, S. 244-495.

（5）J. Fried, Die Königserhebung Heinrichs I. Erinnerung, Mündlichkeit und Traditionsbildung im 10. Jahrhundert, in: M. Borgolte (hrsg.), Mittelalterforschung nach der Wende = Historische Zeitschrift. Beihefte Bd. 20, München 1995, S. 267-318. 拙稿「口承世界における歴史叙述の信憑性――ヴィドゥキント『ザクセン朝史』・ハインリヒ一世国王選挙に関するJ・フリートの所説をめぐって――」『アカデミア』文学・語学編七五、南山大学 二〇〇四年、一―三七頁を参照。

（6）D KI 37は十二世紀半ばの文書集［カルチュレール］所収の「写本」で、コンラート一世統治第一二年［XII］と記されるが、八年に満たないコンラートの治世にあって、これはありえない。キリスト降誕年代（西暦）も九二三年［DCCCCXXIII］とされており、これもコンラート死後の年代であり、ありえない。文書は、内容自体は真正とみなされ、他の諸関連から九一八年のもので、インディクティオをも含め、伝承の過程で五年のずれ、ないし［V］→［X］の誤記を生じさせたものと推測されている。vgl. Vorbemerkung von DKI 37.

（7）BM² 2070e.

（8）ロートリンゲン人によるシャルル単純王の国王選出も、同様の考察に基づき、九一一年一〇月一一日〜一一月二七日の間になされたと考えられている。すなわちシャルルはロートリンゲン（ロレーヌ）獲得後、その国王文書の日付け欄にロートリンゲン統治の開始を示す年代表示「しかしてより大きな遺産を獲得して［……年に］」（largiore vero hereditate indepta）を加えるようになるが、その九一五年一〇月一〇日付け国王文書第八二番［DKdE 82］では「第四年」（largiore vero hereditate indepta IIII）、九一五年一一月二七日付け国王文書第八三番［DKdE 83］では「第五年」（largiore vero hereditate indepta V）とされ、一〇月一一日〜一一月二七日の間にこの統治年代の上での年始が据えられるからである。

これに『プリュム年代記』（Annales Prumienses, 九二三年ころ）の九一一年項の記述「さらにこの年、アルヌルフの息子、国王ルードヴィヒが死去し、西の国王シャルルがロタールの王国を一一月一日に継承した」（"Quo etiam anno Ludouuicus rex filius Arnulfi moritur, et Carolus occidentalium rex regnum Lotharii suscepit Kl. Nou.", in: L. Boschen, Die Annales Prumienses. Ihre nähere und ihre weitere Verwandtschaft, Düsseldorf 1972, S. 82）に基づき、さらに限定して一一月一日ころ

と考えられている。

Vgl. Recueil des actes de Charles III le Simple, T. II, Paris 1949, Introduction par Ph. Lauer, p. LXXXVI; E. Hlawitschka, Lotharingien (第I章注10), S. 194-195; C. Brühl, Deutschland–Frankreich. Die Geburt zweier Völker, Köln Wien ²1995, S. 399; R. Parisot, Le royaume de Lorraine sous les Carolingiens (843-923), Paris 1898, repr. Genève 1975, S. 583; B. Schneidmüller, Französische Lothringenpolitik im 10. Jahrhundert, in: Jahrbuch für westdeutsche Landesgeschichte 5 (1979), S. 8-9.

なお『プリュム年代記』のこの箇所は、ホルダー＝エッガー（O. Holder-Egger）版（MG SS 15, 2, S. 1292）では「さらに同年、国王ルードヴィヒがロタールの王国を一一月一日に継承した」（Eodem etiam anno Ludowicus rex regnum Lotharii suscepit Kal. Nov.）と読まれ、“Karolus”とあるべきところが“Ludowicus”と誤記されている、とされてきたが、ロタール・ボシェン（Lothar Boschen）によって右記のように校訂された。

この、一一月一日に据えられる、シャルルによるロートリンゲンの「継承」の実状はしかし、詳らかではない。後述のように『モンツァ本アレマニエン年代記』もロートリンゲン人がシャルルを彼らの上に「戴いた」（hlodarii karolum regem gallie super se fecerunt）と語るのだが（ただし九一二年項で。この問題については後述）、シャルルが九一一年九月二四日（ルードヴィヒ幼童王の死亡日）以降でロートリンゲンの地で初めて確認されるのは、九一二年一月一日メッツ（DKdE 69）においてである。ところでこの間の九一一年一二月二〇日には“villa Cruztiaco”に滞在しており（DKdE 67・68）、この滞在のおりに発給された二点の、いずれもオリジナルで伝えられる国王文書・日付け欄には「しかしてより大きな遺産を獲得して第一年」（largiore vero hereditate indepta I）とあり、この時点にすでにシャルルがロートリンゲンを支配下に加えていたことを示している。この二点の国王文書の発給地“villa Cruztiaco”が、国王文書の編纂者ローエ（Ph. Lauer）の比定する西フランクの地のCruzy-le-Châtel (Yonne, arr. d'Auxerre)であるならば、可能性として、史料的に確認できないがシャルルが九一一年一二月二〇日以前にすでに一度ロートリンゲンに到来し、一〇月一一日〜一一月二七日の間、おそらくは一一月一日に、某地で貴族たちの臣従を受けたのち、一旦西フランクへ帰還し（一二月二〇日Cruzy-le-Châtel滞在）、その後再度ロートリンゲンへ到来した（一月一日メッツ滞在）ということになろうか。これに対しカールリヒャルト・ブリュール（Carlrichard Brühl）は、Cruzy-le-Châtel（一二月二〇日）から一二日後の一月一日にメッツに現れるのは無理があるとし、“villa Cruztiaco”のCruzy-le-Châtelへの地名比定をしりぞける。またブリュールは、ロベール・パリゾ（Robert Parisot）による“villa Cruztiaco”の、コムピエーニュに近いCroissy (Oise, arr. d'Clermont)への地名比定も、同様にしりぞけ、結局かつてこれを「不詳」の地としたオーギュスト・エケル（Auguste Eckel）にしたがう。ただしブリュールは、エケルはこの「不詳」の地を明らかにロートリンゲンに所在するとの判断に傾いている、として、これにしたがっているのだが、エケルはそのような示唆はしていない。要するにブリュールは、シャルルがルードヴィヒ幼童王の死の報を聞き、ロートリンゲン人の招聘をうけて、直ちにロートリンゲンへ向かい、国王への推戴を受け、少なくとも翌九一二年一月一日までロートリンゲンに滞在していた、と判断するのである。これもまた可能性のひとつに加えうるであろう。

Vgl. C. Brühl, Deutschland – Frankreich, a.a.O., S. 398 Anm. 268, S. 403 Anm. 302; R. Parisot, Le royaume de Lorraine, a.a.O., S. 583, S. 584 Anm. 1; A. Eckel, Charles le Simple, Paris 1899, Repr., Genève Paris 1977, S. 97.

なおシャルルは、ロートリンゲンの獲得を契機に、その国王文書において、前掲の国王文書第六七・六八番［DKdE 67・68］以降、新たな年代表記「しかしてより大きな遺産を獲得して［……年に］」（largiore vero hereditate indepta）の付加とともに、Intitulatio（自称形式）において、「フランク人たちの王」（rex Francorum）を使用するようになった。この自称が、フランク王国の唯一の正統な国王であることの、シャルルによるいわば宣言と目されることについては、以下の文献を参照。

H. Wolfram, Lateinische Herrschertitel im neunten und zehnten Jahrhundert, in: ders. (hrsg.), Intitulatio II. Lateinische Herrscher- und Fürstentitel im neunten und zehnten Jahrhundert, Wien Köln Graz 1973, S. 120-131; B. Schneidmüller, Karolingische Tradition und frühes französisches Königtum. Untersuchungen zur Herrschaftslegitimation der westfränkisch-französischen Monarchie im 10. Jahrhundert, Wiesbaden 1979, S. 133-134; 日置雅子「カロリンガー・フランクにおける〝フランキア〟の統一と解体」（その2／3）『愛知県立大学文学部論集』一般教育編四二、一九九三年、六〇―六一頁；江川溫「中世フランス王国の民族意識――10－13世紀――」、中村賢二郎編『国家――理念と制度――』京都大学人文科学研究所一九八九年、八頁；三佐川亮宏「〝フランク〟と〝ドイツ〟の狭間――初期オットーネン治下の王国と支配者の呼称について――」『西洋史学』一八八、一九九八年、五―六頁。

なお日置氏の前掲論文六〇頁ではこの自称形式が、ロートリンゲン獲得以前にすでに、九一一年一月一三日の DCh III 44（Bouquet 版シャルル単純王文書第四四番）に始まるとされるが、同文書は上述の Lauer 版 DKdE 68（911. 12. 20）と同一であり、日付け "XIII kl. jan."（＝一二月二〇日）の誤読かと思われる。

（9）Annales Alamannici (codex Modoetiensis), a. 912, in: W. Lendi（前注2）, S. 188. なお、この報告が「九一一年項」ではなく「九一二年項」に記載されていることをめぐる問題については、本書第Ⅲ章を参照。

（10）Widukind（前注3）, I, 16, S. 44；『ザクセン人の事績』（三佐川訳）、四三頁。

（11）Liudprand（前注4）, II, 17, S. 312.

（12）Liudprand（前注4）, II, 18, S. 314.

（13）W. Lendi（前注2）, S. 134.

（14）以下、しばらく拙稿「口承世界における歴史叙述の信憑性」（前注5）、二六―三一頁を参照。

（15）G. Waitz, Jahrbücher des deutschen Reichs unter König Heinrich I., 3. Aufl., Leipzig 1885, S. 38.

（16）M. Linzel, Die politische Haltung Widukinds von Korvei, in: Sachsen und Anhalt 14 (1938), jetzt in: ders., Ausgewählte Schriften, Bd. 2 Zur Karolinger- und Ottonenzeit, zum hohen und späten Mittelalter, zur Literaturgeschichte, Berlin 1961, S. 338 mit Anm. 124.

（17）H. Beumann, Widukind von Korvei. Untersuchungen zur Geschichtsschreibung und Ideengeschichte des 10. Jahrhunderts, Weimar 1950.

（18）J. O. Plassmann, Princeps und Populus. Die Gefolgschaft im ottonischen Staatsaufbau nach den sächsischen Geschichtsschreibern des 10. Jahrhunderts, Göttingen 1954.

（19）E. Müller-Mertens, Die Reichsstruktur im Spiegel der Herrschaftspraxis Ottos des Grossen. Mit historiographischen Prolegomena zur Frage Feudalstaat auf deutschen Boden, seit wann deutscher Feudalstaat?, Berlin 1980.

（20）例えば C. Brühl, Deutschland – Frankreich（前注8）, S. 290-292.

2 再検討 コンラート一世国王文書第一番・文書認証者

決して新たな指摘ではないが、『モンツァ本アレマニエン年代記』の記述が必ずしも事実を伝えているわけではなく、ヴィドゥキントの記述が事実を述べている可能性を示す史料証言、および周辺状況がある。先の解釈❷、すなわちヴィドゥキントの用いる「フランク人とザクセン人のすべての人民」という表現を字義どおりフランク人とザクセン人から成る集団と理解しようとする立場から提起されたものであるが、如上のような研究史のその後の歩みの中で何故か重視されなくなっている指摘である。以下、それをあらためて提示し、検証していきたい。論点の中心はコンラート一世国王文書第一番［DKI 1］の今一つの「証言」をどう捉えるかにある。

九一一年一一月一〇日の日付けをもつコンラートの国王文書第一番［DKI 1］が、彼の国王選挙の直後に、国王選挙の地フォルヒハイムで発給されたものであると考えられていることは先にふれた。アンスバハ修道院に対する所領寄進状であるこの国王文書の末尾近く、文書認証者欄はつぎのようにつげる（「下署した」subscripsi は釣鐘様に図案化された認証記号 Signum recognitionis による記載部分。刊本では SR と記される。図版⑬補説参照）。

私、書記オダルフリートが大司教にして首席宮廷司祭ハットーに代わって認証し、（下署した）（Odalfridus cancellarius advicem Hathonis archiepiscopi summique cappellani recognovi et [subscripsi]

オダルフリートは九〇八年一二月以来、ルードヴィヒ幼童王の宮廷書記局で「書記」(Notar)として活動し、コンラート一世のもとでも「書記」(Notar)として働いた(表2・表3を参照)のち、九一二年にアイヒシュテット司教に転出する。[21] このオダルフリートの例から窺われるように、コンラートの宮廷書記局はルードヴィヒ幼童王のそれを引き継ぐものであった。[22]

この文書認証者欄の記載で注目したいのは、マインツ大司教ハットーが「首席宮廷司祭」(summus cappellanus)として名をあげられている点であるが、このことの意味・背景を理解するために、煩雑になるがあらかじめ、コンラート一世が引き継いだルードヴィヒ幼童王の宮廷書記局――念のためいいそえるなら、後述するロートリンゲン書記局は、ロートリンゲン人が西フランクのシャルル単純王を選択したことにより、コンラート一世には継承されなかった――の構成を、ザロモが「書記」(Kanzler)として表舞台に登場する九〇九年以降のそれの状況を中心に、確認しておきたい。[23] なお、行論の都合上、序章で述べたことを一部繰り返すことを断っておきたい。

宮廷書記局と呼ぶとはいえ、九世紀末〜十世紀初のそれは、多くの場合、宮廷教会の聖職者たちの幾人かが「書記」(Kanzler, Notar, Schreiber――後述)として――もちろん多かれ少なかれ専門性を帯びるにせよ――活動したというのが実状であり、文書作成・発給をおこなうための完備された組織体として存在したわけではない。その人員については、国王文書の文書認証者欄において、通例「書記某が宮廷書記局長(もしくは宮廷司祭長)某に代わって認証した」といわれる文言から、宮廷書記局長と「書記」の名が知られるにすぎない。

大司教クラスの高位聖職者が兼ねることの多い宮廷書記局長職は、多分に名目的・名誉職的な存在であり、自らが文書作成・発給に携わることはほとんどない。また文書に名を挙げられていても、必ずしも彼が実際に文書作成・発給の場に立ち会っていたわけではない。この点については後で再び取り上げる。彼「に代わって」実務を担ったのは「書記」であった。「書記」は“cancellarius”(Kanzker)もしくは“notarius”(Notar)と称され、原理的には前者が職階の上では後者の上位に位置づけられるが、一人で両職を称する者もおり、また両職それぞれが必ず担われていたというわけでもなく、両職の職階・職掌などはある意味相対的なところがあった。完備された組織体というわけでない所以である。人員的にはさらに、彼らのもとで実際に文書を作成する「書記」(Schreiber)たちがいた。文書自体に名を挙げられることはまずないが、彼らの存在や識別は、書体・文体その他の比較考量から浮かび上がる。名前不詳故に、研究者の間では、指揮する「書記」(Kanzler)や「書記」(Notar)の名をかりて“Salomon A”・“Salomon B”などと呼ぶ。宮廷書記局を引き継ぐという場合、主にこうした実務要員の引き継ぎをいう。

さてルードヴィヒ幼童王の宮廷書記局は、父王アルヌルフのそれと、異母兄ツヴェンティボルトのロートリンゲン書記局とを受け継いだもので、ロートリンゲン書記局は幼童王のもとでも宮廷書記局長(Erzkanzler)たるトリーア大司教の統括下で独自の書記局を構成し、主にロートリンゲン地域に関する文書行政を所管した。幼童王の宮廷教会の最高職である宮廷司祭長(Erzkaplan)職はザルツブルク大司教テオトマール、その死後の九〇七年からは後任ザルツブルク大司教ピルグリムが担い、宮廷書記局の最高職である宮廷書記局長職は上記のようにトリーア大司教ラトボートが担ったが、実際にはマインツ大司教ハットーが宮廷教会=宮廷書記局を統括する最高責任者の地位にあり、彼のもとで「書記」(Kanzler)たるコンスタンツ司教ザロモが書記局人員（Notar, Schreiber）を指揮していた。

さきに“cancellarius”（Kanzker）と“notarius”（Notar）の職階・職掌上の差は必ずしも明確でない部分がある旨、指摘した。にもかかわらずザロモが「書記」（Kanzler）として書記局人員（Notar, Schreiber）を指揮した、と述べるのは、幼童王文書第七四番［DLdK 74］および第七五番［DLdK 75］からそのように推察されるからである。すなわち両文書の認証者欄において、「私、書記（notarius）オダルフリートが書記（cancellarius）ザロモに代わって認証し、下署した」と少々異例な形で述べられており、ここから、「書記」（Kanzler）ザロモが「書記」（Notar）の上位職に位置し、宮廷書記局長的な地位にあったことが窺われるのである。おそらくは“cancellarius”職が初めからこうした位置づけを用意したというよりも、宮廷＝宮廷教会において重責を担い、コンスタンツ司教、ザンクト・ガレン修道院長でもあった彼の重みが、彼の“cancellarius”職に事実上の「宮廷書記局長」（Erzkanzler）の役割をあたえたものと思われる。

以上を図示すると次頁のようになる。なお付言すれば、文書は受領者側が用意する受領者側作成文書もあり、実際の文書作成者はつねに書記局の「書記」（Schreiber）であるとは限らない。

文書認証行為は、**表2・表3**の国王文書認証者欄の記述から見て取れるように、本来、宮廷司祭長もしくは宮廷書記局長によっておこなわれるべき行為であったが、既述のように通例は両者に代わって「書記」（Kanzler）もしくは「書記」（Notar）がこれをおこなった。以下の行論との関係で問題となる点のひとつは、この認証行為・文書発給に宮廷司祭長や宮廷書記局長が立ち会ったかどうかである。書記某が宮廷司祭長ないし宮廷書記局長「に代わって」（advicem）認証した、との表現は書記による代行、延いては本来認証するべき宮廷司祭長ないし宮廷書記局長の不在を示しているように見えるが、実際にはこの認証表現

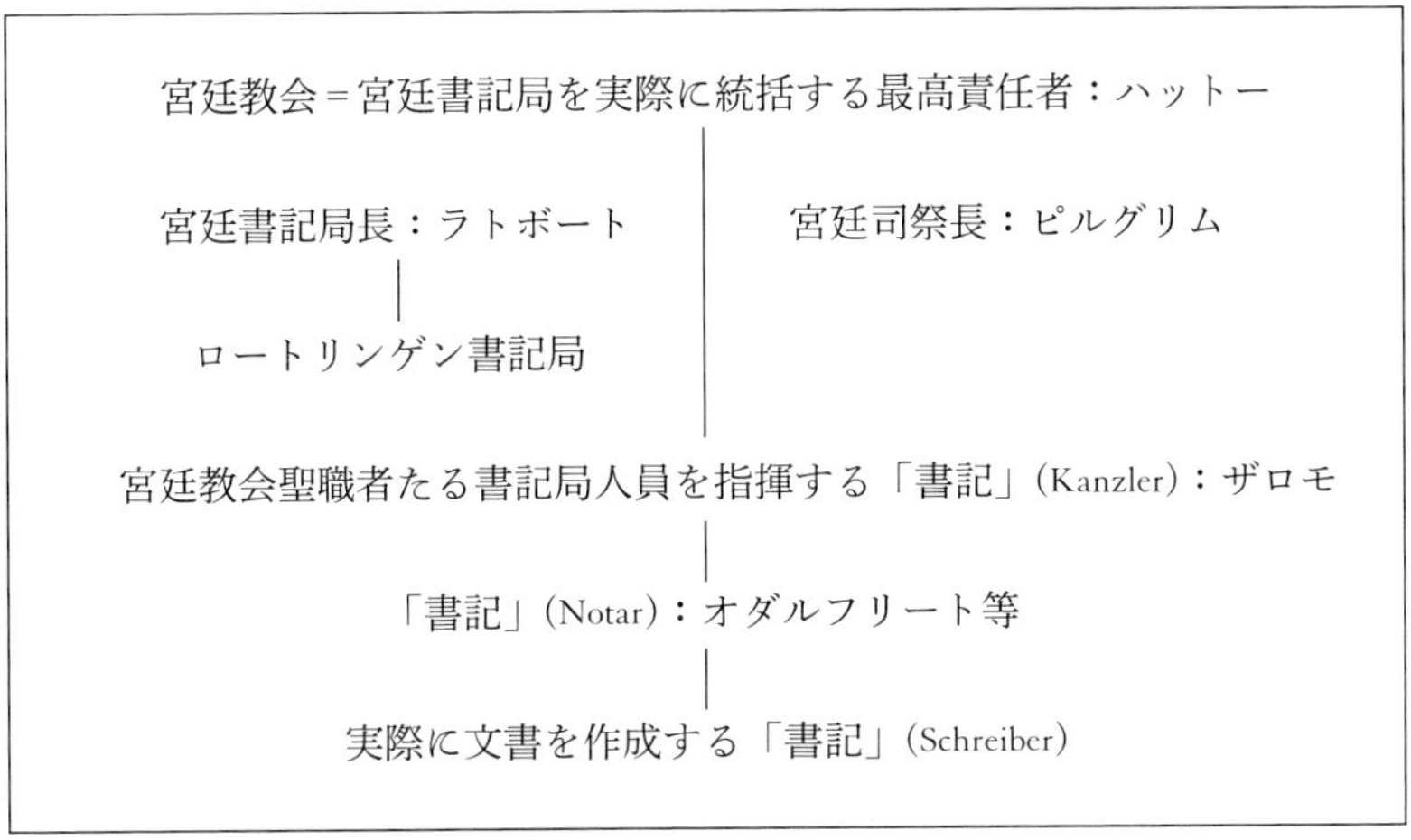

ルードヴィヒ幼童王宮廷書記局の統括系統

はフォルメル（定式）化しており、必ずしも宮廷司祭長や宮廷書記局長の不在を意味しているわけではない。例えばピルグリムの場合、一五点の幼童王文書・認証者欄で言及されるが、彼自身が文書受領者側にあって関与する二事例については、実際に彼が立ち会っていた可能性がある。[24] 他の一三事例に関しては、彼が立ち会っていたと見なすべき明証も、あるいは名のみ挙げられたものであると見なすべき明証もない。しかし彼がザルツブルク大司教職に就任した九〇七年には、リウトポルディンガー家のアルヌルフが父リウトポルトの跡を継いでバイエルン大公となり、以後バイエルンの権力構造は急速に大公権力のもとに収斂されていき、王権との関係も疎遠化する。[25] ピルグリムがバイエルンを遠く離れた地に赴き、認証行為・文書発給に立ち会った可能性は全体としては低いと推察される。――ともあれここでは、文書発給のさいに宮廷司祭長や宮廷書記局長が立ち会っているのであれ、いないのであれ、文書認証者欄においては、本来認証するべき者としてその名が記されたことを再度確認しておきたい。

表2 ルードヴィヒ幼童王文書・認証者欄（DLdk 53以降）

DLdk 53 (907. 3. 19) 「私､書記エルンストが宮廷司祭長テオトマールに代って認証し､(下署した)」
Ernustus cancellarius advicem Diotmari archicappellani recognovi et [subscripsi]

DLdk 54 (907. 10. 22)「私、書記エルンストが宮廷司祭長ピルグリムに代って認証した」
Ernustus cancellarius advicem Piligrimi archicapellani recognofeci

DLdk 55 (907. 10. 26)「書記エルンストが宮廷書記局長ラトボートに代って認証し､(下署した)」
Ernustus cancellarius advicem Rapoti archicancellarii recognovit et [subscripsit]

DLdk 56 (907. 10. 29)「書記エルンストが宮廷司祭長ピルグリムに代って認証した」
Ernustus cancellarius advicem Piligrimi archicapellani recognovit

DLdk 57 (908. 1. 18) 「書記エルンストが宮廷書記局長ラトボートに代って認証した」
Ernustus cancellarius advicem Ratpoti archicancellarii recognovit

DLdk 58 (908. 2. 5) 「書記エルンストが宮廷司祭長ピルグリムに代って認証し､(下署した)」
Ernustus cancellarius advicem Piligrimi archicapellani recognovit et [subscripsit]

DLdk 59 (908. 2. 11) 「私、書記テオドゥルフが大司教にして首席宮廷書記ラトボートに代って認証し､(下署した)」
Theodulfus notarius advicem Rathpodi archiepiscopi summique cancellarii recognovi et [subscripsi]

DLdk 60 (908. 6. 8) 「書記エルンストが宮廷司祭長ピルグリムに代って認証した」
Ernustus cancellarius advicem Pilgrimi archicappellani recognovit

DLdk 61 (908. 7. 9) 「書記エルンストが宮廷司祭長ピルグリムに代って認証し、(下署した)」
Ernustus cancellarius adv[ice]m Piligrimi archicappellani recognovit et [subscripsit]

DLdk 63 (908. 10. 5) 「書記エルンストが宮廷司祭長ピルグリムに代って認証し、(下署した)」
Ernustus cancellarius advicem Piligrimi archicappellani recognovit et [subscripsit]

DLdk 64 (908. 12. 17)「私、書記オダルフリートが宮廷司祭長ピルグリムに代って認証し、(下署した)」
Odalfridus cancellarius advicem Pilgrimi archicapellani recognovi et s[ub]s[cripsi]

DLdk 65 (909. 1. 7) 「書記オダルフリートが宮廷司祭長ピルグリムに代って認証し、(下署した)」
Odalfridus notarius advicem Piligrimi archicappellani recognovit et [subscripsit]

DLdk 66 (909. 1. 20) 「私、書記ザロモが宮廷司祭長ピルグリムに代って認証し、(下署した)」
Salomon cancellarius advicem Pilegrimi archicappellani recognovi et [subscripsi]
DLdk 67 (909. 2. 19) 「私、書記ザロモが宮廷司祭長ピルグリムに代って認証し、(下署した)」
Salomon cancellarius advicem Piligrimi archicappellani recognovi et [subscripsi]
DLdk 68 (900-909) 「私、書記テオドゥルフが大司教にして首席宮廷書記ラトボートに代って認証した」
Theodolphus notarius advicem Rathpodi archiepiscopi summique cancellarii recognovi
DLdk 69 (909. 5. 21) 「書記ザロモが宮廷司祭長ピルグリムに代って認証し、(下署した)」
Salomon cancellarius advicem Pilegrimi archicappellani recognovit et [subscripsit]
DLdk 70 (909. 11. 9) 「私、書記テオドゥルフが大司教にして首席宮廷書記ラトボートに代って認証した」
Theodulphus notarius advicem Rathpodi archiepiscopi summique cancellarii recognovi
DLdk 71 (909. 12. 13)「書記ザロモが宮廷司祭長ピルグリムに代って認証した」
Salomon cancellarius advicem Pilgrimi archicappellani recognovit
DLdk 72 (910. 2. 10) 「書記ザロモが宮廷司祭長ピルグリムに代って認証し、(下署した)」
Salomon cancellarius advicem Piligrimi archicappellani recognovit et [subscripsit]
DLdk 73 (910. 7. 26) 「書記ザロモが宮廷司祭長ピルグリムに代って認証し、(下署した)」
Salomon cancellarius advicem Piligrimi archicappellani recognovit et [subscripsit]
DLdk 74・75 (910. 10. 9)「私、書記オダルフリートが書記ザロモに代って認証し、下署した」
Odalfridus notarius advicem Salomonis cancellarii recognovi et subscripsi
DLdk 76 (910.10.15) 「私、書記テオドゥルフが大司教にして首席宮廷書記ラトボートに代って認証し、(下署した)」
Theodulfus notarius advicem Hratpodi archiepiscopi summique cancellarii recognovi et [subscripsi]
DLdk 77 (911. 6. 16)「私、書記ザロモが宮廷司祭長ピルグリムに代って認証し、(下署した)」
Salomon cancellarius advicem Piligrimi archicappellani recognovi et [subscripsi]

DLdk 62は認証者欄欠如

表3　コンラート１世国王文書・認証者欄

DKI 1 (911. 11. 10)「私、書記オダルフリートが大司教にして首席宮廷司祭ハットーに代って認証し、(下署した)」
Odalfridus cancellarius advicem Hathonis archiepiscopi summique cappellani recognovi et [subscripsi]
DKI 2 (912. 1. 11)「私、書記ザロモが宮廷司祭長ピルグリムに代って認証し、(下署した)」
Salomon cancellarius advicem Piligrimi archicapellani recognovi et [subscripsi]
DKI 3 (912. 3. 5) 「書記ザロモが宮廷司祭長ピルグリムに代って認証した」
Salomon cancellarius advicem Piligrimi archicapellani recognovit
DKI 5 (912. 3. 14)「私、書記ザロモが宮廷司祭長ピルグリムに代って認証した」
Salomon cancellarius advicem Piligrimi archicapellani recognovi
DKI 6 (912. 4. 12)「私、書記オダルフリートが宮廷司祭長ピルグリムに代って認証し、(下署した)」
Odalfridus notarius ad vicem Piligrimi archicappellani recognovi et [subscripsi]
DKI 7 (912. 4. 12)「私、書記オダルフリートが宮廷司祭長ピルグリムに代って認証し、(下署した)」
Odalfridus notarius advicem Piligrimi archicappellani recognovi et [subscripsi]
DKI 8 (912. 7. 1) 「私、書記ザロモが宮廷司祭長ピルグリムに代って認証し、(下署した)」
Salomon cancellarius advicem Piligrimi archicappellani recognovi et [subscripsi]
DKI 9 (912. 8. 8) 「私、書記オダルフリートが宮廷司祭長ピルグリムに代って認証し、(下署した)」
Odalfridus notarius advicem Piligrimi archicapellani recognovi et [subscripsi]
DKI 10 (912. 8. 23)「私、書記ヴォデルフリートが宮廷司祭長ピルグリムに代って認証した」
Wodelfridus cancellarius advicem Pilegrini archicapellani recognovi
DKI 11 (912. 9. 25)「私、書記ザロモが宮廷司祭長ピルグリムに代って認証し、(下署した)」
Salomon cancellarius advicem Piligrimi archicappellani recognovi et [subscripsi]
DKI 12 (912. 10. 3)「私、書記ザロモがピルグリムに代って認証し、(下署した)」
Salomon cancellarius advicem Piligrimi recognovi et [subscripsi]
DKI 13 (912. 11. 28)「書記ザロモが宮廷司祭長ピルグリムに代って認証した」
Salemon cancellarius advicem Piligrimi archicappellani recognovit
DKI 14 (913. 2. 3) 「私、書記ザロモが宮廷司祭長ピルグリムに代って認証し、(下署した)」
Salomon cancellarius advicem Piligrimi archicapellani recognovi et [subscripsi]
DKI 15 (913. 2. 18)「私、書記ザロモが宮廷司祭長ピルグリムに代って認証し、(下署した)」
Salomon cancellarius advicem Piligrimi archicapellani recognovi et [subscripsi]
DKI 16 (913. 2. 18)「書記ザロモが宮廷司祭長ピルグリムに代って認証し、(下署した)」
Salomon cancellarius advicem Piligrimi archicappellani recognovit et [subscripsit]
DKI 17 (913. 3. 12)「書記ザロモが宮廷司祭長ピルグリムに代って認証し、(下署した)」
Salon notarius advicem Piligrimi archicapellani recognovit et [subscripsit]
DKI 18 (913. 6. 22)「私、書記ザロモが宮廷司祭長ピルグリムに代って認証した」
Salemon cancellarius advicem Piligrini archicapellani recognofeci

DKI 19 (914. 4. 24)「書記ザロモが宮廷司祭長ピルグリムに代って認証した」
Salemon cancellarius advicem Piligrimi archicapellani recognovit
DKI 20 (914. 5. 24)「私、書記ザロモが宮廷司祭長ピルグリムに代って認証し、(下署した)」
Salomon cancellarius advicem Piligrimi archicappellani recognovi et [subscripsi]
DKI 22 (914. 5. 25)「私、書記ザロモが宮廷司祭長ピルグリムに代って認証し、(下署した)」
Salomon cancellarius advicem Piligrimi archicappellani recognovi et [subscripsi]
DKI 23 (914. 6. 7)「私、書記ザロモが宮廷司祭長ピルグリムに代って認証した」
Salemon cancellarius ad vicem Piligrini archicapellani recognovi
DKI 24 (914. 7. 9)「私、書記ザロモが宮廷司祭長ピルグリムに代って認証した」
Salomon cancellarius advicem Piligrimi archicapellani recognovi
DKI 25 (915. 2. 8)「私、書記ザロモが宮廷司祭長ピルグリムに代って認証した」
Salomon cancellarius advicem Piligrini archicapellani recognovi
DKI 26 (915. 8. 9)「私、書記ザロモが宮廷司祭長ピルグリムに代って認証した」
Salomon cancellarius advicem Piligrimi archicappellani recognovi
DKI 27 (915. 11. 6)「私、書記ザロモが宮廷司祭長ピルグリムに代って認証し、(下署した)」
Salomon cancellarius advicem Piligrimi archicappellani recognovi et [subscripsi]
DKI 28 (916. 5. 4)「私、書記ザロモが宮廷司祭長ピルグリムに代って認証し、(下署した)」
Salomon canellarius advicem Piligrimi archicappellani recognovi et [subscripsi]
DKI 29 (916. 6. 29)「私、書記ザロモが宮廷司祭長ピルグリムに代って認証し、(下署した)」
Salomon cancellarius advicem Piligrimi archicappellani recognovi et [subscripsi]
DKI 30 (916. 7. 6)「私、書記ザロモが大司教にして首席宮廷司祭ピルグリムに代って認証し、(下署した)」
Salomon cancellarius advicem Piligrimi archiepiscopi summique cappellani recognovi et [subscripsi])
DKI 32 (917. 11. 3)「私、書記ザロモが宮廷司祭長ピルグリムに代って認証した」
Salomon cancellarius advicem Piligrini archicapellani recognovi
DKI 33 (918. 4. 21)「私、書記ザロモが宮廷司祭長ピルグリムに代って認証した」
Salomon cancellarius advicem Piligrini archicapellani recognovi
DKI 34 (918. 7. 4)「私、書記ザロモが宮廷司祭長ピルグリムに代って認証し、(下署した)」
Salon cancellarius advicem Piligrimi archicapellani recognovi et [subscripsi]
DKI 35 (918. 7. 5)「私、書記ザロモが宮廷司祭長ピルグリムに代って認証し、(下署した)」
Salomon cancellarius advicem Piligrimi archiepcapellani《(ママ)》 recognovi et [subscripsi]
DKI 36 (918. 9. 9)「私、書記ザロモが宮廷司祭長ピルグリムに代って認証し、(下署した)」
Salomon cancellarius advicem Piligrimi archiarchicapellani《(ママ)》 recognovi et [subscripsi])
DKI 37 (918. 9. 12)「私、書記ザロモが宮廷司祭長ピルグリムに代って認証した」
Salomon cancellarius advicem Piligrimi archicappellani recognovi

---

DKI 4・21・31・38は認証者欄欠如

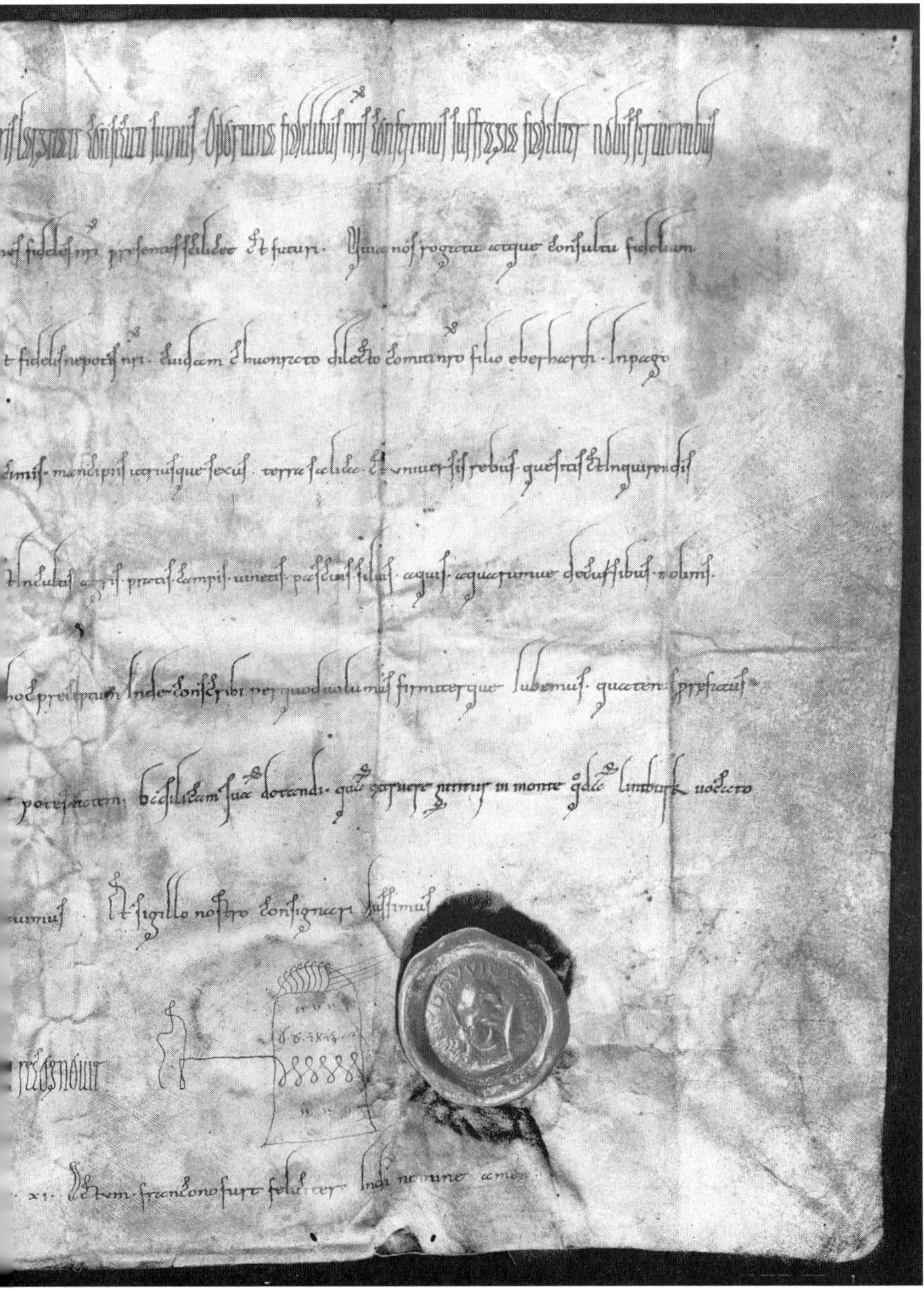

...ris largiente consciti sumus. Opportunus fidelibus nris conferimus suffragia fideliter nobis servientibus
...es fideles nri presentes scilicet et futuri. Quia nos rogatu atque consultu fidelium
...t fidelis nepotis nri. cuidam Chuonrado dilecto comiti nro filio eberhardi. In pago
...timis mancipiis utriusque sexus. terris scilicet. et universis rebus quesitis et inquirendis
...t inclusis agris pratis campis uineis pascuis siluis aquis aquarumue decursibus molinis
...hoc preceptum inde conscribi per quod uolumus firmiterque iubemus quatenus prefatus
...potestatem basilicam suae dotandi quam parare ... in monte qui dicitur limburk uocato
...imus. Et sigillo nostro consignari iussimus
...recognouit
... xi. Actum franconofurt feliciter in dei nomine amen

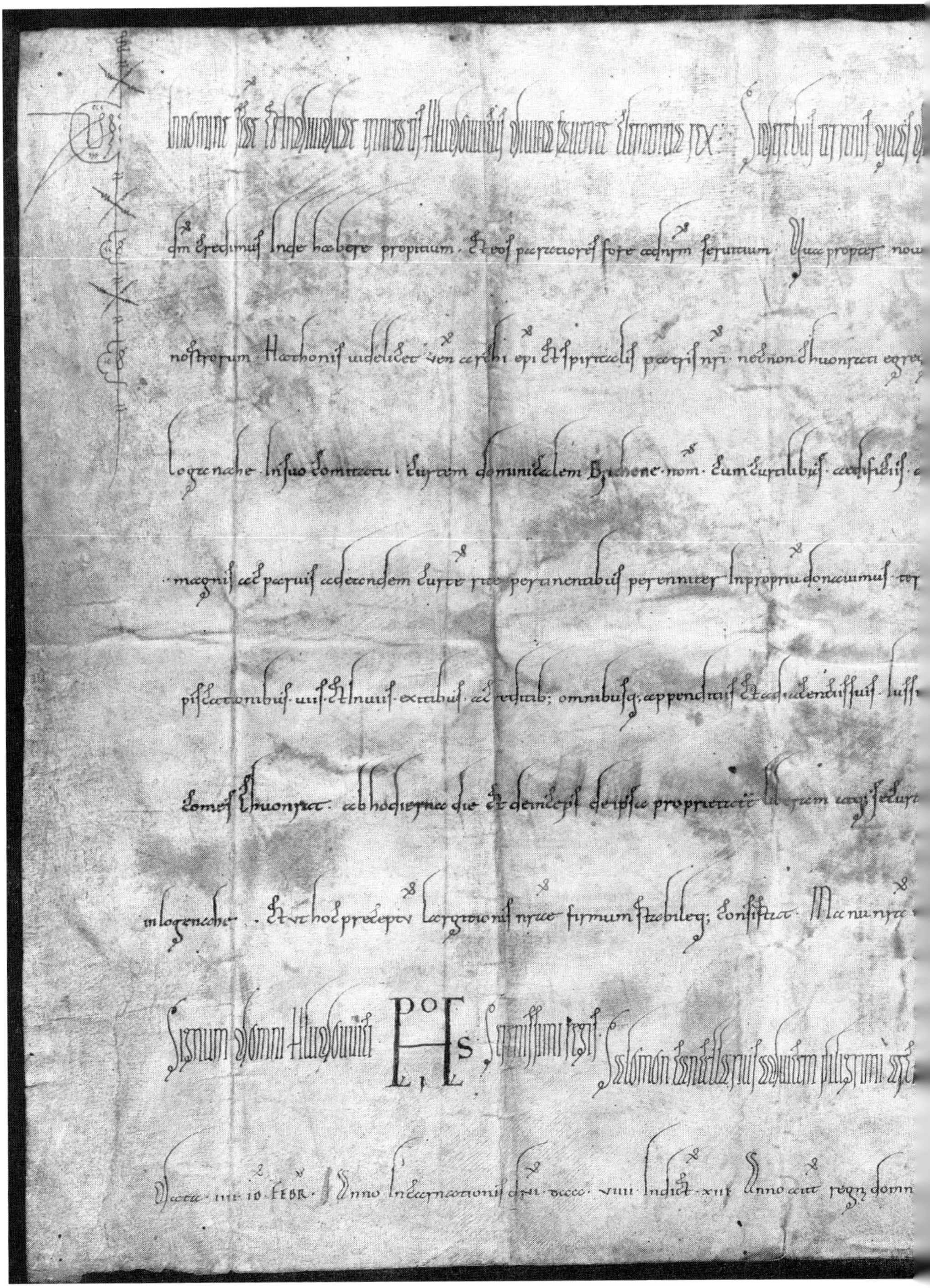

⑬ ルードヴィヒ幼童王文書第72番［DLdK72］（910年2月10日）
ヴィスバーデン、ヘッセン州立中央文書館蔵、Abt. 40, Nr. 1

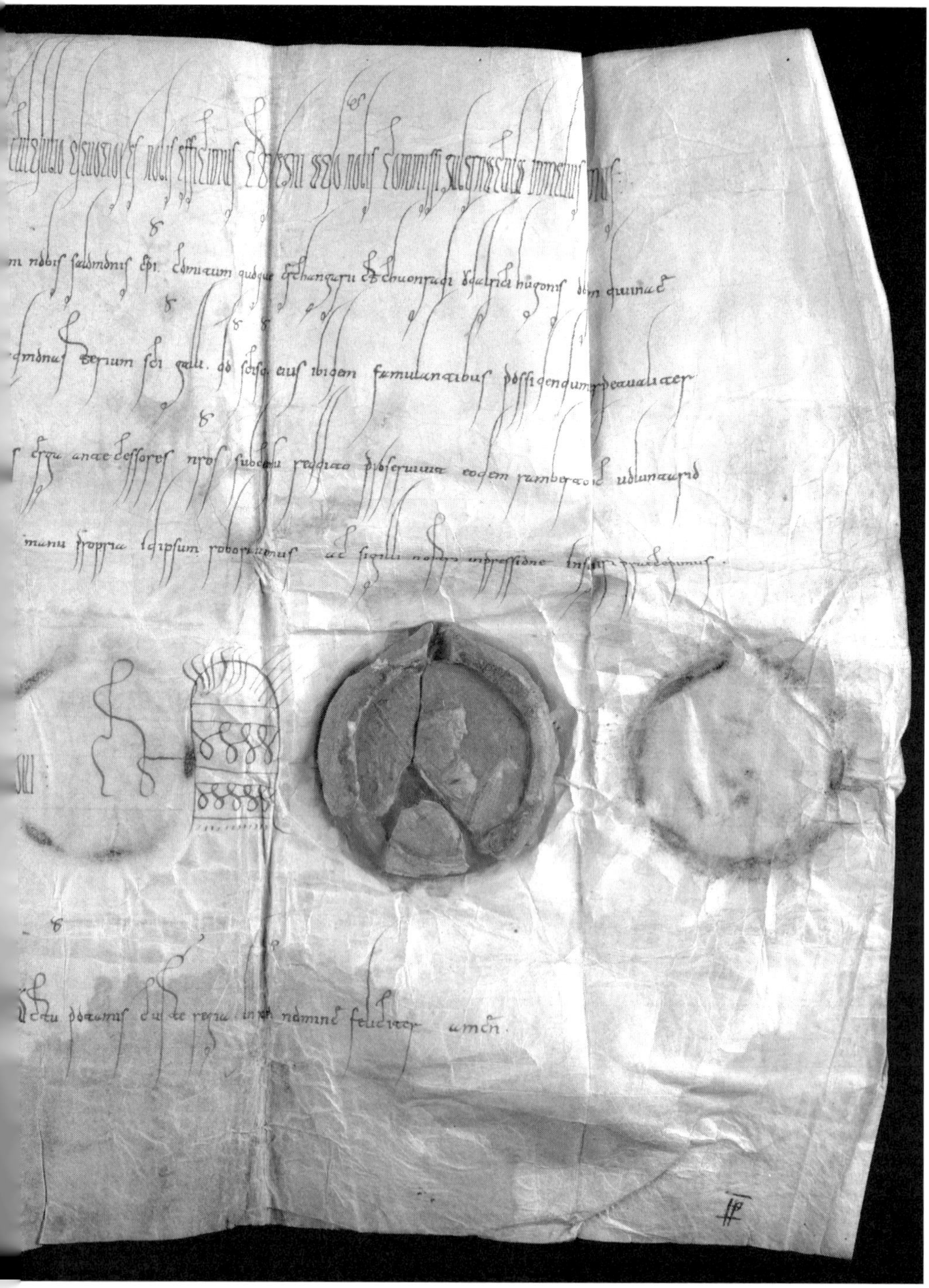

m nobis Salomonis epi. comitum quoque Ezechangeri et Chuonradi Udalrici Hugonis atque Quirinae
monas terium sci Galli. ad scis eius ibidem famulantibus possidendum perpetualiter
ut tam antecessores nostri sub eodem tradito deseruiunt eodem rumberto udunatquid
manu propria scripsum roborantes ac sigilli nostri impressione insigniri iussimus.
actu Potamis ducis regia in dei nomine feliciter amen.

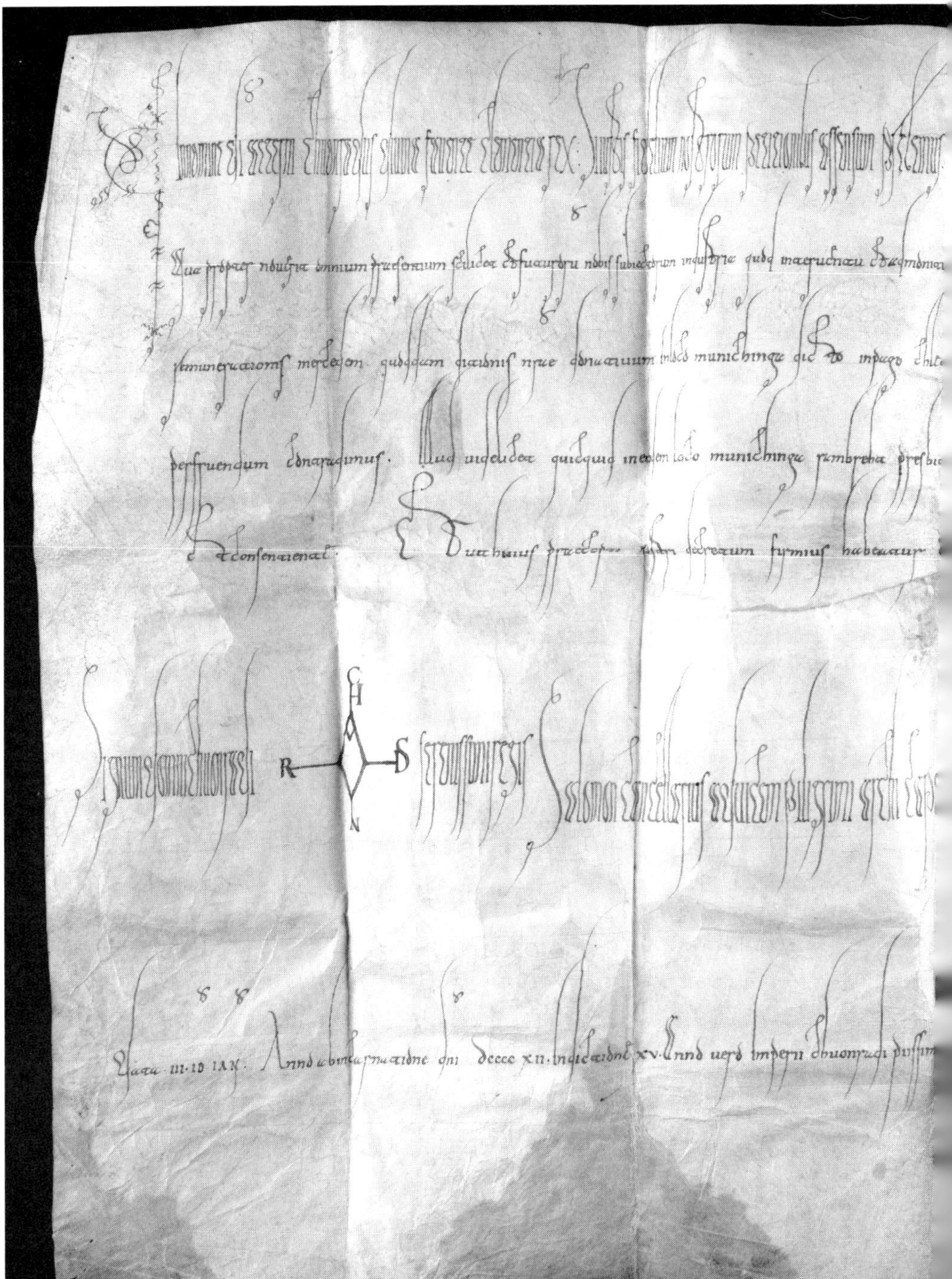

⑭ コンラート1世国王文書第2番［DKI 2］（912年1月11日）
ザンクト・ガレン修道院文書館蔵、FF3 L83

図版13補説

本文書は、ルードヴィヒ幼童王が、マインツ大司教ハットーと「卓れた大公にして、余の誠実なる親族であるコンラート」(Chuonratus egregius dux et fidelis nepos nostri)(=後の国王コンラート1世)の斡旋により、(故)エーベルハルトの息子コンラート(クルツボルト)に対し、ラーンガウのオーバーブレヒェン所在の国王ホーフ(領地)を、全ての付属物、ならびに耕作地ともども、コンラート(クルツボルト)がリンブルクの山に計画している教会の建設に供するべく、下賜することをしたためたもの。コンラート1世は910年のこの文書において初めて「大公」として登場する。また、彼の従兄弟コンラート・クルツボルト(短軀の意のあだ名)の名、およびドイツ・ヘッセン州の都市リンブルクも、この文書が初出である。

ここでは文書形式のひとつとして、文書認証欄を見ていこう。下から2行目中央部、文字間隔が詰まったように見える箇所に注目。

"Salomon cancellarius advicem Piligrimi archicappellani recognovit et [subscripsit]"

(書記ザロモが宮廷司祭長ピルグリムに代って認証し、[下署した])

とあり、直前の署名欄とともに、文書の冒頭行と同じく、エロンガータ体(縦に引き伸ばされた書体)で記されている。ただし末尾の"et"([英] and に相当)は装飾様に書かれ(&の原型)、"subscripsit"は釣鐘様に図案化されてしめされている。

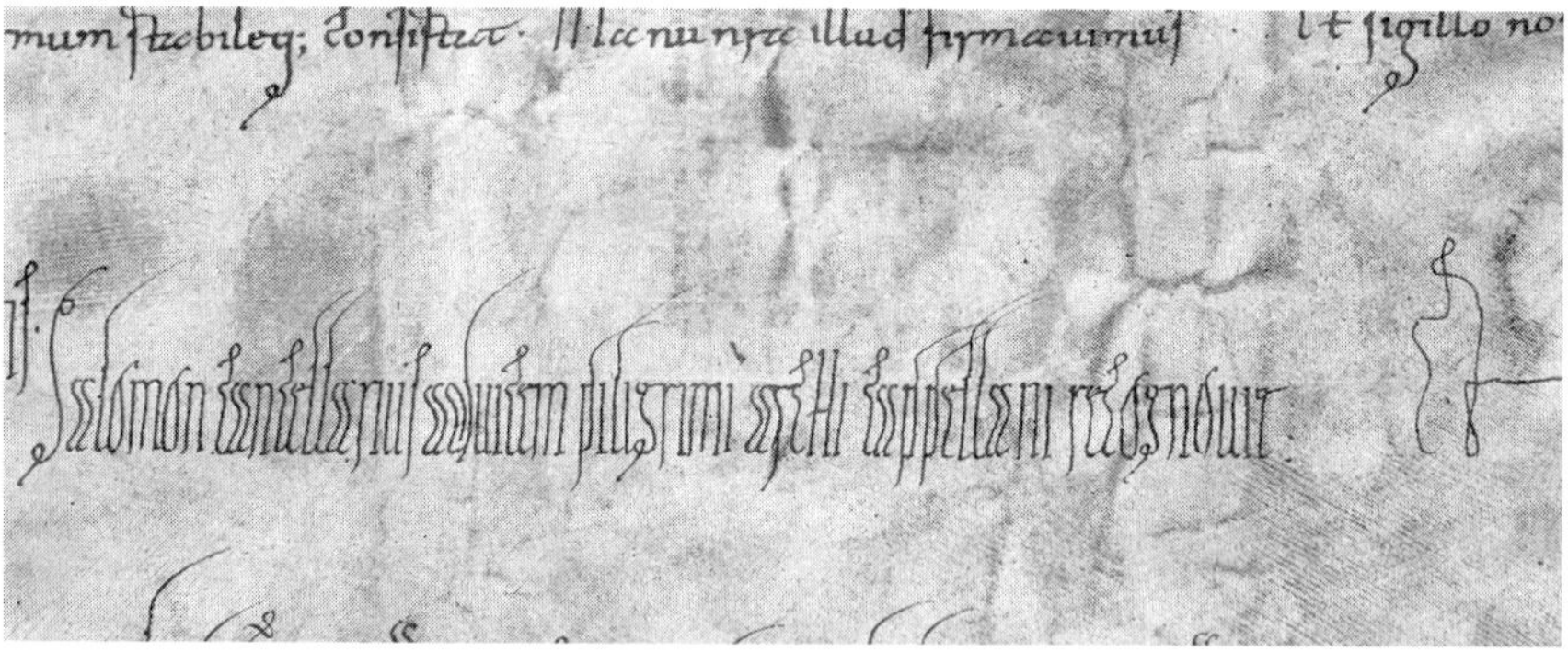

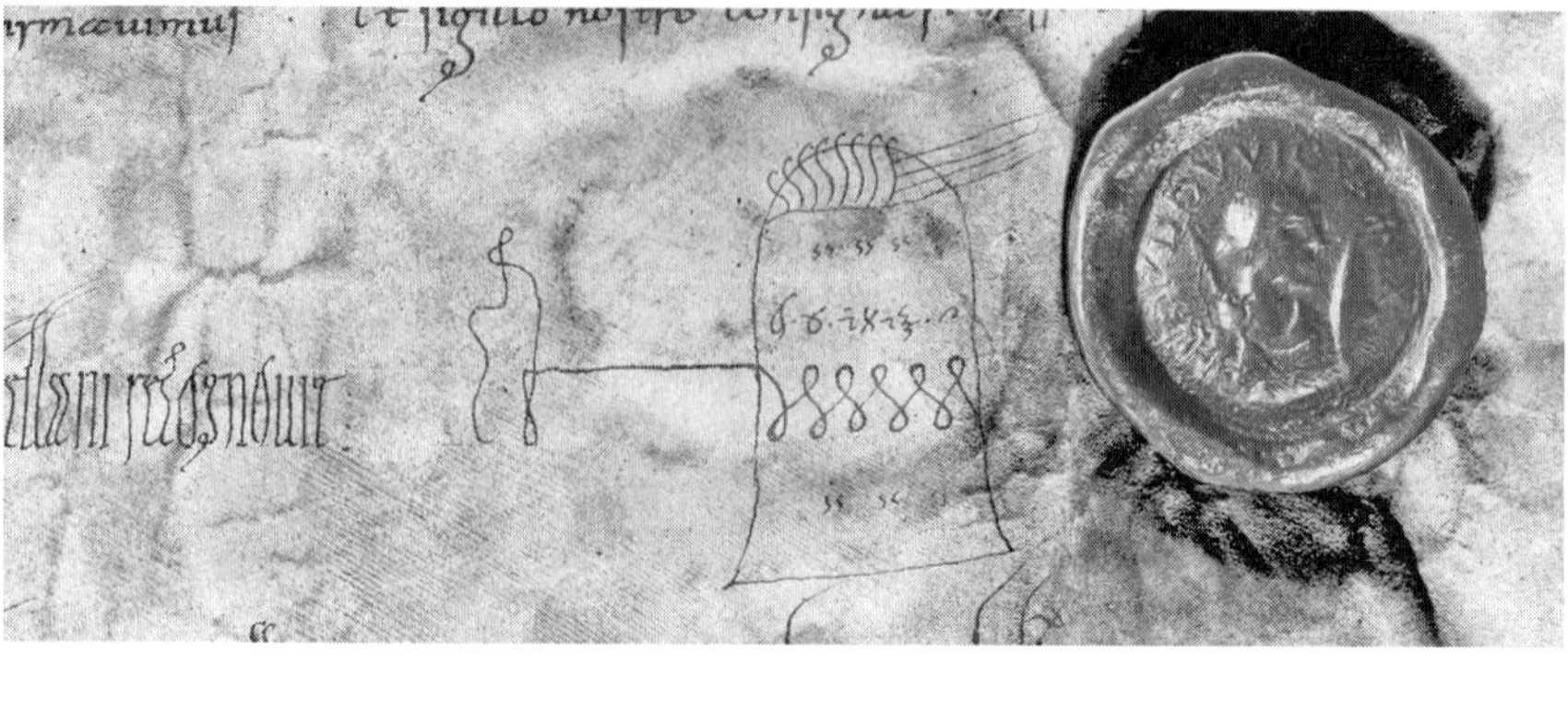

図版14補説

本文書は、ザンクト・ガレン修道院に宛ててボートマンで発給された、コンラート1世の所領寄進状。印章（SI 2）は破損しているが、コンラート1世の横顔や、槍・楯などが確認できる（口絵1補説を参照）。

ここでは本文の中から、斡旋者の部分を見ていこう。

“Salomonis epi comitum quoqe Erchagarii et Chuonradi Odalrici Hugonis”

（「司教ザロモ、および伯たちエルカンゲルとコンラート・ウダルリヒ・フゴーの（斡旋により）」）

拡大図を下に示す。

本文（Kontext）は、カロリング小文字体をベースとして、文字の垂直部分を上または下に長くし、時にその先っぽをループ状に書いた書体（証書小文字体）で書かれている。

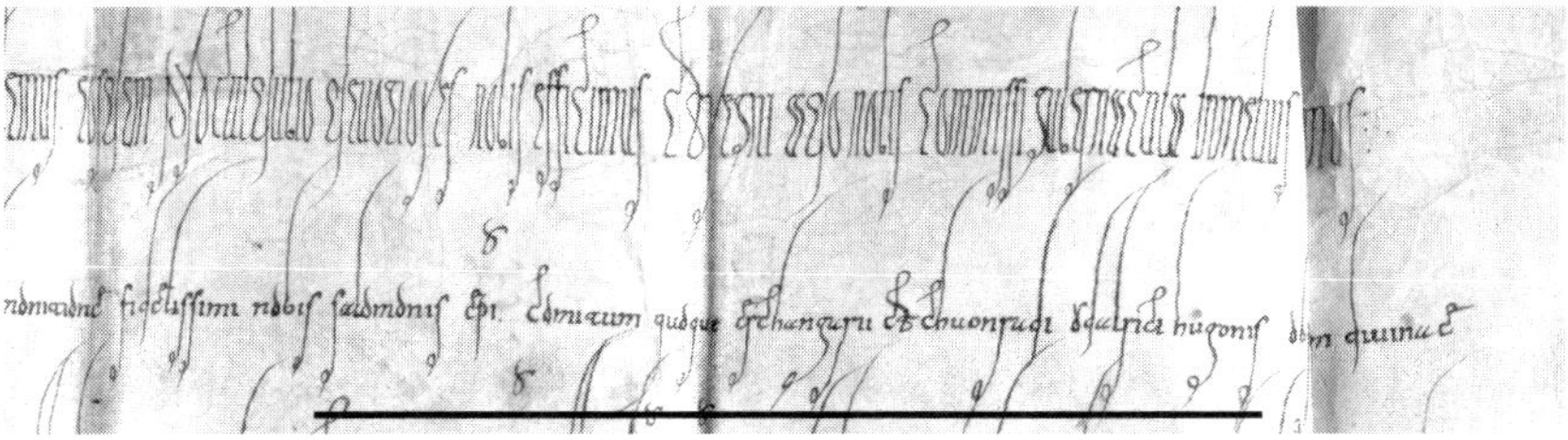

“Salomonis epi”

“Erchagarii”

“Chuonradi”

“Odalrici Hugonis”

さてコンラート一世の国王文書第一番の文書認証者欄に関して何よりもまず注目されるのは、そこに、幼童王の宮廷書記局を実質上統括してきたマインツ大司教ハットーが「首席宮廷司祭」(summus cappellanus)としてその名をあげられていることである。上述のように、ルードヴィヒ幼童王の宮廷教会＝宮廷書記局ではザルツブルク大司教ピルグリムが宮廷司祭長(archicappellanus)の職にあり、ハットーは宮廷教会＝宮廷書記局を統括していたものの、その長である宮廷司祭長の職階も、また宮廷書記局長の職階も帯びてはこなかった。コンラート一世政権の成立とともに、幼童王の宮廷教会＝宮廷書記局を引き継いだコンラート一世のそれにおいては、ピルグリムからハットーへの宮廷司祭長職の交代があったのであろうか。

ところがさらに注目されることに、コンラート一世の現伝する文書の中で二番目に古い九一二年一月一一日付け国王文書第二番［DKI 2］から、文書認証者欄をもつコンラート一世の最後の国王文書［DKI 37］(918. 9. 12)にいたるまで、すべて、例外なく、宮廷司祭長たるピルグリムの名で認証がおこなわれている(**表3**参照)。国王文書第二番を例にとるなら「私、書記ザロモが宮廷司祭長(archicapellanus)ピルグリムに代わって認証し、(下署した)」のごとくである。しかしだからといって、ハットーの占めた事実上の宮廷統括者としての地位は、コンラート一世宮廷においても変わりはない。そもそも名誉職的な宮廷司祭長職をことさら交代させる(ピルグリム→ハットー)必要があるとは思われないが、さらに二カ月のうちに今一度交代(ハットー→ピルグリム)がおこなわれ、しかも二度の交代劇にもかかわらず宮廷教会＝宮廷書記局の権力構造に何ら変化が見られない、とするなら、はたして言葉の厳密な意味での交代劇はあったのであろうか。

ヨーゼフ・フレッケンシュタイン(Josef Fleckenstein)はしかし、事実二度の交代劇がおこなわれたと見る。彼はこう説明する。新国王コンラートは、幼童王の宮廷教会を指導してきた盟友ハットーを正式に宮廷司祭長に就かせる選択をした。だが、強力なバイエルン大公との関係を考慮して、ハットーの同意のもと、バイエルンの聖職者の最高位に位置するザルツブルク大司教を味方に引き入れるべく、彼を宮廷司祭長職に任じた。かくして宮廷教会は再び宮廷司祭長たるピルグリムを名前のみであれ指導者としてもつ状況にもどった——と。[26] 交代劇を「政治的性格」[27]のものとするフレッケンシュタインではあるが、説明の焦点はもっぱら二度目のそれにあてられるにすぎない。しかもあげられる政治的背景は急に出来したものではなく、新国王コンラートが考慮するべきものであったとしたなら、一度目の交代劇のときにすでに考慮されるべき性質のものである。コンラートの短慮であった、ということなのであろうか。

国王文書に宮廷司祭長であったピルグリムの名が見られぬことは、更迭されたのであれ、されなかったのであれ、文書発給の場に彼がいなかったことを示唆する。もとより更迭がおこなわれず、単に文書発給に立ち会っていないだけであるならば、従来どおり名のみ記される事例にすぎなかったであろう。われわれは、だから交代劇があったのだ、と考えるべきか。二度の交代劇を単純に受け入れるべきか。

留意すべきは、この国王文書第一番の場合、文書発給の場がコンラート一世の国王選挙の場であったことである。ピルグリムの不在は、更迭の有無にかかわらず、国王選挙への彼の不参加を示唆する。フレッケンシュタインはかの交代劇の第二幕を「政治的性格」と捉えたが、むしろピルグリムの不在にこそ、政治的背景からの説明が求められるべきであろう。すなわち彼の不在は、彼に代表されるバイエルン聖職者たちの国王選挙への不参加を推察することを許容し、さらにはそもそも彼らの属するバイエルン人の国王選挙への不参加を推察することをも許容する、と思われるからである。

ここでわれわれはコンラートの国王文書第一番・文書認証者欄に関わる今一つの問題を取り上げよう。

この文書においてハットーに冠せられた職名は、“archicappellanus”ではなく“summus cappellanus”であった。本書では前者を「宮廷司祭長」、後者を「首席宮廷司祭」と訳し分けたが、本来同義であり、どちらも「司祭の長、首席の司祭」を意味する。すなわち宮廷教会の最高職であって、別職ではなく、用語的には互換できる。しかしながら東フランク宮廷書記局においては、使用頻度は“archicappellanus”が“summus cappellanus”（首席宮廷司祭）なる表記は東フランク宮廷書記局ではほとんど用いられない、きわめて稀なものなのである。

例えばピルグリムの前任者であるテオトマールの場合、国王アルヌルフの宮廷書記局では、宮廷司祭長（archicappellanus）と記す文書一五二点に対し、「首席宮廷司祭」（summus cappellanus）と記すものはわずかに二点と、極端に少ない。[28] ちなみに「首席宮廷司祭」（summus cappellanus）と記す二点の文書の作成者「書記」（Schreiber）は同一人物“Aspert E”と見られており、彼は幼童王の書記局では活動していない。[29] 語句のこの使用傾向はルードヴィヒ幼童王の宮廷書記局においても同じで、テオトマール、およびその後任ピルグリムを「首席宮廷司祭」（summus cappellanus）と記す文書は、九〇七年六月一七日付けの偽作文書一点[30]をのぞき、皆無である。ただロートリンゲン書記局関係では、ラトボートに対し、「宮廷書記局長」（archicancellarius）とともに「首席宮廷書記」（summus cancellarius）という表記も用いられ、両表記はツヴェンティボルト、ルードヴィヒ幼童王時代をとおして同程度の使用頻度を示す。[31] 以上の瞥見から、ロートリンゲン書記局で継承された書式では「首席宮廷書記」（summus cancellarius）という表記が「宮廷書記局長」（archicancellarius）とともに同程度に使用されたが、東フランク宮廷書記局で継承された書式においては「首席宮廷司祭」（summus cappellanus）という表記はほとんど使用されてこなかった、といってよいであろう。幼童王の宮廷書記局――ロートリンゲン書記局をふくまぬそれ――を継承したコンラート一世の宮廷書記局において「首席宮廷司祭」（summus cappellanus）という表記が使用されていることは、それ故、特異なことであった。

文書作成者の側から見てみよう。「書記」（Kanzler/Notar）オダルフリートによって認証されるこの国王文書の作成者は、研究者によって“Salomon A”と呼ばれる「書記」（Schreiber）である。彼はルードヴィヒ幼童王の宮廷書記局において、「書記」（Kanzker）ザロモが認証する国王文書第七三番［DLdK 73］（910. 7. 26）の作成者として初めて確認される。幼童王書記局では彼の作成になる文書は他に残されていないが、続くコンラート一世宮廷書記局でも作成の任にあたり、問題の国王文書第一番を初めとする数点の文書が彼の手になるものと考えられている。[32] さらに彼は、テオドール・ジッケル（Theodor Sickel）の文書研究によって、次代の国王ハインリヒ一世のもとで「書記」（Notar）として活動したジモン Simon と同一人物と見られている。[33] ちなみにこのジモンは、九二〇年から九三一年初までの二七点のハインリヒ一世国王文書［DHI 1～DHI 27］のうち、文書認証者欄を欠く二点の写本、および九二九年の一文書と九三〇年の一文書とをのぞく、二三点の文書で「認証」をおこなっており、さらに九二六年のハインリヒ一世国王文書第一〇番（926. 8. 11）までは彼自らが文書を「作成」していた。[34] 九一〇年に初めて文書作成者としての活動が確認される“Salomon A”が、問題のコンラート一世文書の作成時九一一年に、文書作成に習熟していなかったかどうかは判断にむずかしいところであるが、「首席宮廷司祭」（summus cappellanus）なる表記が簡単に出てくる環境になかったことは確かであろう。[35]

「首席宮廷司祭」（summus cappellanus）という表記は、宮廷書記局の中のどのレヴェルが関わったか——“Salomon A”のみか、オダルフリート等もか——は不明であるが、意識して選ばれたと想定する可能性は排除されまい。

文書認証者欄での「宮廷司祭長」（archicappellanus）ピルグリムの名の欠如が、彼に代表されるバイエルン聖職者たちの、さらにはそもそもバイエルン人のコンラート一世国王選挙への不参加を推察させるとするならば、「首席宮廷司祭」(summus cappellanus)という表記の選択もこの政治的文脈でなされたと考えることは必ずしも困難ではあるまい。すなわち、ピルグリムをはじめとするバイエルン人がコンラートの国王選挙に不参加であったなら、バイエルン人の帰趨が不透明な中、宮廷書記局にとって、認証を通例のように「宮廷司祭長」(archicappellanus)たるザルツブルク大司教ピルグリムの名で書き記してよいのかどうか、判断に迷うところであったろう。同時期ロートリンゲン人は実際には西フランク王シャルルを選択し、宮廷書記局長職を担うトリーア大司教もこれに与《くみ》することになるが、おそらく東フランク宮廷では、当然コンラートの国王選挙に参加しなかったロートリンゲン人の帰趨も不透明で、「宮廷書記局長」の名を用いての認証とすることにも迷うところであったろう。宮廷教会＝宮廷書記局を実質的に統括してきたマインツ大司教ハットーを「宮廷司祭長」(archicappellanus)と呼ばず、「首席宮廷司祭」(summus cappellanus)と呼ぶこと、それは、事後の展開を見据えて、「宮廷司祭長」(archicappellanus)職をペンディングにして、つまりバイエルン人がコンラートの王権を承認し、ピルグリムが従前の位置におさまることになっても、またバイエルン人が当面コンラートに与せず、宮廷教会がピルグリムをはずしたままの体制で運営されていくことになっても、いずれの場合にも柔軟に対応できるように選択された表記ではなかったか。

　コンラート一世国王文書第一番・文書認証者欄における「宮廷司祭長」(archicappellanus)ピルグリムの名の欠如は、彼の国王選挙への不参加を示唆し、それはまた彼に代表されるバイエルンの聖職者たちの、さらにはバイエルン人の国王選挙不参加を推察させる——、はたしてそうであるならば、それは、コンラート一世がロートリンゲン人をのぞくすべての地域の代表者によって国王に選出されたとの印象をあたえる

『モンツァ本アレマニエン年代記』によりも、ヴィドゥキントの『ザクセン人の事績』のあたえるそれに調和的である。われわれはさらに同文書でのハットーに冠された「首席宮廷司祭」（summus cappellanus）という職階表記のもつ意味合いにこだわって考察したが、仮にフレッケンシュタインが想定するように、このおりにすでに宮廷司祭長職の交代劇があったなら、それはむしろ新王権とバイエルン大公との親和を欠いた関係を窺わせ、やはり後者の国王選挙不参加という事態を推察させる。

　コンラート一世は必ずしもフランク人・ザクセン人・アレマニエン（シュヴァーベン）人・バイエルン人によって、すなわちロートリンゲン人をのぞく東フランク王国の全構成人民によって一致して国王に選出されたわけではない、——ヴィドゥキントの報告に加え、コンラート一世国王文書第一番の「証言」から、事態をかように捉える余地があるとするならば、それは、信憑性の高い感のある『モンツァ本アレマニエン年代記』の記述とはどう整合するのであろうか。次節においては改めてこの問題を検討しよう。

注

（21）J. Fleckenstein（後注23）, T.1, S.215; T.2, S.5 Anm.10.

（22）J. Fleckenstein（後注23）, T.1, S.213.

（23）以下は、詳しくはつぎの諸研究を参照。P. Kehr, Die Kanzlei Ludwigs des Kindes, Berlin 1940; Th. Schieffer, Die lothringische Kanzlei um 900, Köln–Graz 1958; J. Fleckenstein, Die Hofkapelle der deutschen Könige, Teil 1, Grundlegung. Die karolingische Hofkapelle, Stuttgart 1959 (= MGH Schriften 16/1); Teil 2, Die Hofkapelle im Rahmen der ottonisch-salischen Reichskirche, Stuttgart 1966 (= MGH Schriften 16/2).

(24) DLdK 64 (908. 12. 17); DLdK 67 (909. 2. 19).

(25) 山田欣吾「国王・大公・教会」（第I章注11）、二一一―二一二頁を参照。

(26) J. Fleckenstein (前注23), T. 1, S. 213.

(27) J. Fleckenstein (前注23), T. 1, S. 213.

(28) 偽作をのぞく一七八点（DArn 72a, 107aを含む）のアルヌルフ文書［DArn］のうち、
テオトマールが認証者欄にあげられるもの：一六三点
パッサウ司教が認証するもの：三点（DArn 161, 172, 173）
認証者欄を欠いて伝えられるもの：八点（DArn 9, 89, 107a, 111, 126, 142, 155, 171）
認証者欄に「書記」（Kanzler）のみあげられるもの：三点（DArn 39, 80, 149）
認証者欄に宮廷司祭長の名を欠いて伝えられるもの：一点（DArn 12）
テオトマールを認証者欄にあげる一六三点のうち、
職階を欠いて伝えられるもの：五点（DArn 93, 94, 112, 169, 170）
「宮廷書記局長」（archicancellarius）の職階で伝えられるもの：四点（DArn 22, 72a, 96, 101）
「首席宮廷司祭」（summus cappellanus）と伝えられるもの：二点（DArn 102, 131）
残る一五二点が「宮廷司祭長」（archicappellanus）の職階で伝えられる。

(29) Vorbemerkungen zu DArn 102, 131.

(30) DLdK 84.

(31) ツヴェンティボルト文書（DZw）
「宮廷書記局長」（archicancellarius）：一三点（DZw 1, 2, 3, 5, 9, 18, 20, 21, 22, 23, 24, 25, 26）
「首席宮廷書記」（summus cancellarius）：七点（DZw 6, 7, 8, 11, 13, 19, 28）
「首席宮廷司祭」（summus cappellanus）：一点（DZw 10）
ルードヴィヒ幼童王文書（DLdK）
「宮廷書記局長」（archicancellarius）：四点（DLdK 16, 36, 55, 57）
「首席宮廷書記」（summus cancellarius）：八点（DLdK 7, 18, 49, 50, 59, 68, 70, 76）
なお、幼童王末期、「書記」（Notar）テオドゥルフの認証する文書では、四点すべてにおいて「首席宮廷書記」（summus cancellarius）と記される（表2を参照）。

（32）Einleitung zu den Urkunden von Konrad I. (v. Th. Sickel), in: MGH DKI, S.1; Einleitung zu den Urkunden von Ludwig d. Kind (v. Th. Schieffer), in: MGH DLdK, S.84.

（33）Th. Schieffer, Einleitung（前注32）, S.84; J. Fleckenstein（前注23）, T.2, S.6. ただしパウル・ケール（P. Kehr）は“Salomon A”とジモンとの等置に反対する; P. Kehr（前注23）, S.34 u. ö.

（34）ハインリヒ一世の初期の書記局は彼ジモンただ一人によって実務がなされ、実際には書記局と呼べるほどの体裁をなしてはいなかった。J. Fleckenstein（前注23）, T.2, S.6-9; 山田欣吾「国王・大公・教会」（第I章注11）、二二三頁。

（35）ただし“Salomon A”は五年後のコンラート一世国王文書第三〇番（916. 7. 6）の作成者であり（Vorbemerkung zu DKI 30 [v. Th. Sickel]）、この中で今一度「首席宮廷司祭」（summus cappellanus）なる表記を用いている。なお彼の手になる他の文書をふくめ、コンラート一世国王文書においては、二文書（DKI 1・30）をのぞき、すべて「宮廷司祭長」（archicappellanus）と表記される。表3を参照。

3 事後承認説

ヴィドゥキントにおける「フランク人とザクセン人のすべての人民」という表現を字義どおりにとり、九一一年の場合、コンラートがフランク人とザクセン人によって国王に選出されたと解する研究者たちは、それでは、『モンツァ本アレマニエン年代記』の報告との整合性をどう解決しようとするのであろうか。以下、先の解釈❷のもとでの、その説明と事態の捉え方を検証していきたい。

3-(1) 事後承認説

仮にフォルヒハイムにおいてコンラートがフランク人とザクセン人によって国王に選出されたのであるにせよ、これにバイエルン人・シュヴァーベン人が無関与のままであったとするのは、事態のその後の展開――短期間に終わるがコンラート一世とバイエルン大公アルヌルフ、およびシュヴァーベンのエルカンガー一門との親和関係――から見て整合的ではない。そこでハリー・ブレスラウ（Harry Bresslau）からロベルト・ホルツマン（Robert Holtzmann）等にいたる、解釈❷の立場をとる研究者たちは、コンラートはフォルヒハイムにおいてフランク人・ザクセン人によって国王に選挙され、事後にその王権がバイエルン人・シュヴァーベン人の承認をえた、と推測する。

九一一年一一月七日～一〇日のフォルヒハイムにおける国王選挙の後の、コンラート一世の確かな足跡は、翌九一二年一月一一日シュヴァーベンのボートマン、すなわちボーデン湖北西部の北側の峡湾ユーバーリンガーゼーの最北西端に臨む王宮地ボートマン、に確認される。この地でザンクト・ガレン修道院への所領寄進状であるコンラート一世国王文書第二番［DKI 2］が発給されているからである。さらに九一二年三月五日付け、フランケンとの境界に近いバイエルンのノルトガウ所在フェルデンにおいて発給されたコンラート一世国王文書第三番［DKI 3］では、当文書での処置がこれに先立ちシュヴァーベンのウルムで開かれた集会において（ad placitum nostrum Ulmae）提出された請願に基づくものである旨、記されており、コンラートが三月五日以前に――おそらくは一月一一日以降――ウルムに滞在していたことが知られる。

二点の国王文書から知られるコンラートのこのシュヴァーベン滞在に呼応する形で、ザンクト・ガレン修道院周辺からの一連の史料が同時期におけるコンラートの同修道院への来訪をつげる。すなわち『チューリヒ本アレマニエン年代記』（Annales Alamannici codex Turicensis）のほぼ同時代の記載とみなされる九一二年項においては、コンラートがボーデン湖の南、ザンクト・ガレン修道院を訪れ、同所で王にふさわしくもてなされたことが記され(36)、『ザンクト・ガレン大年代記』（Annales Sangallenses maiores）の十世紀半ばに記された部分にあたる九一二年項は、おそらくは『チューリヒ本アレマニエン年代記』の記事を下敷きにしてではあろうが、国王コンラートが聖ステファヌスの祝祭日（聖ステファノ殉教者の日＝一二月二六日）にザンクト・ガレン修道院を来訪したことを記す(37)。さらに十一世紀半ば、ザンクト・ガレン修道士エッケハルト四世が著した『ザンクト・ガレン修道院事蹟録』（Casus Sancti Galli）はその第一四章において、国王コンラートが降誕祭（一二月二五日）にコンスタンツに滞在し、ついでザンクト・ガレン修道院を来訪して三日間滞在したこと（一二月二六日～二八日）を伝え、この滞在のおりの、幼子の日（幼子殉教者の日＝一二月二八日）におけ

る愛餐会のエピソードを語り、コンラートが翌日（一二月二九日）アルボンへ向かったと記す。(38)

もとより、上述のように『ザンクト・ガレン大年代記』の書き手は『チューリヒ本アレマニエン年代記』の記事を知っており、エッケハルト四世も『ザンクト・ガレン大年代記』の一部を自らも記すなど、上記三史料は、それぞれが他の記述の信憑性を裏づけるという関係にはない。しかも後の史料になるほど内容が詳細になるなど、むしろ信憑性に疑念をいだかせる面がある。しかしザンクト・ガレン修道院において語り継がれてきたであろう伝承の中で、核となっている国王コンラートの来訪という事蹟は、他の文書史料等からは確認されないものの、同時代史料である『チューリヒ本アレマニエン年代記』のみからでも、事実として抽出することは許容されよう。

ところで『チューリヒ本アレマニエン年代記』と『ザンクト・ガレン大年代記』はコンラートの来訪を九一二年に据え、エッケハルト四世はこれを一二月末に据えるも年代に関しては頓着していない。『ザンクト・ガレン大年代記』九一二年項は先の記事（一二月二六日）に続き、吃者ノトカー（Notker der Stammler）の死を書き記している。ノトカーの死亡日は九一二年四月六日であり、一見順序が前後しているようにみえるこの事態は、当年代記が降誕祭年始（一二月二五日年始）のもとでの年（西暦年）表示であることを示しており、コンラートの来訪が、今日九一一年に数えられる年の一二月二六日に捉えられていたことを窺わせる。『チューリヒ本アレマニエン年代記』もコンラートの来訪を九一二年項の最初のところに記しており、この場合もまた同様に、降誕祭年始のもと九一一年末のことを記したと見てさしつかえあるまい。

ザンクト・ガレン修道院周辺由来の一連の作品は、したがって、九一一年末におけるコンラート一世の同修道院来訪をつげているといえるが、これが実際になされた可能性は、物理的にも――コンラート一世の巡行路から見て――問題ない。今日、九一一年一一月七日～一〇日のフォルヒハイムにおける国王選挙ののち、コンラート一世が九一一年末〜九一二年初に、シュヴァーベンの中核地域であるボーデン湖周辺地帯を巡行した可能性は一般的に受け入れられている。(39)

あらためて整理しておこう。コンラート一世は九一一年末〜九一二年初、シュヴァーベンのボーデン湖周辺地帯を巡行し、おそらくはウルムをへて、三月初バイエルンのノルトガウ所在フェルデンに滞在した。その後再びシュヴァーベンに取って返し、三月中旬にはシュトラスブルクにあり、おそらくは西フランクのシャルル三世（単純王）に与したロートリンゲンを奪回するべく軍を進めることになる（**表4・地図2**を参照）。

さてコンラートが九一一年一一月七日〜一〇日の国王選挙から二カ月ほどした一二月末から、翌一二年初春までの間、シュヴァーベンを巡行し、各地で国王として国事行為——ウルムでは国王集会（placitum nostrum）が開かれたことが明記されている——をおこなっていることは、遅くともこの時点において彼がシュヴァーベン人にも国王として承認されていたことを物語る。解釈❷の立場をとる研究者たちは、むしろ、まさにこの時点に承認が成ったと解するのである。確認の意味で、コンラートのこのシュヴァーベン巡行において彼に近しく接する人びとの顔ぶれを一瞥しておきたい。

九一二年一月一一日ボートマンで発給されたコンラート一世のザンクト・ガレン修道院への所領寄進状［WII 765］＝国王文書第二番［DKI 2］では、請願者たる同修道院長かつコンスタンツ司教であるザロモとともに、斡旋者として四人の伯が名をつらねている。エルカンガル（エルカンゲル）Erchangarius 1——以下、各文書において、「俗人」の斡旋者・証人の中であげられている順番を数字でしめす——、コンラート Chuonradus 2、ウダルリヒ Odalricus 3、フゴー Hugo 4 の四名がそれである（以下、適宜、**表5**を参照）。彼ら俗人斡旋者のうち筆頭にあげられている伯エルカンゲルは、十世紀初頭シュヴァーベンでの指導権＝大公権の

911. 11. 10	フォルヒハイム（フランケン）［DKI 1］
12. 25	コンスタンツ（シュヴァーベン） ［エッケハルト4世『ザンクト・ガレン修道院事蹟録』第14章］
……	ザンクト・ガレン修道院（シュヴァーベン） ［『チューリヒ本アレマニエン年代記』］
12. 26–29	ザンクト・ガレン修道院（シュヴァーベン） ［『ザンクト・ガレン修道院事蹟録』第14章、『ザンクト・ガレン大年代記』］
12. 29	アルボン（シュヴァーベン） ［『ザンクト・ガレン修道院事蹟録』第14章］
912. 1. 11	ボートマン（シュヴァーベン）［DKI 2］
……	ウルム（シュヴァーベン）［DKI 3の内容から］
3. 5	フェルデン（バイエルン）［DKI 3］
3. 14	シュトラスブルク（シュヴァーベン）［DKI 5］
……	ロートリンゲン遠征［『モンツァ本アレマニエン年代記』］
4. 12	フルダ修道院（フランケン）［DKI 6・7］
……	ロートリンゲン遠征［『モンツァ本アレマニエン年代記』］
……	アーヘン（ロートリンゲン）［『モンツァ本アレマニエン年代記』］
7. 1	フランクフルト（フランケン）［DKI 8］
8. 8	フランクフルト（フランケン）［DKI 9］
……	トリブール（フランケン）［DKI 10の内容から］
8. 23	ハイリゲンベルク（フランケン）［DKI 10］
9. 25	ボートマン（シュヴァーベン）［DKI 11］
10. 3	ウルム（シュヴァーベン）［DKI 12］
11. 28	ヴァイルブルク（フランケン）［DKI 13］
913. 2. 3	コルファイ修道院（ザクセン）［DKI 14］

表4　コンラート1世の足跡（911～12年）

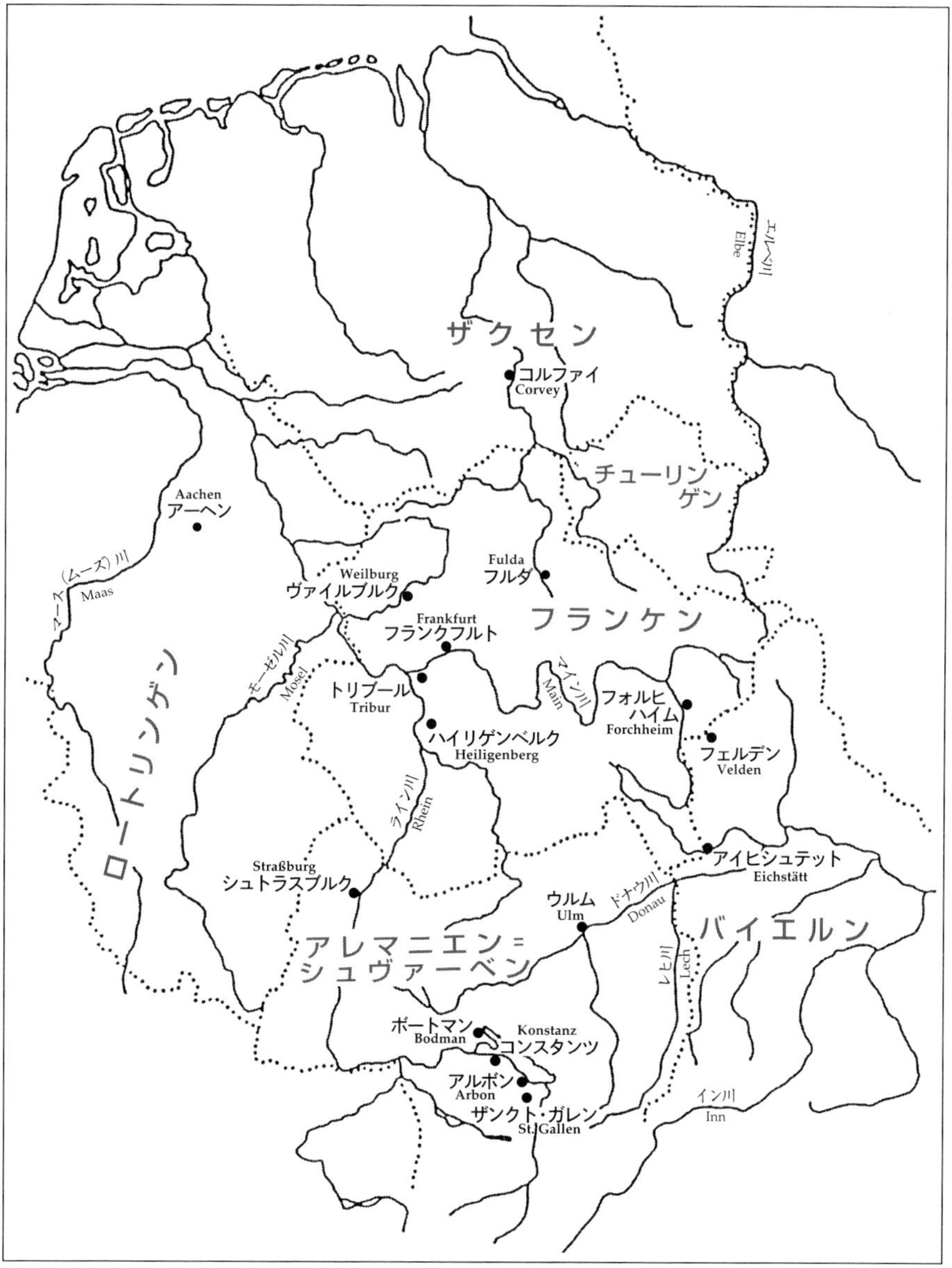

地図2　900年頃の東フランク＝ドイツ

H.-W.Goetz, Der letzte „Karolinger"? Die Regierung Konrads I. im Spiegel seiner Urkunden,
in: Archiv für Diplomatik 26, 1980, S. 75 Abb. 1 をもとに作成

獲得をめざしていた、かのエルカンガー家の、エルカンゲルと目されている。

十世紀初のシュヴァーベンでの支配権をめぐる王権と貴族権力、あるいは貴族権力相互の闘争にあって、九一一年にライヴァル、フンフリディンガー＝ブルハルディンガー家のブルハルト一世（後の大公ブルハルト一世の父）が処刑されたのちは、シュヴァーベンにおける頭領的地位に立ち、最後は九一七年一月に国王コンラート一世により処刑されたとされる、エルカンゲル。彼のその具体的な姿・行動は、同時代の史料『チューリヒ本アレマニエン年代記』九一三年項〜九一六年項の簡約な記述をとおして伝えられるが、ここで窺われる彼と王権との、およびシュヴァーベンでの国王の代理的地位にあったコンスタンツ司教ザロモとの激しい闘争は、さきにふれた『ザンクト・ガレン大年代記』九一三年項・九一六年項、ともに十一世紀の作品であるエッケハルト四世の『ザンクト・ガレン修道院事蹟録』第一一章〜第二〇章、ライヘナウ修道士ヘルマン（ヘルマン・フォン・ライヘナウ）の『年代記』（Chronicon）九一一年項〜九一七年項[40]などでも、あらためて語られる。また九一六年ホーエンアルトハイム教会会議の決議録は、その第二一教令で国王および司教ザロモへの反逆のゆえをもって「エルカンゲルとその仲間」（Erchangarius et socius suus）を指弾し[41]、やはり闘争の激しさを窺わせる[42]。

他方、同時代の九〇九年〜九一三年の、ザンクト・ガレン修道院文書一点［WII 761 ＝ UsT 58 ＝ BUB 89］、およびシュヴァーベンに関係するコンラート一世国王文書六点［DKI 2, 3, 9, 10, 11, 17］の、計七点の文書において「エルカンゲル」（Erchangar/Erichangar/Erchengar）なる人物が、あるいは証人、あるいは斡旋者として登場する。コンラート一世国王文書第二番［DKI 2］もその一つであるが、これら文書史料群にあらわれる「エルカンゲル」なる人物が本当に、右に少しくふれた、かのエルカンゲルであるかどうか――。

同時代の「叙述」史料において、かの、大公権力をめざしたエルカンゲルとともに名をあげられる人物を確認しよう。『チューリヒ本アレマニエン年代記』は国王コンラート一世との戦いでエルカンゲル（erchangerus）と組んでいた人物として、九一三年項では、リウトポルトの息子アルヌルフ、ベルトルト（perahtoldus）、ウダルリヒ（oadalricus）、九一五年項ではブルハルト、ベルトルト（perahtoldus）、さらに九一六年項ではベルトルト（perahtolt）、リウトフリート（liutfrid）の名をあげている。[43] これらの人物のうち、アルヌルフはバイエルン大公であり、ブルハルトはエルカンゲルとともにシュヴァーベン大公権をめざしたブルハルト二世（のちの大公ブルハルト一世）であって、両者ともエルカンゲルの狭義の「仲間」とはいえまい。九一六年のホーエンアルトハイム教会会議の決議録の第三四教令はエルカンゲルとともにベルトルト（Berhtaldus）の名をあげる。[44] 上述のように『チューリヒ本アレマニエン年代記』でもつねにエルカンゲルと並んで名をあげられるベルトルトなる人物は、『ザンクト・ガレン大年代記』の十世紀半ばにおける記述においてエルカンゲルの「兄弟」（frater）とよばれ、[45] 以後の史料はそろってエルカンゲル・ベルトルト両者を兄弟とする。両者を兄弟と見なすことは、他の状況証拠にも適合し、通説となっているが、ミヒャエル・ボルゴルテ（Michael Borgolte）はザンクト・ガレン修道院の記念帳における、リウトポルトなる人物を筆頭とする人物群の記載――バイエルンの辺境伯リウトポルトとその親族集団の記載と思われる――から、あらためてエルカンゲル、ベルトルトが兄弟である可能性を裏づける。すなわちリウトポルトとエルカンゲルは、後者の姉妹クニグンデが前者の妻、したがってアルヌルフおよびその弟ベルトルトの母である、という姻戚関係にあるのだが、件の記載には「リウトポルト」「アルヌルフ、ベルトルト」名の間に「エルカンゲル、ベルトルト」名が記されるからである。[46] なおエッケハルト四世の『ザンクト・ガレン修道院事蹟録』第一七章はリウトフリートをエルカンゲル・ベルトルト「両者の姉妹の息子」（Luitfridus, sororis amborum filius）とよぶ。[47]

　つぎに、文書史料において斡旋者・証人として「静態的」に登場する「エルカンゲル」の周辺を見てみよう。この名が初めて登場するのは、九〇九年一二月二八日付けのザンクト・ガレン修道院文書［WII 761 = UsT 58 = BUB 89］であった。[48] ここにおいては、修道院長ザロモの甥ヴァルドーの代理人（フォークト）である伯「エルカンゲル」[2]の他——修道院関係者たる修道院長・修道士（decanus）と両者それぞれの代理人（フォークト）、そして二名の司教につづき——、俗人証人として五名の伯、ウダルリヒ[4]、コンラート[5]、ベルトルト[6]、フゴー[7]、アダルベルト[8]の名があげられる（以下、**表6**を参照）。

これらの俗人証人の名前に関連して、年代的に先行する二点のザンクト・ガレン修道院文書をとりあげよう。一点目は九〇三年六月二四日付けルードヴィヒ幼童王の特権確認状［DLdK 20 = WII 726］で、斡旋者として、一群の聖職者につづき、東フランクの俗人有力貴族たち——フランケンのコンラート（コンラート一世の父）とゲープハルト（ロートリンゲン大公と称される）兄弟、チューリンゲンのブルハルト、シュヴァーベンのブルハルト（後の大公ブルハルト一世の父）、バイエルンのリウトポルト（ベーメン大公と称される）ら——があげられ、ついで一三名の名前がつづく。その初めのところに、ウダルリヒ[8]、アルノルフ（アルヌルフ）Arnolf[9]、コンラート[10]、フゴー[11]の名が見られる。二点目は九〇五（九〇六）年五月一〇（九）日付けの所領交換文書［WII 744］で、ここでは一五名の俗人証人の名があげられ、その筆頭に伯ウダルリヒ[1]の名があり、コンラート[2]、フゴー[3]とつづく。

「エルカンゲル」名を載せる二点目の文書である、九一二年のコンラート一世国王文書第二番［DKI 2 = WII 765］においては、既述のように四名の伯、エルカンゲル[1]、コンラート[2]、ウダルリヒ[3]、フゴー[4]が斡旋者として登場した。これを上記の三点の文書と比較考量しよう。連続する人物群の組合せから見て、九〇三年~九一二年の三名の伯、「ウダルリヒ、コンラート、フゴー」が同一人物たちであることは確実であり、この三者の列に九〇九・九一二年に「エルカンゲル」、そして九〇九年に「ベルトルト」が絡んでいる。

つぎに「エルカンゲル」名を載せる残る五点のコンラート一世国王文書のうち、三点［DKI 3・11・17］を見よう。九一二年三月の国王文書第三番［DKI 3］ではジギハルト Sigihardus [1]、アルノルフ（アルヌルフ）Arnolfus [2]、エルカンゲル[3]、ウダルリヒ[4]、ベルトルト[5]、コンラート[6]、ヘルマン[7]、ルイトフレート（リウトフリート）Luitfredus [8]、イーリング Iringus [9]と、九名の伯がつづき、九一二年九月の同第一一番［DKI 11］では「宮廷伯」(comes platii; Pfalzgraf) エルカンゲル[1]、ベルトルト[2]、コンラート[3]、……と、さらに九一三年三月の同一七番［DKI 17］ではエルカンゲル[1]、コンラート[2]、フゴー[3]、……とつづく。

先の計四点の文書と合わせ、九〇三～九一三年の総計七点の文書での「エルカンゲル、ベルトルト、ウダルリヒ、コンラート、フゴー」はおそらくは同一の人物群、同一のシュヴァーベン貴族たちをしめしている、そう見てよいであろう。

九〇三年	ウダルリヒ[8]、……、コンラート[10]、フゴー[11]
九〇五（九〇六）年	ウダルリヒ[1]、コンラート[2]、フゴー[3]
九〇九年	エルカンゲル[2]、……、ウダルリヒ[4]、コンラート[5]、ベルトルト[6]、フゴー[7]
九一二年	エルカンゲル[1]、コンラート[2]、ウダルリヒ[3]、フゴー[4]
九一二年	エルカンゲル[3]、ウダルリヒ[4]、ベルトルト[5]、コンラート[6]
九一二年	エルカンゲル[1]、ベルトルト[2]、コンラート[3]
九一三年	エルカンゲル[1]、コンラート[2]、フゴー[3]

表5　コンラート１世国王文書（DKI 1～14・17・30・31）請願・斡旋者

① **911. 11. 10 (Forchheim)** ［DKI 1］：**アンスバハ修道院への所領寄進**
請願者＝（ヴュルツブルク）司教ディオトー Dioto

② **912. 1. 11 (Bodman)** ［DKI 2］：**ザンクト・ガレン修道院への所領寄進**
請願・斡旋者＝（コンスタンツ）司教ザロモ Salomon；「伯」：エルカンゲル Erchangarius，コンラート Chuonradus，ウダルリヒ Odalricus，フゴー Hugo

③ **912. 3. 5 (**フェルデン **Velden)** ［DKI 3］：**アイヒシュテット司教座への所領寄進・確認**
請願・斡旋者＝「司教」：ザロモ Salomon（コンスタンツ司教），ドゥラコルフ Dracholfus（フライジング司教），メギンベルト Meginpertus（ゼーベン＝ブリクセン司教）；「伯」：ジギハルト Sigihardus，アルヌルフ Arnolfus，エルカンゲル Erichangarius，ウダルリヒ Odalricus，ベルトルト Perchtoldus，コンラート Chuonradus，ヘルマン Herimannus，リウトフリート Luitfredus，イーリング Iringus

④ ……［DKI 4］：**アイヒシュテット司教座の特権確認**
請願者＝アイヒシュテット司教エルケンボルト Erkenboldus

⑤ **912. 3. 14 (Straßburg)** ［DKI 5］：**ザンクト・ガレン修道院の特権確認**
請願・斡旋者＝（マインツ）大司教ハットー Hatho，コンスタンツ司教兼ザンクト・ガレン修道院長ザロモ Salomon，王弟（germanus frater nostri）エーベルハルト Eburhardus

⑥ **912. 4. 12 (Fulda)** ［DKI 6］：**フルダ修道院の特権確認**
請願者＝フルダ修道院長フオッギー Huoggi

⑦ **912. 4. 12 (Fulda)** ［DKI 7］：**フルダ修道院への所領寄進**

⑧ **912. 7. 1 (Frankfurt)** ［DKI 8］：**フルダ修道院への所領寄進**
請願・斡旋者＝（コンラート１世の）母（genitrix nostrae）グリスムオーダ Glismuoda

⑨ **912. 8. 8 (Frankfurt)** ［DKI 9］：**フライジング司教ドゥラコルフ Dracholfus への所領寄進**
請願・斡旋者＝（マインツ）大司教ハットー Hatho；伯エルカンゲル Erchengarius，伯ハインリヒ Heinricus

⑩ **912. 8. 23 (Heiligenberg/Tribur)** ［DKI 10］：**ハイリゲンベルク修道士ジゴルフ Sigolfus への所領寄進**
請願・斡旋者＝（ヴォルムス）司教ティーデラハ Thiedelachus；伯エルカンゲル Erkangerus；エルロルフ Erlolfus，フォルナント Folnandus

⑪ **912. 9. 25 (Bodman)** [DKI 11]：**クール司教への特権授与**

請願・斡旋者＝クール司教テオドルフ Diotolfus，（コンスタンツ）司教ザロモ Salomon，宮廷伯（comes palatii）エルカンゲル Erchangarius，ベルトルト Perahtoldus，コンラート Chuonradus，ハインリヒ Heinricus

⑫ **912. 10. 3 (Ulm)** [DKI 12]：**コンスタンツ司教ザロモへの所領寄進**

⑬ **912.11.28 (Weilburg)** [DKI 13]：**ヴァイルブルク修道院への所領寄進**

⑭ **913. 2. 3 (Korvey)** [DKI 14]：**コルファイ修道院の特権・所領確認**

請願者＝（コルファイ）修道院長ブオボー Buobo

……

⑮ **913. 3. 12 (Straßburg)** [DKI 17]：**ムールバハ修道院の所領・特権確認**

請願・斡旋者＝ムールバハ修道院長ナントベルト Nandberdus，ハットー Hatho（マインツ大司教），ザロモ Salomon（コンスタンツ司教），テオドルフ Thiodolfus（クール司教），ヒルティネ Hildinus（アウグスブルク司教），アインハルト Einhardus（シュパイアー司教），エルカンゲル Erchengarius，コンラート Chuonradus，フゴー Hugo，オットー Otto，ハインリヒ Heinricus，ボッポー Boppo，ウダルリヒ Udalricus，エーベルハルト Eberhardus

……

⑯ **916. 7. 6 (Neuburg)** [DKI 30]：**ゼーベン＝ブリクセン司教座の特権確認**

請願・斡旋者＝ゼーベン＝ブリクセン司教メギンベルト Meginbertus，（マインツ）大司教ヘリガー Herigerus，（ザルツブルク）大司教ピルグリム Piligrimus，（レーゲンスブルク司教）トゥトー Tuto，（フライジング司教）ドゥラコルフ Dracholfus，（フェルデン Verden 司教）アダルヴァルド Adaluuardus，（アイヒシュテット司教）オダルフリート Odalfridus

⑰ …… [DKI 31]：**聖職者 clericus エルケンフリート Erchenfrid への所領寄進**

斡旋者＝（ザルツブルク）大司教ピルグリム Piligrimus，（マインツ）司教ヘリガー Herigerus，（フライジング）司教ドゥラコルフ Dracholfus，伯ジギハルト Sigihardus

表6　伯エルカンゲル、およびウダルリヒ、コンラート、フゴー関係文書

① 903. 6. 24 (Forchheim) ルードヴィヒ幼童王文書第20番［DLdK 20 = W II 726］：**ザンクト・ガレン修道院の特権確認**

請願・斡旋者＝（コンスタンツ）司教兼ザンクト・ガレン修道院長ザロモ Salamon；「司教」：ハットー Hatho（マインツ大司教），ヴァルドー Vualto（フライジング司教），アダルベロー Adalpero（アウグスブルク司教），エルケンボルト Erchanpold（アイヒシュテット司教），テオドルフ Theotolf（クール司教），トゥトー Tuto（レーゲンスブルク司教），アインハルト Einhart（シュパーアー司教）；「伯」：コンラート Chonrat，［ロートリンゲン大公 dux regni quod a multis Hlotharii dicitur］ゲープハルト Kebehart，［チューリンゲン辺境伯 marchio Thuringiorum］ブルハルト Purchart，アダルベルト Adalpreht，［クール・レティエン辺境伯 marchio Curiensis Raetiae］ブルハルト Purchart，［ベーメン大公 dux Boemanorum］リウトポルト Liutpold，パボー Pabo，ウダルリヒ Odalrich，アルヌルフ Arnolf，コンラート Chonrat，フゴー Hug，レギンポルト Reginpold，アダルゴッツ Adalgoz，ルオヘレ Ruochere，ヴァラホー Vualahoの息子ブルハルト Purchart，リウトフリート Liutfrid，コテダンク Cotedanc，エルンスト Ernust，エルロルフ Erlolf

② 905 (906). 5. 10(9) (Pacenhova) ザンクト・ガレン修道院文書［W II 744］：**フォルヘラート Folcheratの所有するアルゲンガウ Argengau所在所領と，アルプガウ Albgau所在ザンクト・ガレン修道院所領との交換**

証人＝伯ウダルリヒ Uodalrich，コンラート Chuonrat，フゴー Hug，Isanbret，Ruadman，Sigibret，Madalbret，Pernhart，Adalbret，Wichere，Reginbret，Pernhart，Eskirich，Sigibret，Uotilo

③ 909. 12. 28 (St.Gallen) ザンクト・ガレン修道院文書［UsT 58 = W II 761 = BUB I 89］：**コンスタンツ司教兼ザンクト・ガレン修道院長ザロモによるザンクト・ガレン修道院へのペーファース修道院の譲与**

証人＝（コンスタンツ）司教ザロモ Salomon，クールにおけるその代理人（フォークト）ドミニクス Domnicus，ヴァルドー Vualdo，その代理人（フォークト）である伯エルカンゲル Erchangarius，デカヌス（decanus）アルプリヒ Albricus，その代理人（フォークト）ヴィレハリウス Vuilleharius，（フライジング）司教ドゥラコルフ Tracholf，（アウグスブルク）司教ヒルティネ Hiltine，伯ウダルリヒ Odalrich，伯コンラート Chuonrat，伯ベルトルト Peretholt，伯フゴー Huc，伯アダルベルト Adalbret，Ruadolf，Pirichtilo，Vuito，Vuolfram，Horscolf，Vuito，Othere，Vuinidhere，Adal，Haicho，Vuolfpoto，Plidger，Vualdram，Toto，Adalhart，Heile，Cozzolt，Cunzo，Adalbold，Erimbret，Anshelm，Kerolt，Vuerin，Kerhart，Cozpret，Pernhart，Pernolt

④ **912. 1. 11 (Bodman) コンラート１世国王文書第２番**［DKI 2 = W II 765］：
ザンクト・ガレン修道院への所領寄進

請願・斡旋者＝（コンスタンツ）司教ザロモ Salomon ；「伯」：エルカンゲル Erchangarius, コンラート Chuonradus, ウダルリヒ Odalricus, フゴー Hugo

⑤ **912. 3. 5 (**フェルデン **Velden) コンラート１世国王文書第３番**［DKI 3］：
アイヒシュテット司教座への所領寄進・確認

請願・斡旋者＝「司教」：ザロモ Salomon（コンスタンツ司教），ドゥラコルフ Dracholfus（フライジング司教），メギンペルト Meginpertus（ゼーベン＝ブリクセン司教）；「伯」：ジギハルト Sigihardus, アルヌルフ Arnolfus, エルカンゲル Erichangarius, ウダルリヒ Odalricus, ベルトルト Perchtoldus, コンラート Chuonradus, ヘルマン Herimannus, リウトフリート Luitfredus, イーリング Iringus

⑥ **912. 8. 8 (Frankfurt) コンラート１世国王文書第９番**［DKI 9］：
フライジング司教ドゥラコルフ Dracholfus への所領寄進

請願・斡旋者＝（マインツ）大司教ハットー Hatho ；「伯」：エルカンゲル Erchengarius, ハインリヒ Heinricus

⑦ **912. 8. 23 (Heiligenberg/Tribur) コンラート１世国王文書第10番**［DKI 10］：
ハイリゲンベルク修道士ジゴルフ Sigolfus への所領寄進

請願・斡旋者＝（ヴォルムス）司教ティーデラハ Thiedelachus ；伯エルカンゲル Erkangerus ；エルロルフ Erlolfus, フォルナント Folnandus

⑧ **912. 9. 25 (Bodman) コンラート１世国王文書第11番**［DKI 11］：
クール司教への特権授与

請願・斡旋者＝クール司教テオドルフ Diotolfus,（コンスタンツ）司教ザロモ Salomon, 宮廷伯（comes palatii）エルカンゲル Erchangarius, ベルトルト Perahtoldus, コンラート Chuonradus, ハインリヒ Heinricus

⑨ **913. 3. 12 (Straßburg) コンラート１世国王文書第17番**［DKI 17］：
ムールバハ修道院の所領・特権確認

請願・斡旋者＝ムールバハ修道院長ナントベルト Nandberdus, ハットー Hatho（マインツ大司教），ザロモ Salomon（コンスタンツ司教），テオドルフ Thiodolfus（クール司教），ヒルティネ Hildinus（アウグスブルク司教），アインハルト Einhardus（シュパイアー司教），エルカンゲル Erchengarius, コンラート Chuonradus, フゴー Hugo, オットー Otto, ハインリヒ Heinricus, ボッポー Boppo, ウダルリヒ Udalricus, エーベルハルト Eberhardus

ところで「エルカンゲル」はコンラート一世国王文書において、第二・三・九・一〇番［DKI 2・3・9・10］では「伯」、さらに第一一番［DKI 11］では「宮廷伯」(comes platii) と称され、また第三番［DKI 3］をのぞき、いずれも俗人斡旋者の筆頭にあげられている。国王の宮廷書記局からの「宮廷伯」という異例ともいえる称号の付与、そして先に確認した同時代史料でのかのエルカンゲルとつねに並んであげられる (弟)「ベルトルト」名が九〇九年ザンクト・ガレン修道院文書［WII 761］、コンラート一世国王文書第三・一一番［DKI 3・11］において連なることから見て、一連の文書における「エルカンゲル」がかの、大公権をめざしたエルカンゲルであることはほぼ間違いないところといえよう。

そうであるとするなら、九一一年末~九一二年初におけるコンラート一世のシュヴァーベン巡行のさい、ボートマン等に集った人びとは、エルカンゲルを代表とするシュヴァーベンの有力貴族であったのであり、まさにコンラート一世王権を承認する人びとにふさわしい——と、シュヴァーベン人によるコンラート一世王権の承認がこのおりになされたと解する立場❷をとる研究者たちは考えるのである。

しかして彼らの解釈はこれにとどまらない。並行してバイエルン人の承認もえられた、と解する。——九一二年三月五日フェルデンで発給されたコンラート一世の、アイヒシュテット司教座への所領寄進・確認状=国王文書第三番［DKI 3］において、俗人斡旋者として、エルカンゲル3、ウダルリヒ4、ベルトルト5、コンラート6等に先行して、ジギハルト1、アルヌルフ2の二名の伯の名があげられていた。このうち後者アルヌルフについては、クルト・ラインデル (Kurt Reindel) に代表される通説的理解では、バイエルン大公アルヌルフであると見られてきた[49]。コンラート一世はフォルヒハイムにおいてフランク人・ザクセン人によって国王に選挙され、事後にその王権がバイエルン人・シュヴァーベン人の承認をえた、と推測する研究者たちによれば、そのいうところのバイエルン人による承認が、ここフェルデンにおいて、すでになされていたことが確認できる。当該国王文書がバイエルンのノルトガウの西端に所在するアイヒシュテット司教座に対して発給された所領寄進・確認状であり、コンスタンツ司教ザロモ以外の聖職者の斡旋者は、フライジング司教ドゥラコルフとゼーベン＝ブリクセン司教メギンベルト、すなわちバイエルンの二司教であり、これに文書認証者＝宮廷司祭長ザルツブルク大司教ピルグリムを臨席者に加えうる可能性がある。さらに俗人の斡旋者の先頭にあげられるジギハルト[1]は——あるいは最後尾のイーリング[9]も——バイエルン貴族であると思われ（後述）、加えてアルヌルフがバイエルン大公アルヌルフその人であるなら、バイエルン人によるコンラート一世王権の承認は間違いないところだからである。

ルードヴィヒ幼童王政権末期の九〇七年以降、すなわちアルヌルフの大公権確立以降、王権がバイエルンに足を踏み入れることも、またバイエルン大公が国王のもとへ伺候することもなかったことを想起しよう。[50] コンラート一世国王文書第三番［DKI 3］がしめす構図、すなわち王権とバイエルン大公との親近性は、これとは対照的である。この構図は、宮廷司祭長職をめぐる先の議論を考慮するなら、ピルグリムが宮廷司祭長として「再登場」する九一二年一月一一日・国王文書第二番［DKI 2］にまで遡って求めることができようか。さらに国王文書第三番［DKI 3］からは、今一つの勢力、エルカンゲルに代表されるシュヴァーベン貴族がこの構図の一角を占めていたことが窺われた。示唆的なのは『チューリヒ本アレマニエン年代記』九一三年項の報告である。

国王（コンラート一世）は、彼（エルカンゲル）の姉妹、（亡きバイエルンの）リウトポルトの寡婦（クニグンデ）を、あたかも平和の人質のごとく、娶った。（cuius [= Erchangeri] sororem liupoludi relictam rex quasi pacis obsidem in matrimonium accepit.）

すなわちコンラート一世は、エルカンゲルの姉妹であり、アルヌルフの母であるクニグンデと婚姻をむすび、これによってバイエルンとシュヴァーベンを代表する勢力、リウトポルディンガー家・エルカンガー家との「平和」をえたというのである。三者間の「平和」の構図は、その原型をおそらくはすでに九一二年三月五日・国王文書第三番［DKI 3］にもとめられるのであり、さらにそれを上述のように九一二年一月一一日・国王文書第二番［DKI 2］にまで遡らせることも無理ではあるまい(51)。

コンラート一世は九一一年末〜九一二年初にシュヴァーベン、ついでバイエルンへの巡行をおこない、両地域を代表する大公・有力貴族と一堂に会した。遅くともこの時点において彼がシュヴァーベン人・バイエルン人にも国王として承認されていたことは明らかであるが、むしろ承認はこの時点に成った、すなわち、九一一年一一月初フォルヒハイムにおいてフランク人・ザクセン人によって国王に選挙されたコンラート一世は、事後の九一一年末〜九一二年初にバイエルン人・シュヴァーベン人によってその王権の承認をえた――、と推測する研究者たち。彼らは、明示的には語らないが、『モンツァ本アレマニエン年代記』の記述を、数カ月間のこの継起的な出来事を圧縮して報告するものである、として自説との整合をはかるのである。

注

（36）Annales Alamannici (codex Turicensis), in: W. Lendi, Untersuchungen zur frühalemannischen Annalistik（前注２）, S. 188, a. 912: "chuonradus monasterium sancti galli adiit et illic regaliter susceptus est."
『チューリヒ本アレマニエン年代記』と『モンツァ本アレマニエン年代記』の関係、その他については、後出、第Ⅲ章を参照。

（37）Annales Sangallenses maiores, in: MGH SS 1, S. 77, a. 912: "Chuonradus rex in festivitate sancti Stephani ad vesperum venit ad monasterium sancti Galli."
『ザンクト・ガレン大年代記』（七〇九年項〜一〇四四年項［一〇五六年項に追加記事あり］）は、九五六年項までは一人の人物によって書かれ（拙稿［後出］一〇〇頁では Wattenbach [s. unten], S. 393 に基づき「九五五年項まで」としたが、Wattenbach–Schmale [s. unten], S. 227, および MGH SS 1, S. 72［Ildefons von Arx の序文］に基づき「九五六年項まで」と訂正する）、九五七年項から一〇二四年項まではエッケハルト四世をふくむ様々な書き手により記され、さらに一〇二五〜一〇四四年項（および一〇五六年の追加記事）は別の一人物によって書かれる。十世紀半ばの最初の書き手による九五六年項までの記事のうち、九一八年項までの記述は主に、『チューリヒ本アレマニエン年代記』その他からの抜き書きであり、事実関係その他を知るうえでの独自の寄与は少ないとされる。
Vgl. W. Wattenbach, Deutschlands Geschichtsquellen im Mittelalter bis zur Mitte des dreizehnten Jahrhunderts, Bd. 1, Berlin 1893, S. 393; W. Wattenbach–R. Holtzmann, Deutschlands Geschichtsquellen im Mittelalter. Die Zeit der Sachsen und Salier. T. 1: Das Zeitalter des Ottonischen Staates (900-1050), Neuausgabe besorgt von F.-J. Schmale, Köln Graz 1967, S. 227, S. 230; 拙稿「オットーネンにおける修道院改革とザンクト・ガレン修道院」長谷川博隆編『権力・知・日常――ヨーロッパ史の現場へ――』名古屋大学出版会　一九九一年、一〇〇頁参照。

（38）Ekkehardi IV Casus Sancti Galli, ed. H. F. Haefele (= AQDGM Bd. 10), Darmstadt 1980, S. 40-43. この史料については、簡単には前出拙稿（前注37）を、特に一〇〇―一〇一頁を参照されたい。なおエッケハルト四世『ザンクト・ガレン修道院事蹟録』第一四章の関係箇所の一部が、アルノ・ボルスト（永野藤夫・井本晌二・青木誠之訳）『中世の巷にて――環境・共同体・生活形式――［上］』平凡社　一九八六年、二一五―二一七頁に訳出されている。

(39) BM[2] 2071c.

(40) Hermann von Reichenau, Chronicon, bearbeit. v. R. Buchner, in: Quellen des 9. und 11. Jahrhunderts zur Geschichte der Hamburgischen Kirche und des Reiches (= AQDGM Bd. 11), Darmstadt 1978, S. 630-633, a. 911-917.

(41) MGH Constitutiones et acta publica imperatorum et regum. T. 1, Nr. 433: Synodus Altheimensis, S. 623, c. XXI.

(42) この闘争の詳細については、山田欣吾「国王・大公・教会」(第一章注11)、二一七—二二〇頁を参照。

(43) Annales Alamannici (codex Turicensis) (前注36), S. 190, a. 913, 915, 916.

(44) Synodus Altheimensis (前注41), S. 626, c. XXXIIII.

(45) Annales Sangallenses maiores (前注37), S. 77-78, a. 913, 916.

(46) MGH Libri confraternitatum Sancti Galli, Augiensis, Fabariensis, S. 94, pag. cod. sang. 73, col. 306: "Liutpold, Erchanger, Peractolt, Arnolf, Peractolt, Peractolt, Chunigund, ..."; M. Borgolte, Die Grafen Alemanniens in merowingischer und karolingischer Zeit. Eine Prosopographie, Sigmaringen 1986, S. 81-82, S. 111.

(47) Ekkehardi IV Casus Sancti Galli (前注38), S. 46.

(48) 本文書に関しては、拙稿「十世紀中期・Chur 司教—Chur 司教座——司教 Hartbert 就任をめぐる政治史的考察——」『アカデミア』人文・社会科学編 第四二号、南山大学 一九八五年、五五頁以下を参照。

(49) RL 53, S. 102 mit Anm. 88; K. Reindel, Bayern unter den Luitpoldingern, in: M. Spindler (hrsg.), Handbuch der bayerischen Geschichte, 1. Bd., München 1981, S. 283.

(50) 山田欣吾 (第I章注11)、二一一頁を参照。

(51) Annales Alamannici (codex Turicensis) (前注36), a. 913, S. 190. ただし、コンラート一世とクニグンデの婚姻が象徴する「平和」自体は、コンラート一世とエルカンゲルとが九一三年に、不和となったのち、一時的に和解が成ったさいのこととして報告されている。

3－(2) 検証：事後承認説

右に比較的詳細に紹介した事後承認説については、二点、指摘しておかねばならない。第一点は、この所説を形成するにあたっての前提のひとつ、コンラート一世国王文書第三番［DKI 3］における斡旋者アルヌルフ2をバイエルン大公と見なすことに対して、ミヒャエル・ボルゴルテ等が別の人物をこれに充てていること。第二点。より重要なことであるが、この所説はやはり、コンラート一世が九一一年末～九一二年初にバイエルン人・シュヴァーベン人によって王権を承認されていたことを確認させてはくれるが、王権がこの時期に初めて承認されたことを証明しているわけではないことである。

3－(2)－(i) 伯アルヌルフの人物比定をめぐって

第一点に関して。ボルゴルテが充てるコンラート一世国王文書第三番のアルヌルフ2なる人物は、九世紀末～十世紀初にザンクト・ガレン修道院文書等に散見されるシュヴァーベン貴族である。[52] 問題の九一二年三月コンラート一世国王文書第三番［DKI 3］では、俗人斡旋者がアルヌルフ2、エルカンゲル3、ウダルリヒ4、ベルトルト5、コンラート6、ヘルマン7、ルイトフレート（リウトフリート）8、イーリング9、とつづいた（以下、**表7**を参照）。「ウダルリヒ、コンラート、フゴー」名の組合せが初めて見られる既述の九〇三年六月二四日付けルードヴィヒ幼童王のザンクト・ガレン修道院宛て特権確認状［DLdK 20 = W II 726］において、ウダルリヒ8、アルノルフ（アルヌルフ）9、コンラート10、フゴー11、……と、「アルヌルフ」名が三者の中に割って入っていた。この間の時間的間隙（九〇三年六月〜九一二年三月）を埋めよう。

九〇三年七月九日付けルードヴィヒ幼童王のヴュルツブルク司教座宛て所領寄進状［DLdK 23］において、俗人の斡旋者として、フランケンのコンラート1（コンラート一世の父）・ゲープハルト2兄弟とおぼしき人物の他、ウダルリヒ5、アルヌルフ Arnolfus 6、リウトフリート7、ブルハルト8、エランフレート9等、総計九名の伯が名をつらねる。ついで九〇四年六月一四日付け、インゲルハイムで作成されたロルシュ修道院とルオトベルトなる者との所領交換文書［BUB 86］では、証人として五名の伯、アダルベルト1、アルヌルフ Arnolfus 2、コンラート3、エリンフリート4、リウトフリート5が登場する。近接する「アルヌルフ、リウトフリート、エランフレート（エリンフリート）」名の組合せからして、二文書でのこの三名の伯が同一人物群である可能性は高い。これに前者［DLdK 23］では伯「ウダルリヒ」、後者［BUB 86］では伯「コンラート」がつらなる。であるならば、この二文書での「アルヌルフ」が前後の九〇三年六月のルードヴィヒ幼童王文書［DLdK 20］と九一二年コンラート一世国王文書［DKI 3］での「アルヌルフ」と同一人物である可能性は小さくない。

九〇三年六月	ウダルリヒ8、アルノルフ（アルヌルフ）9、コンラート10、フゴー11
九〇三年七月	ウダルリヒ5、アルノルフ6、リウトフリート7、ブルハルト8、エランフレート9
九〇四年六月一四日（於インゲルハイム）	アダルベルト1、アルノルフ2、コンラート3、エリンフリート4、リウトフリート5
九一二年三月	アルヌルフ2、エルカンゲル3、ウダルリヒ4、ベルトルト5、コンラート6

ところで上記ロルシュ修道院文書［BUB 86］作成日の翌日である九〇四年六月一五日、所も同じインゲルハイムで発給された、ザンクト・ガレン修道院宛てルードヴィヒ幼童王の所領寄進状［DLdK 33］は、斡旋者としてコンスタンツ司教兼ザンクト・ガレン修道院長ザロモと伯アルノルト Arnolt ①の二名をあげる。そして寄進物件について「前述の伯アルノルフ Arnolfus の伯権（comitatus）下にある、Munigisingeshuntare 郷（ガウ）所在」と語る。この国王寄進状［DLdK 33］の斡旋者伯アルノルト／アルノルフ（アルヌルフ）が前日のロルシュ修道院の所領交換文書［BUB 86］に登場する証人伯アルヌルフと同一人物であることは確実であり、したがってこのアルヌルフは、ボルゴルテによれば、少なくとも"Munigisingeshuntare"（ミュンジンゲンフンタレ Müngingenhuntare）、すなわちドナウ上流とネッカー川にはさまれたシュヴァーベン中北部バール地域の中、ウルム西方のミュンジンゲン Müngingen 周辺地域にその勢力を有していると思われるシュヴァーベン貴族であった。

かくしてボルゴルテは九〇三年～九一二年にシュヴァーベンに関わる文書に登場する伯「アルヌルフ」を同一のシュヴァーベン貴族であったと見る。さらに彼は少し遡って、八九四年国王アルヌルフ文書［DArn 129 = W II 694］においてラムマガウ Rammagau（ウルム南南西方 Laupheim 周辺地域）に伯権を有するとされる「アルヌルフ」Arnulfus、八九八年国王アルヌルフ文書［DArn 159］においてドゥリアガウ Duriagau（Laupheim の、Iller 川を越えた東方に位置する Oberroth ないし Unterroth 周辺地域、あるいはさらにその東方の Oberrothan ないし Unterrothan 周辺地域）に伯権を有するとされる「アルヌルフ」Arnolfus、さらにはもう一段遡って八八六／八八七年のザンクト・ガレン修道院文書［W II 649］における証人の伯「アルヌルフ」Arnulfus、八九二年のザンクト・ガレン修道院文書［W II 684］における証人の伯「アルヌルフ」Arnolf、の計四度その名を見せる「アルヌ

表7 伯アルヌルフ（アルノルフ／アルノルト）関係文書

① 886. 2. 9 (Buchhorn) [887. 3. 1 (Friedrichshafen)] ザンクト・ガレン修道院文書［WII 649］**：修道院長ベルンハルト Bernhard とエコー Eccho との間の所領交換**

証人＝修道院長ベルンハルト Bernhardus, その代理人（フォークト）エンギルボルト Engilboldus, デカヌス（decanus）アルプリヒ Albrichus, アエディトゥウス（edituus）ヘイモ Heimo, カメラリウス（camerarius）イルミンフリート Irminfridus, ポルタリウス（portarius）リウトハルト Liuthartus, ホスピタリウス（hospitarius）オデヴィン Odewinus, プラエポシトゥス（prepositus）リウト Liuto；伯ウダルリヒ Uodalrichus, 伯アルヌルフ Arnulfus, 伯ヒルティボルト Hiltiboldus, Ruodstein, Into, Kerolt, Werin, Sigebert, Ernele, Kerhart, Sigebert, Hiltine, Arthelm, Folcherat, Winidhere

② 892. 3. 17 (Bussen) ザンクト・ガレン修道院文書［WII 684］**：カダロー Chadoloh (Chadalo) とザンクト・ガレン修道院との間の奴隷 servus と隷農 mancipia の交換**

証人＝文書発給者カダロー Chadalo, 宮廷伯（palacii comes）ベルトルト Perehtoldus,（コンスタンツ）司教ザロモ Salomon, 伯アルノルフ Arnolf, Otolf, Wirant, Pirihtelo, Herebertus, Otine, Uodal, Walterih, Salaho, Gerbold, Hupold, Tanto, Milo, Riholf, Huc, Perenger, Otine, Petilo, Rako

③ 894. 8. 26 (Regensburg) 国王アルヌルフ文書第129番［DArn 129 = WII 694］**：ザンクト・ガレン修道院とアンノー Anno との間の所領その他の交換を確認**

物件＝ "in pago Rammekeuue in comotatu Arnulfi in loco et in villa nominata Sconenpirch"（アルヌルフの伯権下にある Rammagau に所在し，Schönebürg という名の土地および villa に所在）

④ 898. 5. 15 (Regensburg) 国王アルヌルフ文書第159番［DArn 159］**：親族である伯ジギハルト Sigihart への所領寄進**

物件＝ "in pago, qui vulgo Duria nuncupatur, in comitatu ARNOLFI"（アルヌルフの伯権下にある，一般に Duria とよばれるガウに所在）

⑤ 903. 6. 24 (Forchheim) ルードヴィヒ幼童王文書第20番［DLdK 20 = WII 726］**：ザンクト・ガレン修道院の特権確認**

請願・斡旋者＝（コンスタンツ）司教兼ザンクト・ガレン修道院長ザロモ Salamon；「司教」：ハットー Hatho（マインツ大司教），ヴァルドー Vualto（フライジング司教），アダルベロー Adalpero（アウグスブルク司教），エルケンボルト Erchanpold（アイヒシュテット司教），テオドルフ Theotolf（クール司教），トゥトー Tuto（レーゲンスブルク司教），アインハルト Einhart（シュパーアー司教）；「伯」：コンラート Chonrat,［ロートリンゲン大公 dux regni quod a multis Hlotharii dicitur］ゲープハルト Kebehart,［チューリンゲン辺境伯 marchio Thuringiorum］ブルハルト Purchart, アダルベルト Adalpreht,［クール・レティエン辺境伯 marchio Curiensis Raetiae］ブルハルト Purchart,［ベーメン大公 dux Boemanorum］リウトポルト Liutpold, パボー Pabo, ウダルリヒ Odalrich, アルヌルフ Arnolf, コンラート Chonrat, フゴー Hug, レギンポルト Reginpold, アダルゴッツ Adalgoz, ルオヘレ Ruochere, ヴァラホー Vualaho の息子ブルハルト Purchart, リウトフリート Liutfrid, コテダンク Cotedanc, エルンスト Ernust, エルロルフ Erlolf

⑥ **903. 7. 9 (Theres) ルードヴィヒ幼童王文書第23番** [DLdK 23]**：ヴュルツブルク司教座への所領寄進**

請願・斡旋者＝(ヴュルツブルク)司教ルドルフ Ruodolfus；「司教」：ハットー Hatho (マインツ大司教)，ヴァルドー Uualto (フライジング司教)，エルケンボルト Erchanpoldus (アイヒシュテット司教)，アダルベロー Adalpero (アウグスブルク司教)，ザロモ Salomon (コンスタンツ司教)，トゥトー Tuto (レーゲンスブルク司教)；「伯」：コンラート Chonratus，ゲープハルト Kebehartus，アダルベルト Adalpertus，ブルハルト Purchartus，ウダルリヒ Odalricus，アルヌルフ Arnolfus，リウトフリート Liutfredus，ブルハルト Purchartus，エランフレート Eranfredus

⑦ **904. 6. 14 (Ingelheim) ルオトベルト Ruotpertus・ロルシュ修道院間の所領交換文書** [BUB 86]

証人＝伯アダルベルト Adalbertus，伯アルヌルフ Arnolfus，伯コンラート Cunradus，伯エリンフリート Erinfridus，伯リウトフリート Liutfridus

⑧ **904. 6. 15 (Ingelheim) ルードヴィヒ幼童王文書第33番** [DLdK 33 = WII 735]**：ザンクト・ガレン修道院への所領寄進**

斡旋者＝(コンスタンツ)司教兼ザンクト・ガレン修道院長ザロモ Salomon，伯アルノルト Arnolt

物件＝"in pago Muningisingeshuntare in comotatu praedicti Arnolfi"(前述のアルヌルフの伯権下にある，Münsingen の Huntare のガウに所在)

⑨ **912. 3. 5 (**フェルデン **Velden) コンラート1世国王文書第3番** [DKI 3]**：アイヒシュテット司教座への所領寄進・確認**

請願・斡旋者＝「司教」：ザロモ Salomon (コンスタンツ司教)，ドゥラコルフ Dracholfus (フライジング司教)，メギンベルト Meginpertus (ゼーベン＝ブリクセン司教)；「伯」：ジギハルト Sigihardus，アルヌルフ Arnolfus，エルカンゲル Erichangarius，ウダルリヒ Odalricus，ベルトルト Perchtoldus，コンラート Chuonradus，ヘルマン Herimannus，リウトフリート Luitfredus，イーリング Iringus

⑩ **926. 8. 11 (Rohr) ハインリヒ1世国王文書第10番** [DHI 10]**：司祭 (presbiter) バルトムント Baldmund の解放**

大公(dux) アルヌルフ Arnolfus の請願により，国王の servus であり，ケムプテン修道院の家中(familia)に属した司祭バルトムントを解放させる

⑪ **927. 12. 27 (Mainz) ハインリヒ1世国王文書第15番** [DHI 15]**：ケムプテン修道院の特権確認**

大公(dux) アルヌルフ Arnolfus の斡旋により，ケムプテン修道院に修道院長自由選挙権等を確認

⑫ **929. 6. 30 (Nabburg) ハインリヒ1世国王文書第19番** [DHI 19; vgl. BO 28 (930. 6. 30)]**：ケムプテン修道院への所領寄進の確認**

斡旋者＝(ニーダーアルタイヒ)修道院長アギロルフ Agilolfus；伯アルヌルフ Arnolfus，伯エーベルハルト Heberhardus

ルフ」をも上記のアルヌルフと同一人物である可能性が高いとする。すなわち伯「アルヌルフ」は九世紀末～十世紀初、ウルムをはさんで西はミュンジンゲンフンタレから、ラムマガウをへて、東はドゥリアガウへいたる、シュヴァーベン北東部に伯権を有する貴族であった（**地図3**参照）。なおボルゴルテは、九二九年六月、ケムプテン修道院へなされた所領寄進の確認状であるハインリヒ一世国王文書第一九番［DHI 19］において、俗人の斡旋者として伯エーベルハルト Heberhardus ②とともに現れる伯アルヌルフ Arnolfus ①にも言及して、二〇年近い時間的懸隔、名前＝人物群の相同性の欠如のゆえに、この人物を九〇三年～九一二年のアルヌルフに比定することはほとんどできない、とする。

八八六／八八七年	アルヌルフ（ザンクト・ガレン修道院文書・証人）
八九二年	アルノルフ（ザンクト・ガレン修道院文書・証人）
八九四年	アルヌルフ（ラムマガウに伯権所有）
八九八年	アルノルフ（ドゥリアガウに伯権所有）
九〇四年六月一五日（於インゲルハイム）	アルノルト／アルノルフ（ミュンジンゲンフンタレに伯権所有）

かの九一二年の伯「アルヌルフ」を、八八六／八八七年～九〇四年の諸文書に登場するシュヴァーベンの伯「アルヌルフ」と同一人物、同一のシュヴァーベン貴族と見なすボルゴルテの考察は、確かに手堅いように思われる。すでにハンスマルティン・シュヴァルツマイアー（Hansmartin Schwarzmaier）等にも同じ推論に立脚した論議が見られるが、[53]それでもなお、九一二年の「アルヌルフ」をバイエルン大公アルヌルフに比定する見解とかみ合わぬまま今日にいたっている。

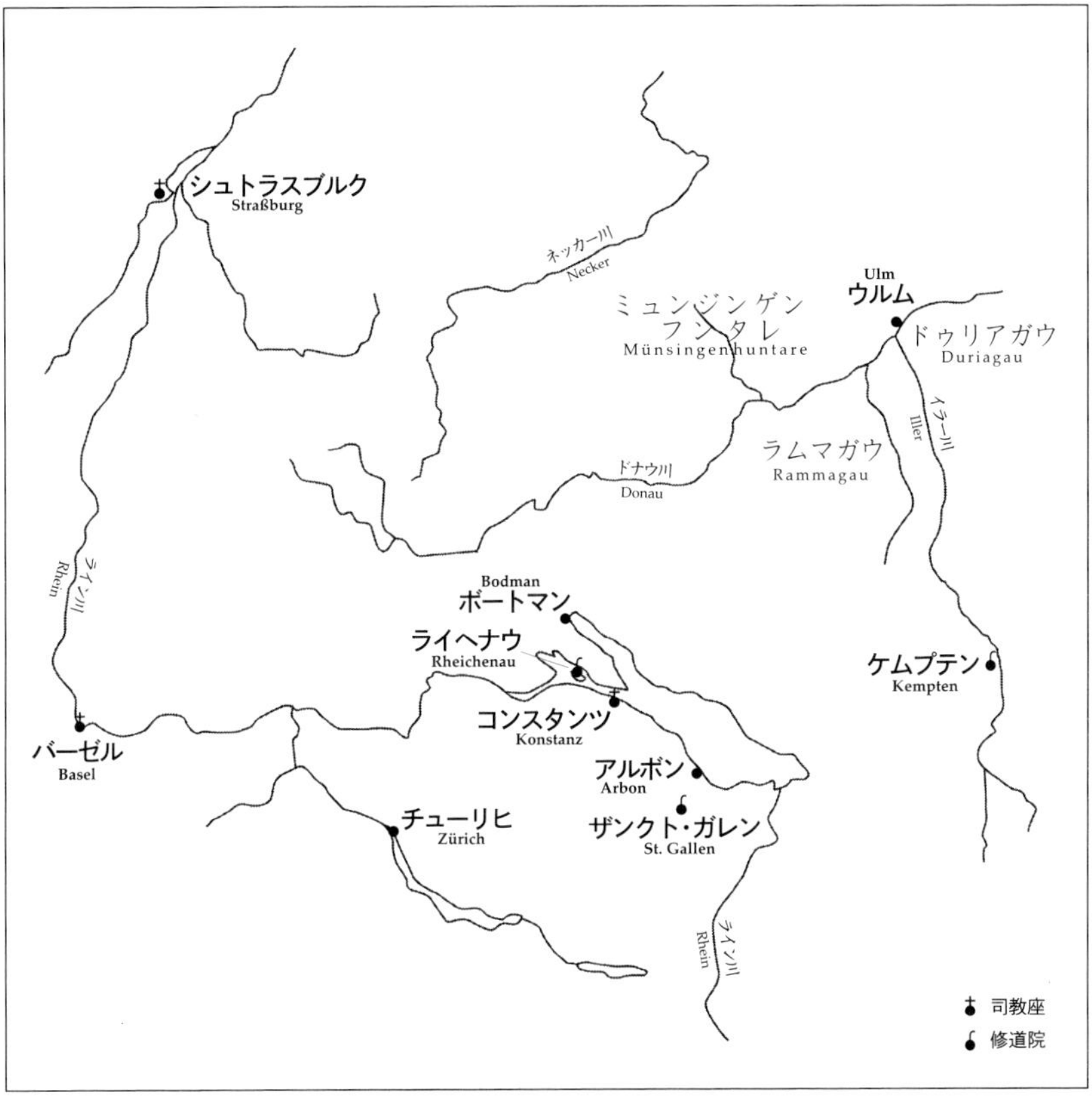
シュトラスブルク
Straßburg
ネッカー川
Necker
Ulm
ウルム
ミュンジンゲン
フンタレ
Münsingenhuntare
ドゥリアガウ
Duriagau
イラー川
Iller
ラムマガウ
Rammagau
ドナウ川
Donau
ライン川
Rhein
Bodman
ボートマン
ライヘナウ
Rheichenau
ケムプテン
Kempten
コンスタンツ
Konstanz
バーゼル
Basel
アルボン
Arbon
チューリヒ
Zürich
ザンクト・ガレン
St. Gallen
ライン川
Rhein
司教座
修道院

地図3　シュヴァーベン

実のところ九一二年コンラート一世国王文書第三番［DKI 3］における「アルヌルフ」をバイエルン大公アルヌルフとする理解は、確かな根拠が提示されているわけではなく、おそらくはつぎのような小さな疑問と関連して、提出されているように思われる。

例えば他ならぬボルゴルテはいう。「証人になることは、さしあたりはただ、文書発給者ないしは当事者と何らかの関係があってのことであり、他方、証人順序はその人物のランクを反映している可能性がある」[54]（傍点――引用者）と。斡旋者の場合も基本的にはこれにあてはまろう。かのエルカンゲルの場合で見よう。文書史料においてエルカンゲルは俗人の証人・斡旋者として、九〇九年ザンクト・ガレン修道院文書［W II 761 = UsT 58 = BUB 89］と九一二年コンラート一世国王文書第三番［DKI 3］をのぞき、その筆頭にあげられていた。それは、九一一／一二年以来シュヴァーベンにおける頭領的地位に立っていた彼としては順当といえよう。彼が俗人証人・斡旋者の筆頭にあげられていない二文書［WII 761・DKI 3］のうち、九〇九年ザンクト・ガレン修道院文書［W II 761 = UsT 58 = BUB 89］の場合、証人として聖職者グループ、ついで俗人グループがあげられるという通例の構成がとられるが、聖職者グループはさらに、本譲与行為に関わる当事者三名、ついで譲与行為に立ち会った二司教、という順序をとり、当事者は修道院関係者では位階順に修道院長とデカヌス、そして修道院長の甥で譲与行為にあたって特別の配慮を受けることになる今一人の当事者ヴァルドーが修道院長とデカヌスの間にさしはさまれ、この三者それぞれに代理人たる俗人＝フォークトがつらなる、そのような順序構成をとっている。伯エルカンゲル②がヴァルドーの代理人（フォークト）として、俗人証人としては修道院長のクール Chur における代理人（フォークト）ドミニクス①のつぎにあげられていることは、それゆえ不自然ではない。しかしいま一つの、九一二年コンラート一世国王文書第三番［DKI 3］の場合、エルカンゲル③が俗人斡旋者の中でジギハルト①、「アルヌルフ」②についで名をあげられていることは、「アルヌルフ」がシュヴァーベン貴族であったとしたなら、エルカンゲルがまさにこの時期にシュヴァーベンにおける頭領的地位に立ったことからして、しかも他のすべてのコンラート一世国王文書においては俗人の筆頭にあげられていることからして、少々不可解に思われるのである。

もとより証人・斡旋者として名をあげられる順序がつねにその人物のランクに相応しているわけではあるまい。だが、そうであるにせよ、上記の九〇九年ザンクト・ガレン修道院文書の場合のように、通例、何らかの原則に基づいて順次名を記していると見るのは穏当であろう。「アルヌルフ」をバイエルン大公とする通説的な見方は、エルカンゲルの斡旋者順序をめぐるこの小さな疑問を、当該文書［DKI 3］をとりまく全体状況から解決しようとするところから形成されているように思われるのである。すなわち、既述のように、コンラート一世国王文書第三番［DKI 3］においては、ルードヴィヒ幼童王末期以来王権との関係が疎遠となっていたバイエルン関係者との関係回復が窺われた。俗人の斡旋者の場合、ジギハルト1と同様に伯「アルヌルフ」2もバイエルン人であるとするなら、ことシュヴァーベン貴族に関しては、エルカンゲル3を先頭にすえる構成がとられていると理解できる。この時期伯「アルヌルフ」とよばれるバイエルン貴族、それはバイエルン大公その人以外考えられない。ちなみにボルゴルテが言及する九二九年ハインリヒ一世国王文書第一九番［DHI 19］に現れる伯「アルヌルフ」は、この文書と同様にケムプテン修道院に関わる二点の国王文書、九二六年ハインリヒ一世国王文書第一〇番［DHI 10］、および九二七年ハインリヒ一世国王文書第一五番［DHI 15］において、請願・斡旋者として現れる「大公アルヌルフ」(dux Arnolfus)と同一人物、すなわちバイエルン大公アルヌルフと見られている。[55]

九一二年　伯：ジギハルト[1]、アルノルフ[2]、エルカンゲル[3]、ウダルリヒ[4]、ベルトルト[5]、コンラート[6]
九二六年　大公アルヌルフ
九二七年　大公アルヌルフ
九二九年　伯アルノルフ[1]、伯エーベルハルト[2]

九一二年コンラート一世国王文書第三番［DKI 3］における伯「アルヌルフ」を、ボルゴルテとは逆に、九二九年の伯「アルヌルフ」と同一人物、つまりは九二六・九二七年文書にも現れるバイエルン大公アルヌルフと見なそうとする理解では、しかし、今度はジギハルト[1]とアルヌルフ[2]の斡旋者順序をどう考えるかという疑問が提起されようか。――煩雑になるが、しばらく伯「ジギハルト」なる人物について考察をめぐらしたい。

3-(2)-(ii) 伯ジギハルト、およびイーリングの人物比定をめぐって

伯「ジギハルト」がバイエルン貴族と目されていることは既述したが、そのように見られる根拠は、九世紀末～十世紀半ばにおいて「ジギハルト」名の貴族＝伯がバイエルンにおいて散見されるからであるが、しかしこの点は整理されて明示的に裏づけされてきたわけではない。以下、あらためて伯「ジギハルト」が誰であるのか、その人物比定をこころみよう。それはまた、事後承認説がコンラート一世国王文書第三番［DKI 3］から読み取ろうとする構図の蓋然性を測る作業でもある（以下、**表8**を参照）。

(a) コンラート一世国王文書においては今一度「ジギハルト」名の伯が登場する。すなわち今日コンラート一世国王文書第三一番［DKI 31］とされる、聖職者エルケンフリートなる者への所領寄進状においてであり、ザルツブルク大司教ピルグリム、マインツ大司教ヘリガー（ハットー［九一三年没］の後任）、フライジング司教ドゥラコルフとともに、俗人の斡旋者としてはただひとり、伯「ジギハルト」Sigihardus の名があげられている。この文書は、レーゲンスブルク所在ザンクト・エムメラム修道院の写本集において祈願部（Invocatio）・自称部（Intitulatio）・本文（Kontext）のみ伝えられ、日付け部（datum）等を欠く。これが、日付けを欠くにもかかわらずコンラート一世国王文書の第三一番［DKI 31］に据えられるのは、聖職者の斡旋者三名が、九一六年七月六日付け、ゼーベン＝ブリクセン司教座への特権確認状であるコンラート一世国王文書第三〇番［DKI 30］に見られる請願・斡旋者の顔ぶれ、同司教メギンベルト、マインツ大司教ヘリガー、ザルツブルク大司教ピルグリム、レーゲンスブルク司教トゥトー、フライジング司教ドゥラコルフ、フェルデン司教アダルヴァルト、アイヒシュテット司教オダルフリートのうちに見られることから、これと同時期のものと思われる、との判断からである。(56) この判断の当否はともあれ、国王文書第三一番［DKI 31］に名をあげられる斡旋者たる伯「ジギハルト」については、人物連関の他、寄進所領の所在地（ニーダーバイエルンの Goldern 所在）、文書の伝来過程などからも、少なくともバイエルン貴族と見てよいであろう。

(b) ところで時期が前後するが、九〇八年九月一三日付け、バイエルン大公アルヌルフが発給した、フライジング司教ドゥラコルフとフライジングの"Chorbischof"（仮に司教代理と訳出しておこう）クノーとの間の所領交換の確認状［RL 48］において、司教代理クノーの代理人＝フォークトとして「ジギハルト」Sigihardusが登場する（表8⑨）。[57] フライジング司教—司教座との関わりから考えて、ここでのフォークト「ジギハルト」はコンラート一世国王文書第三一番［DKI 31］に名をあげられる斡旋者、伯「ジギハルト」と同一人物であるかもしれない。

(c) ザルツブルク大司教座の所領寄進帳［RL 68］の伝える、九二七年五月九日および一〇日付けでなされた所領交換において、「大公」(dux) ベルトルト（バイエルン大公アルヌルフ［九三七年没］の弟、後に同大公［九三八—九四七年］）につづいて伯「ジギハルト」Sighartが証人として登場する。[58]

これ以降の時期については、「伯ジギハルト」なる名は、九四六年のオットー一世国王文書［DOI 78］での言及を待たねばならない（後述）。

九〇八年九月一三日	フライジング司教代理のフォークト・ジギハルト
九〇八年一二月一七日	ザルツブルクガウにおける伯ジギハルト（後述）
九一二年	伯：ジギハルト[1]、アルノルフ[2]、エルカンゲル[3]、ウダルリヒ[4]、ベルトルト[5]、コンラート[6]（既述［DKI 3］）
九一六年（？）	伯ジギハルト（レーゲンスブルク所在ザンクト・エムメラム修道院写本集伝来のコンラート一世文書［DKI 31］）
九二七年	伯ジギハルト（ザルツブルク大司教座の所領寄進帳）

(d) 再び国王アルヌルフ・ルードヴィヒ幼童王期に遡ろう。われわれは一人の、とおぼしき伯「ジギハルト」に行きつく。両王の九点の文書において登場する伯「ジギハルト」(Sighart/Sighardus etc.) なる人物が

それである（表7①〜⑧、⑩）。

まず国王アルヌルフの八八八年〜八九八年の所領授与状三点（DArn 5［888. 1. 1］, 144［896. 7. 8］, 159［898. 5. 15］）。いずれもオリジナルで、ともにエーベルスベルク修道院に伝来し、受領者は伯「ジギハルト」自身である。授与物件はそれぞれエーベルスベルク（現ミュンヘン東方）所在の小聖堂（cappella）、“Chaganinga”（エーベルスベルク北東方カギングKaging、ないしエーベルスベルク南東方ハギングHaging）およびヴェルトWörth（ミュンヘン北東方所在Erdingの南）所在所領、および既述の、「アルヌルフ」の伯権下にあるドゥリアガウDuriagauに所在するロットRott所在所領であり、オーバーバイエルン地方とシュヴァーベン北東部に分布する。文書の一括しての伝来、そして二点の文書［DArn 144・159］において「ジギハルト」が「余（＝国王アルヌルフ）の親族」（propinquus noster）とよばれていることから見て、これらでの伯「ジギハルト」が同一人物であることは確実である。

八八八年	ジギハルト（エーベルスベルク所在小聖堂を受領）
八九六年	国王アルヌルフの親族ジギハルト（カギング／ハギング、ヴェルト所在所領を受領）
八九八年	国王アルヌルフの親族ジギハルト（ドゥリアガウのロット所在所領を受領）
	（以上、いずれもエーベルスベルク修道院伝来の国王アルヌルフ文書）
八八七―八九九年（？）	エーベルハルトの祖父ジギハルト（キームガウに所領）（後述）

つぎに「ジギハルト」が斡旋者として登場するものとして、国王アルヌルフの八九七年文書一点（DArn 156［897. 7. 14］）と、ルードヴィヒ幼童王の九〇三年〜九〇六年の文書四点（DLdK 27［903. 9. 26］、28［903. 11. 30］、

表8　伯ジギハルト関係文書

① **888. 1. 1 (Regensburg) 国王アルヌルフ文書第5番**［DArn 5］**：伯ジギハルト Sigihartへの所領授与**

伯ジギハルト Sigihartに，それまで彼が封として有していたエーベルスベルク所在の小聖堂を自由所有物として授与

② **896. 7. 8 (Regensburg) 国王アルヌルフ文書第144番**［DArn 144］**：伯ジギハルト Sigihartへの所領授与**

国王アルヌルフの親族（propinquus noster）である伯ジギハルト Sigihardusに，“Chaganinga”およびWörth所在所領を授与

③ **897. 7. 14 (Tribur) 国王アルヌルフ文書第156番**［DArn 156］**：ディオトケル Diotkerへのアウグスガウ所在所領の授与**

斡旋者＝伯ジギハルト Sigihardus，伯イーリング Iringus

④ **898. 5. 15 (Regensburg) 国王アルヌルフ文書第159番**［DArn 159］**：伯ジギハルト Sigihartへの所領授与状**

国王アルヌルフの親族（propinquus noster）である伯ジギハルト Sigihartに，アルヌルフ ARNOLFUSの伯権下にある，一般にDuriaとよばれるガウに所在する所領を授与

⑤ **903. 9. 26 (Alpare) ルードヴィヒ幼童王文書第27番**［DLdK 27］**：辺境伯リウトポルトの家士 vassallus ツヴェンティボルト Zuentipolchusへの所領授与**

斡旋者＝伯ジギハルト Sigihardus，レギンベルト Reginbertus，イサングリム Isangrimmus

⑥ **903. 11. 30 (Regensburg) ルードヴィヒ幼童王文書第28番**［DLdK 28］**：フライジング司教座への所領寄進**

請願・斡旋者＝フライジング司教ヴァルドー Vualdo；（ザルツブルク）大司教テオトマール Diotmarus，（ゼーベン＝ブリクセン）司教ザカリアス Zacharias，（レーゲンスブルク）司教トゥトー Tuto；「伯」：リウトポルト Liutboldus，ジギハルト Sigihardus，クントポルト Cundpoldus，イサングリム Isangrimus，メギンヴァルト Meginuuardus

⑦ **905. 2. 14 (Regensburg) ルードヴィヒ幼童王文書第39番**［DLdK 39］**：ニーダーアルタイヒ修道院への所領回復状**

斡旋者＝エルカンボルト Erchanboldus（アイヒシュテット司教），ザカリアス Zacharias（ゼーベン＝ブリクセン司教），トゥトー Tuto（レーゲンスブルク司教），ブルハルト Burchardus（パッサウ司教）；「伯」：リウトポルト Liutboldus，ジギハルト Sigihartus，イーリング Iringus

⑧ **906. 5. 8 (Holzkirchen) ルードヴィヒ幼童王文書第44番**［DLdK 44］**：フライジング司教座への司教自由選挙権の確認**

請願・斡旋者＝フライジング司教ヴァルドー Vualto；「大司教」：ハットー Haddo（マインツ大司教），テオトマール Theotmarus（ザルツブルク大司教）；「司教」：エルカンボルト Erchanboldus（アイヒシュテット司教），アダルベロー Adalpero（アウグスブルク司教），ザカリアス Zacharias（ゼーベン＝ブリクセン司教），テオトロー Deotoloh（ヴォルムス司教）；「伯」：オットー Otto，ブルハルト Puruchardus，アダルベルト Adalpertus，リウトポルト Liutpoldus，ブルハルト Puruchardus，ジギハルト Sigihartus，クントポルト Cundpoldus，イーリング Iringus

⑨ 908. 9. 13（……）大公アルヌルフ文書［RL 48］**：フライジング司教ドゥラコルフと“Chorbischof”クノー Counoとの間の所領交換の確認**

クノーの代理人（フォークト）advocatus ジギハルト Sigihardus

⑩ 908. 12. 17 (Waiblingen) ルードヴィヒ幼童王文書第64番［DLdK 64］**：ザルツブルク大司教座への所領寄進**

物件＝“in pago Salzpurchgowe dicto in comitatu Sigihardi, hoc est curtem nostram Salzpurchof”（ジギハルトの伯権下にある，ザルツブルクガウとよばれるガウに所在，すなわち余のホーフ［curtis］ザルツブルクホーフェンに所在）

⑪ 912. 3. 5 (フェルデン **Velden) コンラート１世国王文書第3番**［DKI 3］**：アイヒシュテット司教座への所領寄進・確認**

請願・斡旋者＝「司教」：ザロモ Salomon（コンスタンツ司教），ドゥラコルフ Dracholfus（フライジング司教），メギンベルト Meginpertus（ゼーベン＝ブリクセン司教）；「伯」：ジギハルト Sigihardus，アルヌルフ Arnolfus，エルカンゲル Erichangarius，ウダルリヒ Odalricus，ベルトルト Perchtoldus，コンラート Chuonradus，ヘルマン Herimannus，リウトフリート Liutfredus，イーリング Iringus

⑫ …… (916?) コンラート１世国王文書第31番［DKI 31］**：聖職者 clericus エルケンフリート Erchenfridへの所領寄進**

斡旋者＝（ザルツブルク）大司教ピルグリム Piligrimus，（マインツ）司教ヘリガー Herigerus，（フライジング）司教ドゥラコルフ Dracholfus，伯ジギハルト Sigihardus

⑬ 927. 5. 9–10 (Karnburg) ザルツブルク大司教座寄進帳［RL 68］**：所領交換**

再確認証人＝大公 dux ベルトルト Perthtolt，伯ジギハルト Sigihart，Diotmar，Papo，Uuillihelm，Perhtolt ……

⑭ 946. 7. 21 (Siptenfelde) オットー１世国王文書第78番［DOI 78 = RL 101］**：伯エーベルハルトへの所領確認**

所領由来＝国王アルヌルフからエーベルハルトの祖父 avusである伯ジギハルト Sigihardusに授与さる

物件＝“in pago Chiemihgovue in comitatu Sigihardi”（ジギハルトの伯権下にある，キームガウ Chiemihgovueに所在）

⑮ 959. 6. 8 (Rohr) オットー１世国王文書第202番［DOI 202］**：ザルツブルク大司教座教会の参事会員 canoniciへの所領寄進**

物件＝“in loco Grabanastat vocitato in pago Chiemichouve in comitatibus Otacharii, Sigihardi ac Vuillihalmi comitum”（伯たち，オタカル，ジギハルト，ヴィリハルムの伯権下にある，キームガウに所在する，グラーベンシュタットとよばれる土地に所在）

⑯ 959. 6. 9 (Rohr) オットー１世国王文書第203番［DOI 203］**：ザンクト・エムメラム修道士たちへの所領寄進**

物件＝“in pago Sundargouue in comitatibus Ratolfi, Chadalhohi, Otacarii ac Sigihardi comitum”（伯たち，ラトルフ，カダルホーフ，オタカル，ジギハルトの伯権下にある，ズンダーガウに所在）

39 [905. 2. 14]、44 [906. 5. 8]）がある。アルヌルフ文書はディオトケルなる者への、アウグスガウ Augsgau（アウグストガウ Augstgau）所在所領の授与状（DArn 156）であり、二名の伯「ジギハルト」[1]、イーリング Iringus [2]が斡旋する。四点のルードヴィヒ幼童王文書はそれぞれ、辺境伯リウトポルト（後のバイエルン大公アルヌルフの父）の家士（vasallus）ツヴェンティボルト Zuentipolchus への、現オーバーオーストリアのキルヒドルフ Kirchdorf 近傍に所在する所領の授与状（DLdK 27）、フライジング司教座教会へのホーフ・フェーリング（Hof Föring; curtis Veringa, 現ミュンヘン北東方）寄進状（DLdK 28）、ニーダーバイエルン所在ニーダーアルタイヒ修道院への所領回復状（DLdK 39）、フライジング司教座教会への司教自由選挙権確認状（DLdK 44）であり、いずれもバイエルン関係の受領者であり、物件である。斡旋者としてそれぞれ、伯「ジギハルト」[1]、レギンベルト[2]、イサングリム Isangrimmus [3]（以上、DLdK 27）、ザルツブルク大司教テオトマール、ゼーベン＝ブリクセン司教ザカリアス、レーゲンスブルク司教トゥトー、伯リウトポルト[1]、同「ジギハルト」[2]、同クントポルト Cundpoldus [3]、同イサングリム[4]、同メギンヴァルト Meginuuardus [5]（以上、DLdK 28）、アイヒシュテット司教エルカンボルト、ゼーベン＝ブリクセン司教ザカリアス、レーゲンスブルク司教トゥトー、パッサウ司教ブルハルト、伯リウトポルト[1]、同「ジギハルト」[2]、同イーリング[3]（以上、DLdK 39）、マインツ大司教ハットー、ザルツブルク大司教テオトマール、アイヒシュテット司教エルカンボルト、アウグスブルク司教アダルベロー、ゼーベン＝ブリクセン司教ザカリアス、ヴォルムス司教テオトロー、伯オットー[1]、同ブルハルト[2]、同アダルベルト[3]、同リウトポルト[4]、同ブルハルト[5]、同「ジギハルト」[6]、同クントポルト[7]、同イーリング[8]（以上、DLdK 44）、の名があげられる。

八九七年　ジギハルト[1]、イーリング[2]

九〇三年　ジギハルト[1]、レギンベルト[2]、イサングリム[3]
九〇三年　リウトポルト[1]、ジギハルト[2]、クントポルト[3]、イサングリム[4]、メギンヴァルト[5]
九〇五年　リウトポルト[1]、ジギハルト[2]、イーリング[3]
九〇六年　リウトポルト[4]、ブルハルト[5]、ジギハルト[6]、クントポルト[7]、イーリング[8]

五点の文書に斡旋者として現れる五名の伯「リウトポルト、ジギハルト、イーリング、イサングリム、クントポルト」が同一の人物群、同一のバイエルン貴族であることは確実であろう。ちなみに「イーリング、イサングリム」は国王アルヌルフの、辺境伯リウトポルトの家士ツヴェンティボルトへの所領授与状における斡旋者であり（DArn 162［898. 8. 31］）（以下、**表9**を参照）、「リウトポルト、クンポルト（クントポルト）Cunpoldus、イーリング」の三者はルードヴィヒ幼童王のザンクト・エムメラム修道院への所領寄進状において、六名のバイエルンの大司教・司教とともに斡旋者として登場する（DLdK 26［903. 8. 12］）。また「イーリング、クントポルト」名の組合せは二点のルードヴィヒ幼童王文書（DLdK 31［904. 3. 10］・53［907. 3. 19］）の斡旋者群に見られ、九〇四年三月五日付けルードヴィヒ幼童王のザンクト・エムメラム修道院への所領寄進状には「メギンヴァルト」「クントポルト」「イーリング」「イサングリム」の名が見られる（DLdK 30［904. 3. 5］）。彼らの名は、単独でも、国王アルヌルフ・ルードヴィヒ幼童王のバイエルンに関わる文書において、あるいは斡旋者として、あるいは関係物件がその伯権下にある、などとして見られ、彼らがバイエルン貴族であることは明らかである。[59] なお彼らのうちジギハルトとともに三度斡旋者として登場し、つねに彼に先行して名をあげられる伯リウトポルトは後のバイエルン大公アルヌルフの父、辺境伯リウトポルトと考えられている。

先の、国王アルヌルフから所領を授与された彼の「親族」である伯「ジギハルト」(八八八～八九八年)と、右の、同王ならびにルードヴィヒ幼童王のもとで斡旋者として現れる伯「ジギハルト」(八九七～九〇六年)。登場する時期が一部重複する両者を、同一人物と見て大過ないであろう。

伯「ジギハルト」なる人物としては、以上の八点の国王文書(**表8**①～⑧)の他にさらに、ルードヴィヒ幼童王のザルツブルク大司教座教会への所領寄進状(DLdK 64〔908.12.17〕)において、寄進所領の所在地表記のさいに名をあげられる人物がいる(**表8**⑩)。いわく「ジギハルトの伯権下にある、ザルツブルクガウとよばれる郷(ガウ)に所在する、すなわち余のホーフ(curtis)ザルツブルクホーフェンに所在する」(in pago Salzpurchgowe dicto in comitatu Sighardi, hoc est curtem nostram Salzpurchof)と。この九〇八年のザルツブルクガウにおける伯「ジギハルト」が右の八八八～九〇六年に登場する同名の伯と同一人物であるのかどうか――[60]。

ここで先にふれた、伯ジギハルトに言及する九四六年オットー一世国王文書(DOI 78〔946.7.21〕= RL 101)を取り上げよう。この国王文書では伯エーベルハルト Eberhart/Eberhardus なる者に対し所領確認がなされているのであるが、そのさい当該所領について、国王アルヌルフから彼エーベルハルトの祖父(avus)である伯「ジギハルト」Sighardus に授与されたもので、「ジギハルト」の伯権下にあるガウ "Chiemihgovue"、すなわちキームガウ Chiemgau に所在するものである旨、つげられている。一読、キームガウにおいて伯権を有した伯「ジギハルト」が国王アルヌルフから同所に所在する所領を授与されていた、と読めるが、二カ所にあげられる「ジギハルト」は、そもそも同一人物であるのかどうか――。というのも、九五九年六月八日付けオットー一世国王文書〔DOI 202 = RL 108〕において同じキームガウ("Chiemichouve")について、三名の伯、オタカル Otacharius、「ジギハルト」Sighardus、ヴィリハルムの伯権下に所在する、とつげるからである。さらにこの翌九日付けオットー一世国王文書［DOI 203］においてはズンダーガウ Sundergau について、四名の伯、ラトルフ、カダルホーフ、オタカル Otacarius、「ジギハルト」Sighardus の伯権下に所在するとつげる。九五九年の二文書における二名の伯、オタカルと「ジギハルト」が同一人物であることは疑いあるまい。それ故に九四六年にキームガウにおける伯権所有者として名をあげられる「ジギハルト」がこの九五九年の伯「ジギハルト」である可能性、すなわち九四六年文書で二カ所に名をあげられる「ジギハルト」が別人、一人はエーベルハルトの祖父である、国王アルヌルフ期の人物、今一人はオットー一世国王文書発給当時の人物、である可能性があるのである。[61] しかしそうであるにせよ、エーベルハルトの祖父「ジギハルト」がキームガウに所領を有していたことは確かであり、これにキームガウにおいて伯権を有していた人物でもあるという可能性はなお残ろう。

さて九四六年オットー一世文書［DOI 78］の受領者である伯エーベルハルトはエーベルスベルク修道院建設者であり、当国王文書は上述国王アルヌルフの「ジギハルト」宛て所領授与状三点［DArn 5・144・159］と同じくエーベルスベルク修道院にオリジナルで伝来している。[62] 当国王文書の伝える、エーベルハルトの祖父で、キームガウに所領を有し、あるいはキームガウにおける伯でもあったかもしれないこの「ジギハルト」が、上述の八八八〜九〇六年に登場する同名の伯と同一人物であることは、後述するように彼がエーベルスベルク修道院建設者家門の始祖と位置づけられていたことも考え合わせるなら、確実である。

エーベルスベルク地域からはキームガウ地域を介してザルツブルク地域へとつながる。この地理的状況に加え、八九七〜九〇六年に伯「ジギハルト」がバイエルンにおいて広範囲にわたって斡旋活動していることをも勘案しよう。エーベルスベルク地域に所領を展開し、その南東方キームガウでは所領、さらには伯権をも有したかもしれない伯「ジギハルト」が、さらにその東、ザルツブルクガウに伯権を有した九〇八年の伯「ジギハルト」でもあると見ることは、決して不自然ではあるまい。

はたしてそうであるならば八八八～九〇八年に登場する伯「ジギハルト」は、エーベルスベルク地域とその南東方キームガウにおいて所領――知られるのはいずれも王権由来のものばかりであるが――を展開し、ザルツブルクガウでは、そしてあるいはキームガウでも、伯権を有し、国王のもとでバイエルンの広範な地域にわたって斡旋活動をおこなうとともに、シュヴァーベン北東部にも所領――やはり王権由来の――を有したバイエルン貴族であった（**地図4**参照）。王権とのかかる親近性、およびその広範な活動領域から、すでにエルンスト・デュムラー（Ernst Dümmler）はジギハルトを、国王アルヌルフが、バイエルン貴族の中でリウトポルトと並んでもっとも信頼を寄せる人物であったと見なしていた[63]。ジギハルトのこうした位置づけは、ゲルト・テレンバハ（Gerd Tellenbach）やシュヴァルツマイアーもまた支持するところである[64]。われわれはこの伯「ジギハルト」について今少し知見を付け加えよう。

エーベルスベルク修道院は、その前身施設が九三四年ころ伯エーベルハルトによってエーベルスベルクの地に建設され、十一世紀初めに聖ベネディクト修道規則に則った修道院へ転換する。同修道院において修道院長ヴィリラム（一〇四八―八五年）の時代に書かれた『エーベルスベルク年代記』（Chronicon Ebersspergense）は、建設にいたる間の事情を、おそらくは先の国王アルヌルフ文書やオットー一世文書その他の、同修道院に伝来する資料や伝承をもとに、修道院建設者エーベルハルトの祖父「ジギハルト」の事績から書き起こし、その息子ラトルトについて短く言及したのち、ラトルトの三子、エーベルハルト、アダルベロー、

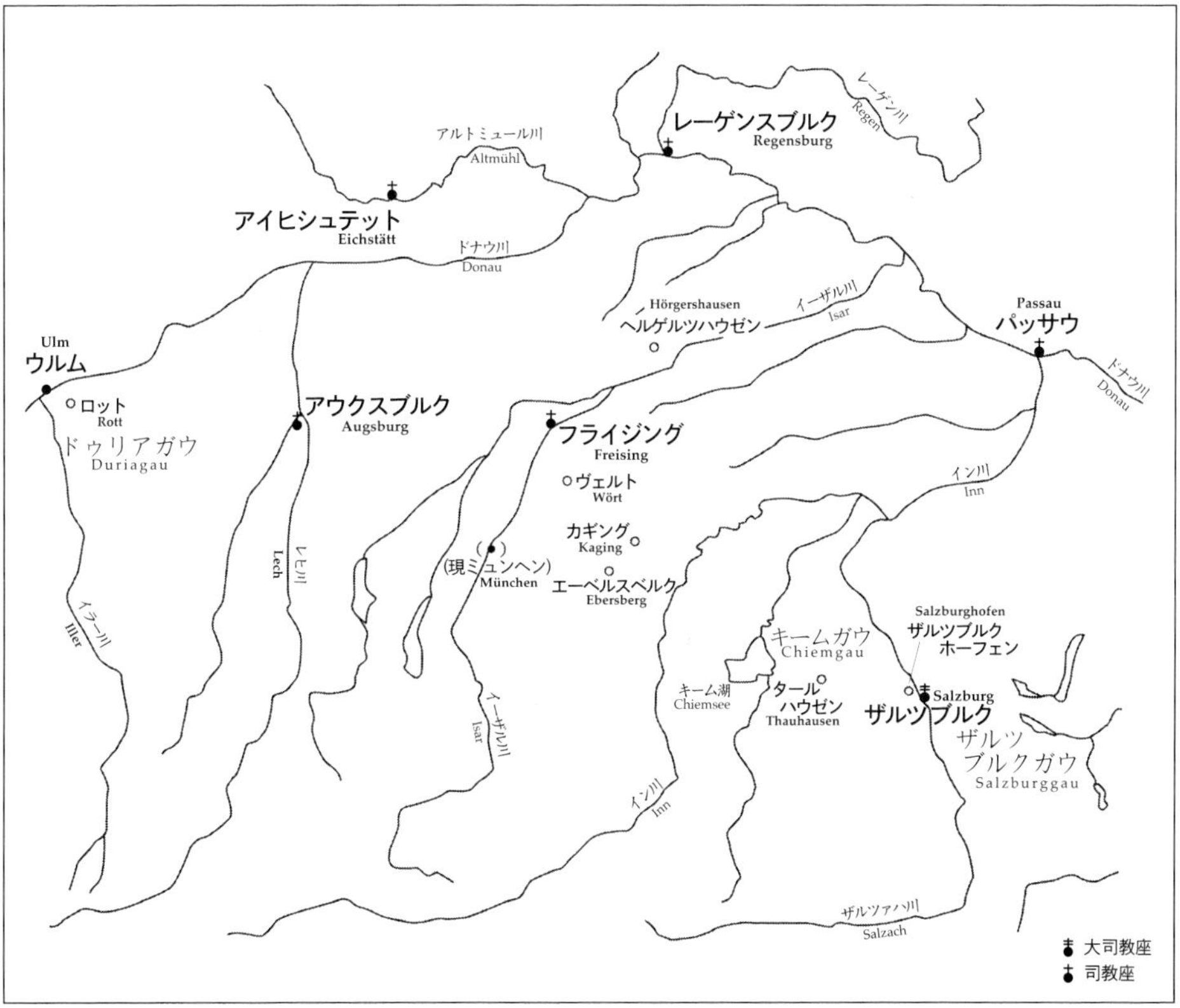

レーゲンスブルク
Regensburg
レーゲン川
Regen
アルトミュール川
Altmühl
アイヒシュテット
Eichstätt
ドナウ川
Donau
Hörgershausen
ヘルゲルツハウゼン
イーザル川
Isar
Passau
パッサウ
ドナウ川
Donau
Ulm
ウルム
ロット
Rott
ドゥリアガウ
Duriagau
アウクスブルク
Augsburg
フライジング
Freising
ヴェルト
Wört
イン川
Inn
カギング
Kaging
(現ミュンヘン)
München
エーベルスベルク
Ebersberg
レヒ川
Lech
イラー川
Iller
キームガウ
Chiemgau
Salzburghofen
ザルツブルク
ホーフェン
キーム湖
Chiemsee
タール
ハウゼン
Thauhausen
Salzburg
ザルツブルク
ザルツ
ブルクガウ
Salzburggau
イーザル川
Isar
イン川
Inn
ザルツァハ川
Salzach
大司教座
司教座

地図4　バイエルン

ヴィリビルガ兄妹の時代に、エーベルスベルクを受け継いだエーベルハルトによって修道院の前身施設が建設され、集められた聖職者たちの指導がフンフリートにゆだねられた旨、伝える。[65]エーベルハルトの一門はその後も私有修道院主として同修道院を保護＝支配しつづけるが、このこと、および彼の祖父「ジギハルト」が一門の始祖に位置づけられる図式は、同修道院に伝わる『エーベルスベルク修道院長名簿』(Catalogus abbatum Eberspergensium) においても直截的に示される。すなわち『エーベルスベルク年代記』と同様十一世紀半ば以降に記載された部分においては、記載箇所が三列に分けられ、各列は(私有)修道院主(dominus)、その妻(uxor)、プラエポシトゥス(prepositus)に割り当てられ、それぞれ年代順・就任順に当該人物の名が記される。修道士団の長であるプラエポシトゥスの先頭にフンフリートが据えられるのは当然として、八代にわたって記される修道院主の先頭には、エーベルハルトの祖父ジギハルトが配されているのである――ちなみにジギハルトとその妻ゴティニについては、彼らがエーベルスベルク城砦(castrum Eberespergense)を建設したことが付記される――[66]。

ヴィルヘルム・シュテルマー(Wilhelm Störmer)は『エーベルスベルク年代記』やその他の史料をもとにジギハルトの系譜をさらに遡ろうとし、また「エーベルスベルガー家」のその後の勢力展開を追跡しているが、[67]われわれには、この家門が「国王・皇帝アルヌルフ以来、バイエルンの貴族勢力のうちで最も強力で豊かな一門のひとつ」[68]であり、後年ジギハルトがエーベルスベルク修道院建設家門の始祖と位置づけられていることからも窺われるように、一門隆盛の礎が、国王アルヌルフのもとで、それ故おそらくはルードヴィヒ幼童王期においても、王の親族として、辺境伯リウトポルトにつぐバイエルンの有力貴族であったジギハルトに求められること、を確認すれば十分である。なお、エーベルスベルク修道院由来の一連の作品から知られるジギハルトの息子の名ラトルトは、国王アルヌルフの庶出子ラトルトの名――カロリング家の主導名には見られない——を想起させる。王の「親族」であるとの国王文書の言は、このあたりと関係あるのかもしれない(69)。

以上の、九一二年を中心とした時期に登場する伯「ジギハルト」なる人物を、あらためて年代順に確認しておこう。

1 八八八年〜九〇六年　国王アルヌルフの親族。エーベルスベルク修道院建設家門の始祖
2 九〇八年九月　フライジング司教代理のフォークト
3 九〇八年一二月　ザルツブルクガウにおける伯
4 九一二年　コンラート一世国王文書第三番〔DKI 3〕における斡旋者
5 九一六年(?)　コンラート一世国王文書第三一番〔DKI 31〕における斡旋者
6 九二七年　ザルツブルク大司教座の所領交換における証人
7 九四六年(?)〜九五九年　キームガウ・ズンダーガウにおける伯

右の伯「ジギハルト」のうちジギハルト7は、時期的隔たりからして、われわれの問題とするジギハルト4と同一人物である可能性は低いであろう。またわれわれはジギハルト3をジギハルト1と同一人物であるかどうかの判断を保留したが、時期の近接さから見て彼がジギハルト2と同一人物である可能性はあろう。時間的・地理的な観点からというならば、そもそも、ジギハルト2・3・5は同一人物であったかもしれず、さらにこれにジギハルト6も加わりえようか。——われわれのジギハルト4は誰であるのか。

もとより同名であることが同一人物であることを意味するわけではなく、名前・称号の一致に過度に依拠して推断するのは避けねばなるまい。かかる点に留意しつつも、なお、われわれはつぎのように発言することは許されよう。

われわれが問題とする九一二年のジギハルト❹はシュヴァーベン・バイエルン両地域のいずこかの貴族と思われるが、この九一二年を中心とする時期、伯「ジギハルト」なる名前の人物はバイエルン貴族の範疇からは見出されるものの、シュヴァーベンのそれからは見出されない、と。ちなみに例えばザンクト・ガレン修道院文書においては「ジギハルト」名の人物は、八八七年に所領寄進者として［WII 659］、八九五年に所領交換における一四人目、および二五人目の証人［WII 700］として、わずかに三名が登場する程度である。三者ともに伯の称号を欠くこともさることながら、ことに後二者は、その遅い証人順序に加え、証人群の中に既知の有力貴族の名も見あたらないことから、ジギハルト❹と同一人物とは思われないのである。もとよりこの種の問題にあっては、諸史料、とりわけ記念資料 Gedenkbücher 類からの精査がなされる必要があろう。だが何よりも、メロヴィンガー期およびカロリンガー期シュヴァーベンにおける伯をプロソポグラフィッシュに網羅的に探求したボルゴルテの研究[70]においても、伯「ジギハルト」が、ジギハルト❶への付随的な言及をのぞき、登場しないことからも、とりあえずは当該時期にシュヴァーベン貴族たる伯「ジギハルト」は確認できない、と発言できるように思われる。ジギハルト❹が、上のいずれもバイエルン貴族と思われるジギハルト❶❷❸❺❻のうちの誰かと、あるいは同一人物である可能性、あるいは何らかの近縁関係にある可能性はやはり少なくないと推察される。

ところで問題のコンラート一世国王文書第三番［DKI 3］では斡旋者の末尾に伯イーリング[9]の名が見ら

れた。既述のように、ジギハルト1の同時代人であるバイエルン貴族として、伯「イーリング」の名が散見された。コンラート一世国王文書第三番におけるイーリング9は、ジギハルト1の同時代の伯「イーリング」なのであろうか。

伯「イーリング」は八八九年［DArn 64］以来、国王アルヌルフ、ルードヴィヒ幼童王のもとで一一回（**表9**①②③⑤⑥⑭⑰⑱⑲⑳㉑）にわたる斡旋行為が知られ、既述のように、そのうち三回をジギハルト1とともに行動し（**表9**⑤⑲⑳）、辺境伯リウトポルトとは五回（DLdK 26［903. 8. 12］・31［904. 3. 10］・39［905. 2. 14］・44［906. 5. 8］・53［907. 3. 19］）行動をともにしていた（**表9**⑭⑱⑲⑳㉑）。この、国王のもとでジギハルト1以上に広範な斡旋行為をおこなう、伯イーリング。彼の本拠、所領所在地に関しては、直接的には知られないが、“Talahusa”、すなわちオーバーバイエルンのタールハウゼン（Thalhausen sö. Traunstein）が彼の伯権下にあるとされ（DArn 148［896. 11. 20］）、また“Herigolteshusa”、すなわちウンターバイエルンのヘルゲルツハウゼン（Hörgertshausen nw. Moosburg）が彼の“ministerium”に属していたとされる（DArn 173［899. 2.］）ことから、少なくとも、ザルツブルクに近いオーバーバイエルン地域に勢力を展開し、ウンターバイエルンにも拠点を有する貴族であったと思われる（**表9**④⑨、**地図4**参照）。シュヴァルツマイアーはかかる伯「イーリング」をジギハルト1と並べて、両者を、リウトポルトとともに国王アルヌルフ宮廷で最も影響力あるバイエルン貴族であったと見なす[71]。

この伯「イーリング」の確実な足跡は九〇七年三月一九日付けルードヴィヒ幼童王文書第五三番［DLdK 53］まで追い求めることができる。「イーリング」名の伯はその後、九一二年コンラート一世国王文書第三番におけるイーリング9をのぞき、国王文書においてはハインリヒ一世・オットー一世期にいたるも、まったく登場しない。この間の九〇七年七月四日、リウトポルト率いるバイエルン軍はプレスブルク（現ブラチスラヴァ）近傍でのマジャール人との戦闘で大敗北を喫し、リウトポルトやザルツブルク大司教テオトマールをはじめとする、多数の聖俗バイエルン貴族が戦死した。(72) 戦死者の中に伯ジギハルト❶や伯「イーリング」がふくまれていたかどうかは不明である。しかし、ジギハルト❶に関しては上述のように九〇八年のジギハルト❸その他と同一人物である可能性がある。加えて、何よりも、九一二年のコンラート一世国王文書第三番［DKI 3］において斡旋者として、バイエルン的環境を窺わせる「ジギハルト」「イーリング」名の伯が、フライジング司教ドゥラコルフ、ゼーベン＝ブリクセン司教メギンベルトの両バイエルン聖職者も名をつらねる中に見られることは、むしろ両伯がバイエルン貴族、否、他ならぬジギハルト❶とその同時代の伯「イーリング」自身であったことを強く示唆する。

八八九年	エンギスカルト[1]、イーリング[2]
八九〇年	イーリング[1]、エーリヒ[2]
八九〇年	イーリング[1]
八九六年	イーリング（オーバーバイエルンのタールハウゼンが彼の伯権下にあり）
八九七年	ジギハルト[1]、イーリング[2]
八九八年	イーリング[1]、イサングリム[2]
八九九年	イーリング（ウンターバイエルンのヘルゲルツハウゼンが彼の“ministerium”下にあり）
九〇三年	リウトポルト[1]、クンポルト[2]、イーリング[3]
九〇四年	イーリング[3]、エンギルベルト[4]、クンポルト[5]
九〇四年	リウトポルト[1]、アルポ[2]、イーリング[3]、クンポルト[4]、パボー[5]

九〇五年　リウトポルト[1]、ジギハルト[2]、イーリング[3]
九〇六年　リウトポルト[4]、ブルハルト[5]、ジギハルト[6]、クンポルト[7]、イーリング[8]
九〇七年　ゲープハルト[1]、リウトポルト[2]、ブルハルト[3]、エギノー[4]、リウトフレート[5]、イーリング[6]、クンポルト[7]
九一二年　ジギハルト[1]、アルノルフ[2]、エルカンゲル[3]、ウダルリヒ[4]、ベルトルト[5]、コンラート[6]、ヘルマン[7]、リウトフリート[8]、イーリング[9]（既述〔DKI 3〕）

コンラート一世国王文書第三番〔DKI 3〕に登場するジギハルト[1]とイーリング[9]が、ジギハルト❶とその同時代の伯「イーリング」であったなら、あるいは少なくともバイエルン貴族であったならば、一方で、先の小さな疑問の出発点であった斡旋者順序の問題は、この文書の場合、両人がシュヴァーベン貴族らの前後にばらけて配置されていて、そもそもあまり意味をなさないと結論づけねばなるまい。しかし他方で「ジギハルト」「イーリング」に関わる一連の考察からは、斡旋者＝伯アルヌルフ[2]の比定問題を、かの小さな疑問からではなく、当該文書をとりまく全体状況から考える余地があらためて浮かび上がろう。すなわちコンラート一世国王文書第三番においては、バイエルン関係者では聖職者たちに加え、俗人貴族、しかも故人となっていた辺境伯リウトポルトにつぐ有力貴族、ジギハルト、イーリングもまたその名を連ねている[73]という状況が窺われるのであり、かかる人的環境の中にあって、伯アルヌルフ[2]がバイエルン貴族、リウトポルトを継いだその息子で若き[74]バイエルン大公アルヌルフその人であるという通説的理解は、なお単純には退けられないように思われるのである。

表9 伯イーリング、イサングリム、クントポルト関係国王文書

① **889. 11. 15 (Frankfurt) 国王アルヌルフ文書第64番**［DArn 64］**：リエージュ司教座教会へのロッブ修道院授与**
　斡旋者＝エンギスカルト Engiscaldus，イーリング Irringus
② **890. 1. 10 (Regensburg) 国王アルヌルフ文書第73番**［DArn 73］**：国王の家士 vassallus エギノー Egino への所領授与**
　斡旋者＝伯イーリング Iringus，エーリヒ Ericus
③ **890. 6. 26 (Ulm) 国王アルヌルフ文書第 79 番**［DArn 79］**：オットーボイレン Ottobeuren 修道士たちとヘキスヘル Hekisherus なる俗人との間の所領交換の確認**
　斡旋者＝伯イーリング Yringus
④ **896. 11. 20 (Regensburg) 国王アルヌルフ文書第148番**［DArn 148］**：国王の森林監視人 venator グントペルト Gundperht への所領授与**
　物件＝"hoc est in comitatu Iringi in lo(co), qui dicitur Talahusa"（すなわちイーリングの伯権下にあり，タールハウゼンとよばれる）
⑤ **897. 7. 14 (Tribur) 国王アルヌルフ文書第156番**［DArn 156］**：ディオトケル Diotker へのアウグスガウ所在所領の授与**
　斡旋者＝伯ジギハルト Sigihardus，伯イーリング Iringus
⑥ **898. 8. 31 (Ranshofen) 国王アルヌルフ文書第162番**［DArn 162］**：辺境伯リウトポルトの家士 vassallus ツヴェンティボルト Zuentipolchus への所領授与**
　斡旋者＝伯イーリング Iringus，イサングリム Isangrimus
⑦ **898. 9. 11 ([Mattig]hofen) 国王アルヌルフ文書第164番**［DArn 164］**：国王の隷属民 servus グムポルト Gumpolt の解放**
　斡旋者＝（Kremsmünster?）修道院長ブルハルト Purchardus，伯イサングリム Isangrimus
⑧ **899. 2. 5 (Regensburg) 国王アルヌルフ文書第172番**［DArn 172］**：国王がランスホーフェン "Rantesdorf" に建設した小聖堂 capella への所領寄進**
　斡旋者＝（パッサウ）司教ヴィヒング Vuichingus，伯イサングリム Isangrimus
⑨ **899. 2. 8 (Regensburg) 国王アルヌルフ文書第173番**［DArn 173］**：辺境伯リウトポルトの家士 vassallus コロー Cholo への所領授与**
　斡旋者＝伯イサングリム Isangrimus，エンギルベルト Engilbertus
　物件＝"ad ministerium Iringi comitis hactenus pertinebat, in comitatu Chuniberti in loco Herigolteshusa nuncupato"（これまで伯イーリングのミニステリウムに属していた，クニベルトの伯権下にある，ヘルゲルツハウゼンとよばれる土地にある）
⑩ **901. 8. 7 (Ötting) ルードヴィヒ幼童王文書第10番**［DLdK 10］**：オェティング Ötting の小聖堂 capella への所領寄進**
　斡旋者＝伯クントポルト Gundboldus，伯メギンヴァルト Meginvuardus
⑪ **901. 9. 12 (Regensburg) ルードヴィヒ幼童王文書第11番**［DLdK 11］**：ザンクト・エムメラム修道士エッケベルト Ekkepreth への所領寄進**
　斡旋者＝伯パボー Pabo，イサングリム Isangrimus

⑫ **903. 2. 14 (Forchheim) ルードヴィヒ幼童王文書第19番**［DLdK 19］**：レーゲンスブルク司教トゥトーへの所領寄進**

斡旋者＝（アウグスブルク）司教アダルベロー Adalpero,（アイヒシュテット）司教エルカンボルト Ercanpoldus, 伯リウトポルト Liutpoldus, クントポルト Gundpoldus

⑬ **903. 8. 12 (Ötting) ルードヴィヒ幼童王文書第25番**［DLdK 25］**：パッサウ司教ブルハルトの親族である聖職者clericusグムポルトGumpoldusへの所領，および隷属民の授与**

斡旋者＝（フライジング）司教ヴァルドー Vualto,（パッサウ）司教ブルハルト Purchardus；伯パボー Papo

物件＝"in pago Sanahgovue in comitatu Gumpoldi in locis duobus ad Frehhindorf"（クンポルトの伯権下にあるサナーガウに所在する，フレーヒンドルフにある2つの土地にある）；"in comitatu Isangrimmi comitis et ex uno officio de Rantesdorf unam ancillam"（伯イサングリムの伯権下にある，ランスホーフェンのオフィキウムから端女ancillaを）

⑭ **903. 8. 12 (Ötting) ルードヴィヒ幼童王文書第26番**［DLdK 26］**：ザンクト・エムメラム修道院への所領寄進**

斡旋者・助言者＝王の母オーダOta；「司教」：テオトマールTheotmarus（ザルツブルク大司教），ヴァルドー Waldo（フライジング司教），エルカンボルト Erchanbaldus（アイヒシュテット司教），ザカリアスZacharias（ゼーベン＝ブリクセン司教），トゥトー Tuto（レーゲンスブルク司教），ブルハルトBurchardus（パッサウ司教），「伯」：リウトポルト Liutboldus，クンポルトCunpoldus，イーリングIringus

⑮ **903. 9. 26 (Alpare) ルードヴィヒ幼童王文書第27番**［DLdK 27］**：辺境伯リウトポルトの家士vassallusツヴェンティボルトZuentipolchusへの所領授与**

斡旋者＝伯ジギハルトSigihardus，レギンベルトReginbertus，イサングリムIsangrimmus

⑯ **903. 11. 30 (Regensburg) ルードヴィヒ幼童王文書第28番**［DLdK 28］**：フライジング司教座への所領寄進**

請願・斡旋者＝フライジング司教ヴァルドー Vualdo；（ザルツブルク）大司教テオトマールDiotmarus,（ゼーベン＝ブリクセン）司教ザカリアスZacharias,（レーゲンスブルク）司教トゥトー Tuto；「伯」：リウトポルトLiutboldus，ジギハルトSigihardus，クントポルトCundpoldus，イサングリムIsangrimus，メギンヴァルトMeginuuardus

⑰ **904. 3. 5 (Regensburg) ルードヴィヒ幼童王文書第30番**［DLdK 30］**：ザンクト・エムメラム修道院への所領寄進**

請願・斡旋者・助言者・賛同者＝レーゲンスブルク司教トゥトー Tuto；伯パボー Pabo，伯メギンヴァルトMeginuuardus；伯イーリングIringus，エンギルベルトEngilbertus；クントポルト（consentiente Cundboldo eiusdem beneficii possessore）

物件＝"in Matahgouue comitatu Isangrimi, quae tiam(etiam/iam?) ad curtem Muninga dictam, beneficium videlicet Cundboldi comitis, hactenus pertinuit"（イサングリムの伯

権下のマティヒガウにあり，目下ミニングとよばれるホーフに，すなわち伯クントポルトの封に，これまで属していた）

⑱ **904. 3. 10 (Ingolstadt) ルードヴィヒ幼童王文書第31番**［DLdK 31］：**伯オタカルOtacharius の息子アルポArpoへの所領授与**

請願・斡旋者＝（レーゲンスブルク）司教トゥトー Tuto；「伯」：リウトポルトLiutpoldus，アルポArpo，イーリングIringus，クンポルトCumpoldus，パボー Pabo

⑲ **905. 2. 14 (Regensburg) ルードヴィヒ幼童王文書第39番**［DLdK 39］：**ニーダーアルタイヒ修道院への所領回復状**

斡旋者＝エルカンボルトErchanboldus（アイヒシュテット司教），ザカリアスZacharias（ゼーベン＝ブリクセン司教），トゥトー Tuto（レーゲンスブルク司教），ブルハルトBurchardus（パッサウ司教）；「伯」：リウトポルトLiutboldus，ジギハルトSigihartus，イーリングIringus

⑳ **906. 5. 8 (Holzkirchen) ルードヴィヒ幼童王文書第44番**［DLdK 44］：**フライジング司教座への司教自由選挙権の確認**

請願・斡旋者＝フライジング司教ヴァルドー Vualto；「大司教」：ハットー Haddo（マインツ大司教），テオトマールTheotmarus（ザルツブルク大司教）；「司教」：エルカンボルトErchanboldus（アイヒシュテット司教），アダルベロー Adalpero（アウグスブルク司教），ザカリアスZacharias（ゼーベン＝ブリクセン司教），テオトロー Deotoloh（ヴォルムス司教）；「伯」：オットー Otto，ブルハルトPuruchardus，アダルベルトAdalpertus，リウトポルトLiutpoldus，ブルハルトPuruchardus，ジギハルトSigihartus，クントポルトCundpoldus，イーリングIringus

㉑ **907. 3. 19 (Furt) ルードヴィヒ幼童王文書第53番**［DLdK 53］：**フルダ修道院とエヒテルナハ修道院との間の所領交換の確認**

請願・斡旋者＝フルダ修道院長フオッキー Huoki，伯かつエヒテルナハ修道院長レギナールReginhariusの使者；「司教」：ハットー Hattho（マインツ大司教），エルカンボルトErchanbaldus（アイヒシュテット司教），ルドルフRuodolfus（ヴュルツブルク司教），トゥトー Tuto（レーゲンスブルク司教）；「伯」：ゲープハルトKebehartus，リウトポルトLiutpoldus，ブルハルトBurchartus，エギノー Egino，リウトフレートLiutfredus，イーリングIringus，クンポルトCunpoldus

伯アルヌルフ②の人物比定に関しては、それでもやはり判断を留保するべきかもしれない。しかしそうであるにせよ、われわれは少なくとも、事後承認説がコンラート一世国王文書第三番［DKI 3］から読み取ろうとする構図、すなわち九一二年三月初に王権、バイエルン勢力、シュヴァーベン勢力、の三者が一堂に会し、三者間に「平和」が成立していた、ということを、大枠において受け入れることができよう。問題は、当該文書が、三者間の「平和」がこの時点に成立していたことを示してはいても、それがその時点に初めて成立したことを立証しているわけではないことである。これは、事後承認説のもつ二つ目の問題そのものであった。

コンラート一世は九一一年一一月初フォルヒハイムにおいてフランク人・ザクセン人によって国王に選挙され、同年末~翌九一二年初にバイエルン人・シュヴァーベン人によってその王権の承認をえた、と推察する事後承認説ではあるが、くり返すなら、この所説がその形成・説明の過程で提示しえたものは、コンラートが同年末~翌九一二年初にバイエルン人・シュヴァーベン人によってその王権の承認をえていたということであり、王権の承認をこの時期に初めてえたということではなかった。われわれもまた右での、この所説の蓋然性を測る論議の過程で、同じことを示しえたにすぎない。ただ、コンラート一世がどのような経過をへて国王に選挙されたかを解明するというわれわれの課題にあって、史料はきわめて限られており、この所説に限らず確定的なことはいいえない。重要なことは、その限られた史料の中でいかに整合的な解釈をおこなうか、どのような解釈が最も整合的であるか、であり、この観点から事後承認説がより整合的な解釈であるかどうか、ひき続き検証していく必要があろう。具体的には事後承認説が、先のわれわれの言を用いるならコンラート一世国王選挙に関して数カ月間の継起的な出来事を圧縮して報告しているとする『モンツァ本アレマニエン年代記』の記述を、そのテキスト構造から、あらためて検討していきたい。しかしその前に、われわれはコンラート一世国王選挙に関して今一つ提出されている所説、プラスマンのそれ❹を取り上げねばならない。

注

（52）以下、M. Borgolte, Die Grafen Alemanniens（前注46）, S. 57-59; ders., Geschichte der Grafschaften Alemanniens in fränkischer Zeit (= Vorträge und Forschungen, Sonderband 31), Sigmaringen 1984, S. 181f. u. ö.

（53）H. Schwarzmaier, Königtum, Adel und Klöster im Gebiet zwischen oberer Iller und Lech, Augsburg 1961, S. 55-58 mit Anmm. 44, 45, 56.

（54）M. Borgolte, Die Grafen Alemanniens（前注46）, S. 58.

（55）拙稿「Hartbert考——10世紀前期・シュヴァーベン政治史の一断面——」『アカデミア』人文・自然科学編、保健体育編、第三五号、南山大学 一九八二年、一五六頁以下；H. Schwarzmaier（前注53）, S. 54f. を参照。ただしシュヴァルツマイアーは九二九年文書での斡旋者アルヌルフ①とエーベルハルト②をバイエルン大公アルヌルフとその弟とするが、アルヌルフの弟はエーベルハルト名ではなくてベルトルト名であり（息子の名がエーベルハルト）、斡旋者「エーベルハルト」は通例当時のフランケン大公エーベルハルト（国王コンラート一世の弟）と見られている；DHI Namen-Register; BO 28.

（56）Vorbemerkung zu DKI 31; BM^2 2101.

（57）RL 48. この文書については山田欣吾（第I章注11）、二一一—二一二頁を参照。

（58）Salzburger Urkundenbuch 1: Traditionscodices, Codex Odalberti, 1910, zit. nach RL 68 = SUB 1 Codex Odalberti 57 (http://www.quellen-alpen-adria.eu/quellen/index.php?title=SUB_1_Codex_Odalberti_57, 最終確認二〇二四年一二月一四日). この九二七年時におけるベルトルトの「大公」dux 称号については、拙稿「ハインリヒ一世の Hausordnung について」『西洋史学』一二一、一九八一年、二四—二五頁を参照。

(59)「イーリング」: DArn 64, 73, 79, 148, 156, 162, 173; DLdK 26, 30, 31, 39, 44, 53;「イサングリム」: DArn 162, 164, 172, 173; DLdK 11, 25, 27, 28, 30;「クントポルト」(含 Gundpoldus etc.): DKdL 10, 19, 25, 26, 28, 30, 31, 44, 53.

(60)『エーベルスベルク年代記』(Chronicon Eberspergense)(後注65), S.10 (= RL 5) はジギハルトの死去を九〇六年とするが、この記述部分は、削除された箇所に十四世紀に書き加えられたものであり (S.10 Anm.b)、必ずしも正確なものではない。

(61) Vgl. RL 101, S.201.

(62) BO 136.

(63) E. Dümmler, Geschichte des ostfränkischen Reichs, Bd.3, Leipzig [2]1888, Neudr. Hildesheim 1960, S.488 mit Anm.1.

(64) G. Tellenbach, Zur Geschichte Kaiser Arnulfs, in: Historische Zeitschrift 165, 1942, Neudr. in: H. Kämpf (hrsg.), Die Entstehung des deutschen Reiches. Deutschland um 900. Ausgewählte Aufsätze aus den Jahren 1928–1954 (= Wege der Forschung Bd.1), Darmstadt 1956, S.147, vgl. S.148-149; H. Schwarzmaier (前注53), S.52-54.

(65) Chronicon Eberspergense, MG SS 20, S.10-11; vgl. Vorbemerkung zu Notae Necrologicae Ebersbergenses, in MGH Necrologia Germaniae 3: Dioeceses Brixinensis, Frisingensis, Ratisbonensis, S.77; Wattenbach-Holtzmann (前注37), S.557-559: H. Schwarzmaier (前注53), S.53 Anm.31.

(66) Catalogus abbatum Eberspergensium, MG SS 20, S.15-16.

(67) W. Störmer, Früher Adel. Studien zur politischen Führungsschicht im fränkisch-deutschen Reich vom 8. bis 11. Jahrhundert, 1973 Stuttgart (= Monographien zur Geschichte des Mittelalters, Bd.6), S.53 u. ö.; ders., (Artlkel) Ebersberg, Lexikon des Mittelalters 3, 1999, Sp.1525-1526.

(68) W. Störmer, (Artlkel) Ebersberg (前注67), Sp.1525.

(69) なお山田欣吾氏はK・ラインデルに依拠して「かれ(=リウトポルト)は一族のラートルトをケルンテンの辺境伯にまた、スラブ人大公ブラツラヴォをパンノニアの辺境伯につけることによって、自己の総督的職務の代執行に当らせてさえいる」(「国王・大公・教会」[第I章注11] 二一〇頁)と述べられるが、この「ラートルト」がジギハルトの息子である。山田氏のこの記述箇所について、二点ふれておきたい。

(i) ラトルトによるリウトポルトの総督的職務の「代執行」について。ラインデルの論述は『エーベルスベルク年代記』(Chronicon Ebersperganser [前注65]) に基づいている。同年代記ではラトルトが皇帝アルヌルフからケルンテン境界の防衛をゆだねられたことが記されている ([前注65], S.10: “ei [= Ratoldo] caesar [= Arnolfus] Karentinos terminos tuendos commisit")。ところで、八九五年九月二九日付け国王アルヌルフ文書［DArn 138］においてリウトポルトがケルンテンの東部分において伯権を有する（"in comitatu Livpoldi in orientalibus Charanta"）といわれ、八九八年八月三一日付け同王文書［DArn 162］では授与物件が「（上述の）縁者［辺境伯リウトポルト］自身の伯権下にあるケルンテンにある」（"in Charentariche in comitatu ipusius consanguinei [= Liutbaldi marchionis]"）といわれることなどから、通例リウトポルトがケルンテンの辺境伯職を有していたとされる（RL 3, S.5-7; 山田欣吾、前掲書、二二〇頁参照）。ラインデルはリウトポルトのこの位置づけと、『エーベルスベルク年代記』の記述とを調和・整合させるべく、ラトルトをリウトポルトの下僚—"Grenzgraf"（境界域伯?）に位置づけようとするのであるが（RL 5, S.8-9; K. Reindel, Herzog Arnulf und das Regnum Bavariae, in: Zs f. bayer. LG 17, 1954, Neudr. in: H.Kämpf [hrsg.], Die Entstehung des deutschen Reiches［前注64］, S.237）、十一世紀半ば以降の作品『エーベルスベルク年代記』の記述に基づいてラトルトに、しかもこの作品で初めて名前が知られるラトルトの人物像に、そこまで具体的な姿を求めてよいか、疑問が残るように思われる。

(ii) ラトルトをリウトポルトの「一族」とすることについて。既述のようにジギハルトは国王アルヌルフの親族とよばれ、またリウトポルトも前掲国王アルヌルフ文書第一六二番に見られるように、国王アルヌルフよりしばしばその親族とよばれる。しかしジギハルト・ゴティニ夫妻の息子ラトルトをリウトポルトの「一族」とする直接的な根拠はない——『エーベルスベルク修道院長名簿』（Catalogus abbatum Ebersergensium［前注66］）から知られるラトルトの妻エンギルモウト"Engilmout"を通しての姻戚関係も、彼女の名前から考えて、ありそうにない——。ラインデル（RL, vor S.1: Stammtafel）やカール・フェルディナント・ヴェルナー（K. F. Werner, Die Nachkommen Karls des Grossen bis um das Jahr 1000 (1.-8. Generation), in: W. Braunfels [hrsg.], Karl der Große. Lebenswerk und Nachleben, Bd.4: Das Nachleben, Düsseldorf 1967, S.451 [Tafel IV 20]）は、リウトポルトと国王アルヌルフとの親族関係を、国王アルヌルフの母である、バイエルン分国王カールマンの非正室の妻リウツヴィント Liutswind を通してのつながりに求め（名前の幹音節"Liut(s)-"の一致）、他方、シュテルマー（前注67）はジギハルトと国王アルヌルフとの親族関係を、やはりリウツヴィントを通してのつながりに求めようとする。両説とも仮説にとどまっており、例えばここから、リウツヴィントを通して「エーベルスベルガー家」とリウトポルディンガー家の親族関係を想定することも、あまり説得的とは思われない。Vgl. H.-W. Goetz, "Dux" und "Ducatus". Begriffs- und verfassungsgeschichtliche Untersuchungen zur Entstehung des sogenannten "jüngeren" Stammesherzogtums an der Wende vom neunten zum zehnten Jahrhundert, Bochum 1981, S.320 Anm.3.

(70) M. Borgolte, Die Grafen Alemanniens（前注46）.

(71) H. Schwarzmaier（前注53）, S.53.

（72）RL 45, S. 62-70; 山田欣吾（第Ⅰ章注11）、二一一頁を参照。なおこの戦闘でのジギハルト Sigardus、ラトルト Ratholdus 父子らの活動に関して、アヴェンティヌス Aventinus（一五三四年没）が興味深い記事を伝える（RL 45, S. 65）が、あまりに後年の記述であり、個々の事実関係をここから引き出すことは困難であろう。

（73）ジギハルト、およびイーリングをこのように位置づけることについて若干言い添えておきたい。

国王アルヌルフ期の王権・教会勢力・世俗貴族の三者間の関係について、かつてヨハネス・シュール（Johannes Schur）が同王のもとで開催されたマインツ（八八八年）、およびトリブールでの教会会議（八九五年）の諸決議の分析に基づいて提起した図式、すなわち国王アルヌルフは教会勢力とむすんで世俗貴族を統御しようとした、との図式は、すでにテレンバハにより方法的批判をあびていたが、ヨルク・レーン（Jörg Lehn）による両教会会議決議のあらためての分析により、完全に退けられたと見てよいであろう。テレンバハの、「どのような高位聖職者と国王が手を結んだのか、その動機は何だったのかを具体的に検討しなければならない」（山田欣吾氏の要約）との指針は、世俗貴族についてもあてはめて考察せねばなるまい。

Vgl. J. Schur, Königtum und Kirche im ostfränkischen Reiche vom Tode Ludwigs des Deutschen bis Konrad I., Paderborn 1931; G. Tellenbadh（前注64）, S. 145-152; 山田欣吾（第Ⅰ章注11）、二六一—二六二頁注66; J. Lehn, Die Synoden zu Mainz (888) und Tribur (895). Ihre Bedeutung für das Verhältnis Arnulfs von Kärnten zum ostfränkischen Episkopat im ausgehenden 9. Jahrhundert, in: Jahrbuch für westdeutsche Landesgeschichte 13, 1987, S. 43-62.

国王アルヌルフの本拠であるバイエルンの世俗貴族に関しては、しかし、文書史料ならびに叙述史料類から国王との親近性のみならず、バイエルンにおける国王代理たる位置づけが容易に窺い知れる辺境伯リウトポルトをのぞき、個々の世俗貴族について、国王との関係、その本領域や権力基盤、等々を具体的に描くことは、史料的制約のためきわめて困難である。ジギハルト、イーリングに関しても、諸史料での言及は本書でわれわれがあげたそれらでほぼ出尽くしており、他の貴族について彼ら以上に明確な像を描けるわけでもない。ジギハルト、イーリングがリウトポルトにつぐ有力貴族であるとの研究者の多くが提示する判断も、さしあたりは主として斡旋行為をとおして測られる国王との親近性に基づくものでしかない。それでも、斡旋行為の範囲・内容、被斡旋者との関係――例えばイーリングの場合、国王アルヌルフ文書第七九番［DArn 79］（表8③）の受領者オットーボイレン修道士共同体との関係はどうであったのか、など――、等々の分析をとおしてより具体的な像が描かれる可能性はあろうが、これらは今後の課題としたい。

Vgl. H. Schwarzmaier, Gründungs- und Frühgeschichte der Abtei Ottobeuren, in: A. Kolb u. H. Tüchle (hrsg.), Ottobeuren.

Festschrift zur 1200-Jahrfeier der Abtei, Augsburg 1964, S. 26 ; J. Maß, Das Bistum Freising in der späten Karolingerzeit. Die Bischöfe Anno (854-875), Arnold (875-883) und Waldo (884-906), München 1969, S. 181f.

なお、ジギハルトについてはその権力基盤に関してイーリングよりはまだしも具体的な状況を描くことができるが、両者のこの差異は、前者の一門がその精神的な核となる教会施設――後のエーベルスベルク修道院――を建設・維持しえ、それにより一門の物的基盤もまたある程度長期にわたり維持しえたのに対し、後者ではおそらくはそうしたものを創出・維持しえなかったことに起因していようか。中世初期における貴族家門と修道院のこうした関係一般については、早川良弥「リウドルフィンガーとガンデルスハイム修道院」長谷川博隆編『ヨーロッパ――国家・中間権力・民衆――』名古屋大学出版会 一九八五年、二〇五―二三九頁を参照。

(74) Vgl. RL 46, S. 74.

4 プラスマンの事前選挙説

コンラート一世の国王への選出母体についてヴィドゥキントの用いた表現「フランク人とザクセン人のすべての人民」（omnis populus Francorum atque Saxonum）。既述のように研究史の「本流」は、この表現を、用いられたすべての場面で合理的に説明するべく、事実関係との整合をさしあたり措いて、ヴィドゥキントの観念世界に立って読み解こうとしてきた。これに対しわれわれは、前節で、所説❷の可能性から入って、事実関係との調和の可能性に考え及んだ。本節ではいま一つ提起された所説、プラスマンのそれ❹[75]を取り上げたい。彼の所説の核となっているのは、①ヴィドゥキントのいう“omnis populus Francorum atque Saxonum”の分析・解釈と、②『モンツァ本アレマニエン年代記』のつげる“franci et saxones seu alamanni ac bauguari”の同じく分析・解釈である。

①プラスマンは言う。ヴィドゥキントが国王選挙の報告のさいに選挙母体として用いる“populus”（＝Volk, 人民）という表現であるが、これが各地域の人民一般を意味するのではなく、その代表者princeps（君侯）を頂点とする地域人民の上層部、すなわちいわば貴族的な従士団 Gefolgschaft を意味していることは、つとに知られるところであろう。九三六年オットー一世のアーヘンでの戴冠式、およびそれに続く場面では「全人民」（omnis populus）が言及されるが、これは、王国を構成するフランケン・ザクセン・バイエルン・シュヴァーベン・ロートリンゲンの、すべての地域の、貴族上層部から成る従士団が、参集していたこと

を表している。ところでヴィドゥキントにおいては、“Saxonia”・“Saxones”が「ザクセン」「ザクセン人」を意味し、“Francia”・“Franci”も同様に「フランク（フランケン）」「フランク人（フランケン人）」を意味しており、［東］フランク＝ドイツに対しては“(totum/omne) Francorum imperium”（［全］フランク人たちの帝国）という表現が用いられる。ゆえに“Francia Saxoniaque”は文字通り「フランク（フランケン）とザクセン」の意であり、これをもって「全［東］フランク」を指すと解する必要はない。

“Francia Saxoniaque”の意味するところとのアナロジーから、問題の**《史料②》**での“omnis populus Francorum atque Saxonum”という表現は「王国全人民」と解するのではなく、文字通り「フランク人とザクセン人のすべての人民」と解するべきであり、選挙母体となったのは、プラスマンによれば、フランク（フランケン）人・ザクセン人だけの従士団であった[76]。

プラスマンはさらに“omnis populus Francorum atque Saxonum”という表現において、「フランク（フランケン）人」「ザクセン人」の間におかれた接続詞“atque”に関して、独創的な解釈を提出する。

ヴィドゥキントの『ザクセン人の事績』第一章・第一一節は、ハタガートという古参兵が手に取った旗について、つぎのように記す。

> leonis **atque** draconis **et** desuper aquilae volanntis insignitum effigie, quo ostentaret fortitudinis **atque** prudentiae **et** earum rerum efficatiam.（［その旗には］獅子と竜の姿が、そして上方からは空を飛ぶ鷲の姿が描かれ、それらは勇敢さと賢明さ、そしてそれらに類する特性を表していた[77]。）

ここで用いられている二つの並列接続詞“atque”と“et”は、その対照的・対句的な用い方から見て、「獅子・

竜・鷲」「勇敢・賢明・それらに類する特性」という語句を単純に並べているのではない。けだし“et”が単純に並列・並記の意味合いで用いられているのに対し、“atque”は二つのものを一体化したものとして提示している。すなわち、“leo **atque** draco **et** aquila”は、“et”でもって「獅子と竜」（leo **atque** draco）と「鷲」（aquila）とを分離・並列させる一方で、他方において「獅子」と「竜」とは“atque”で結んで一体化した（zusammengehörig）ものとして扱っているのである。“fortitudo **atque** prudentia **et** earum rerum efficatia”についても同様であり、一体化された「勇敢さと賢明さ」（fortitudo **atque** prudentia）と「それらに類する特性」（earum rerum efficatia）とを“et”で分離・並列させ、それぞれを「獅子と竜」と「鷲」に対応させている。——プラスマンによるならば、分離的機能あるいは単純な並列的用法を持つ接続詞“et”に対して、“atque”は、ヴィドゥキントにおいては、同属性（Zusammengehörigkeit）関係にある対概念を表すさいに用いられているのである。(78)

かかる用例は他でも確認される。『ザクセン人の事績』第一章・第二五節、コンラート一世がその死の床で弟エーベルハルトに語りかける有名な場面である。すなわち曰く、

> われわれは、弟よ、軍隊を召集し指揮することができ、城砦や武器を国王の権標ともども、そして国王たる栄位が必要とするすべてのものを、有している。幸運と大義をのぞいては。(Sunt nobis, frater, copiae exercitus congregandi **atque** ducendi, sunt urbes et arma cum regalibus insignis et omne quod decus regium deposcit preter fortunam **atque** mores.)(79)

軍隊を「召集すること」（congregandi）と「指揮すること」（ducendi）が“atque”で結ばれて一体化した行為として示され、さらに何よりも、王権存続の根拠とされた「幸運」（fortuna）と「大義」（mores）の対概念も

また、“atque”で結ばれている。
かの“omnis populus Francorum **atque** Saxonum”は、したがって、ヴィドゥキントの観念世界においては、フランク（フランケン）人とザクセン人の止揚された統一体、すなわち一体化された従士団と理解されるのである。[80]（だからといってプラスマンはコンラートの国王選挙がフランケン・ザクセン人のみによってなされたと考えるわけではない。後述）。

② **《史料①》**『モンツァ本アレマニエン年代記』がコンラート一世の選出母体として「フランク（フランケン）人とザクセン人およびアレマニエン（シュヴァーベン）人ならびにバイエルン人」（franci **et** saxones **seu** alamanni **ac** bauguari）をあげていることについては先に見た。ここでは四者を列記するにあたり、三種類の接続詞“et・seu・ac”が用いられているが、これらの使われ方について、プラスマンはここでもきわめて独創的な解釈を提出する。

三種類の接続詞のうち注目されるのは“seu”で、これは第一義的には「あるいは」の意（英語の or に相当）であって、“et・ac”と同様に並列的な意味で用いるのは稀な用法である。この語を四者の真ん中において用いている意味合いを考えるに、“seu”は、“franci et saxones”と“alamanni ac bauguari”とを区別する役割を果たしているのではないか。すなわち当年代記の書き手は、前二者フランク（フランケン）人・ザクセン人を、後二者アレマニエン（シュヴァーベン）人・バイエルン人から区別するべく“seu”を用いたのではないか。そうであるとするならば、当年代記の書き手は、国王選挙時において前二者だけの特別な決定があったことを示唆しようとした、とまではいわないまでも、少なくとも、この書き手の目には、前二者が一体化した選挙団体として映った、と考えられるのではないか。――はたしてそうであるならば、それは、先のヴ

ィドゥキントの文言への解釈とも適合する。(81)

以上を総合しての、コンラート一世国王選挙に関する限りでの、プラスマンの解釈はこうである。ヴィドウキントの伝えるところの、"omnis populus Francorum atque Saxonum"によるザクセン大公オットーへの王位就任要請と彼の固辞、そして彼によってなされた助言は、ヴィドゥキントがそもそも国王選挙の地であるフォルヒハイムの名をあげていないことをも考慮するなら、フォルヒハイム以前において、おそらくはフランケン・ザクセンの接点にあって、フランク(フランケン)人・ザクセン人双方に好都合な、ある不明の地において、両者の一体化された従士団による集会でなされた「事前選挙」とでもいうべきものを表していよう(もとよりここでのオットーの、コンラートに対する優位は、ヴィドゥキントの理解にすぎない)。そこでの合意、すなわちフランケン大公コンラートを国王に選出するという合意が、伝統的王宮地であるフォルヒハイムにおいて、アレマニエン(シュヴァーベン)人・バイエルン人をも加えて、国王選挙として実行されたのである。(82)

プラスマンの所説の問題点は、史料の分析・読解の鍵が最終的には接続詞の用い方・解釈のレヴェルにあって、正直なところ、検証が困難なことである。ヴィドゥキントにおける"atque"の場合、提出される文例だけで、同属性関係にある対概念を表すものと一般化できるのか、疑問なしとするわけにはいくまい。『モンツァ本アレマニエン年代記』で注目された"seu"の場合は、一文だけでの解釈だけに、解釈の適否の判断はいっそう困難といわざるをえない。むしろ、"et・ac"と並ぶ"seu"の、並列的意味合いでの使用が稀である、という、所論の前提に関しては、われわれは当該史料に近い時点、近い地域での反証例をあげることができる。

九〇九年二月一九日付けルードヴィヒ幼童王の国王文書第六七番［DLdK 67］は、同王が伯アルボーとザルツブルク大司教ピルグリムにトラウンゼー Traunsee 修道院を寄進し、彼らの死後は同修道院がザルツブルク大司教座教会へ帰することを定めたものである。当文書はオリジナルで伝来し、「書記」（Kanzler）ザロモが認証しているが、受領者側が宮廷書記局の書式に適《かな》った形で作成・浄書したものであり、起草者は不明である。が、ともあれ当該案件の斡旋者たちの名を連ねた部分を見てみよう。つぎのように記されている。

> 余の誠実なる者たち、すなわち尊ぶべき司教たちアダルベロー（アウクスブルク司教）、ザロモ（コンスタンツ司教）、ドゥラコルフ（フライジング司教）、そしてまた伯にして余の親族であるコンラート（後の国王コンラート一世）、および大司教ハットーの使者アルトマン、ならびに尊ぶべき大司教ピルグリムの家士デオトリヒの斡旋により（per interventum fidelium nostrorum Adalberonis, Salomonis, Dracholfi venerabilium episcoporum **nec non** Chonradi comitis **et** propinqui nostri **atque** Altmanni missi Hathonis archiepiscopi **seu** Deotrici vassi venerabilis Piligrimi archiepiscopi）

斡旋者たちを列記するべく、また称号・肩書を列記するべく、並列の意味合いでの接続詞が三つ（“nec non”を含めるなら四つ）、重複することなく——むしろ重複を避けるべく、と考えるべきか——用いられ、その中に“seu”もまた見られる。

年代を少しさかのぼった九〇三年七月九日付け、ルードヴィヒ幼童王文書第二三番［DLdK 23］、ヴュル

ツブルク司教座への所領寄進状。そこでは、

フランク人・アレマニエン人・バイエルン人・チューリンゲン人およびザクセン人たちの判決により (judicio Franchorum, Alamannorum, Bauuariorum, Thuringionum **seu** Saxonum)

フォルクフェルトおよびイプガウ、グラープフェルトおよびバダナハガウの諸郷にあるすべての付属物ともども (pertinentibus in quibuscumque pagis, vel Folgfelda **seu** Iphigouue, Crapfelda **seu** Padiniggouue)

と記される箇所がある。ちなみにこの文書では、"et" の多用は言うまでもないが、"ac" も四回使用されており、"et・ac・seu" はなべて並列的な意味で使用されている。

プラスマンの所論における、"seu" の並列的意味合いでの使用は稀である、との前提ではあるが、しかし、それは十世紀初、アレマニエン・バイエルン・フランケン地域においては、きわめて稀というわけではないのである。

プラスマンの所説は、前提となる所論に検証不能な部分が含まれ、われわれは直ちにこれに与するというわけにはいくまい。しかしながら、プラスマンの所説の特徴は、けだし、ヴィドゥキントの報告における国王選挙手続きを、フォルヒハイムにおける同時的事象としてではなく、ルードヴィヒ幼童王死後、すなわち九月二四日以後の段階的事象として捉える点にあり、選挙母体に関する史料報告の齟齬の問題を、フォルヒハイムという一地点での問題の次元におくのではなく、段階的事象の中で解決しようとする点にある。

この点で、われわれが先に検討した事後承認説と通底する。両所説の説くところに基づくならば、『モンツァ本アレマニエン年代記』の記述は数カ月間の継起的な出来事を、段階的事象を、圧縮して報告しているということになろう。その適否を含めて、次章において『モンツァ本アレマニエン年代記』の記述を、そのテキスト構造から、あらためて検討していきたい。

注

(75) J. O. Plassmann, Princeps und Populus (前注18).
(76) J. O. Plassmann, Princeps und Populus (前注18), S. 66-70.
(77) Widukindi res gestae Saxonicae (前注3), I, 11, S. 38;『ザクセン人の事績』(三佐川訳)、三二頁。
(78) J. O. Plassmann, Princeps und Populus (前注18), S. 72.
(79) Widukindi res gestae Saxonicae (前注3), I, 25, S. 56;『ザクセン人の事績』(三佐川訳)、六一頁。
(80) J. O. Plassmann, Princeps und Populus (前注18), S. 72.
(81) J. O. Plassmann, Princeps und Populus (前注18), S. 75.
(82) J. O. Plassmann, Princeps und Populus (前注18), S. 75-78.

第Ⅲ章 『モンツァ本アレマニエン年代記』のテキスト構造

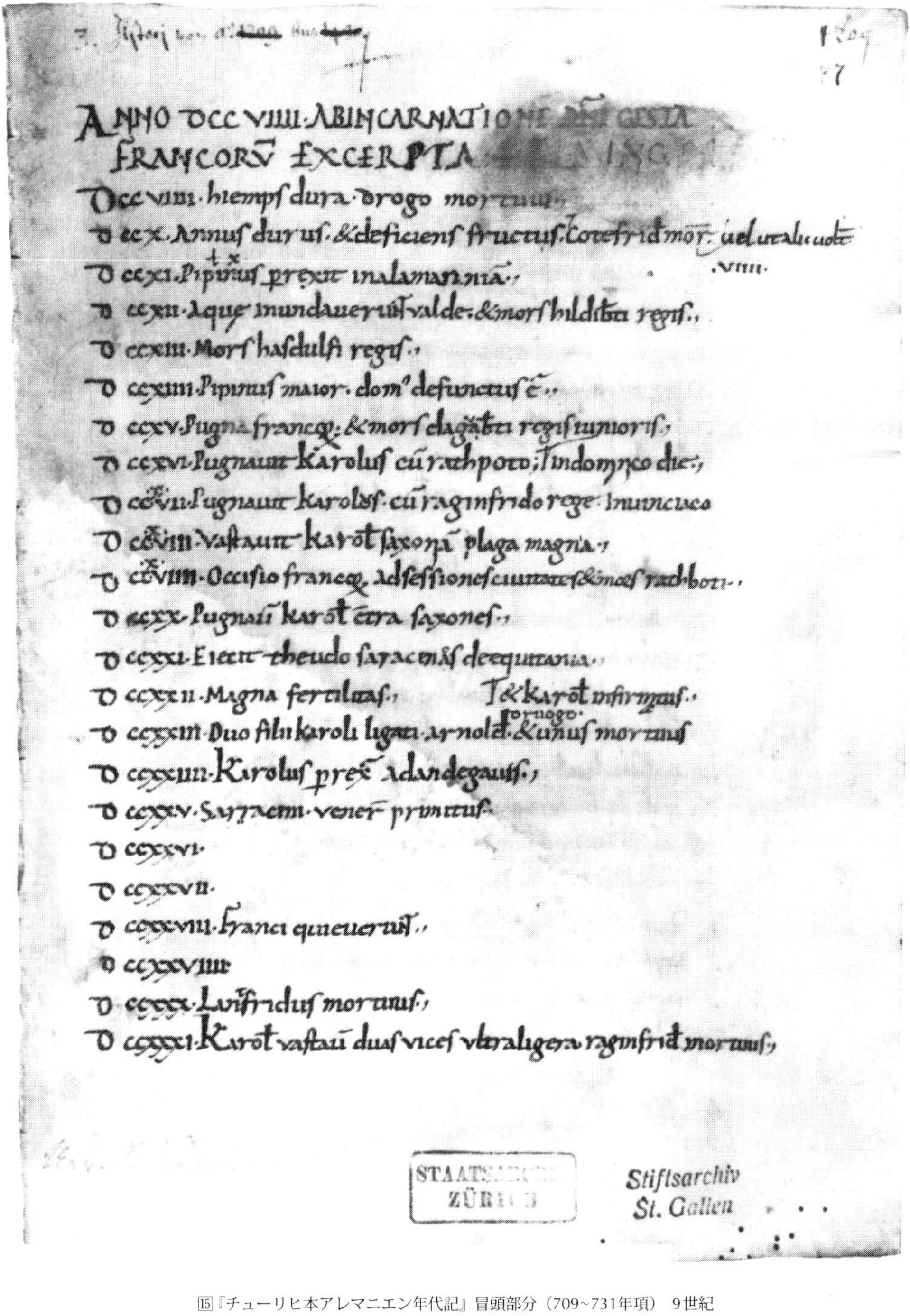

ANNO DCCVIIII. AB INCARNATIONE DOMINI GESTA FRANCORUM EXCERPTA [illegible] INCIPIT

DCCVIIII. hiemps dura. drogo mortuus.

DCCX. Annus durus. & deficiens fructus. Cotefrid mortuus. uel ut alii uolunt .VIII.

DCCXI. Pippinus perexit in alamanniam.

DCCXII. Aque inundauerunt ualde. & mors hildiberti regis.

DCCXIII. Mors hasdulfi regis.

DCCXIIII. Pippinus maior domus defunctus est.

DCCXV. Pugna francorum. & mors dagaberti regis iunioris.

DCCXVI. Pugnauit karolus cum rathpoto; in dominico die.

DCCXVII. Pugnauit karolus cum raginfrido rege in uinciaco

DCCXVIII. Vastauit karolus saxoniam plaga magna.

DCCXVIIII. Occisio francorum ad sessiones ciuitates & mors rathboti.

DCCXX. Pugnauit karolus contra saxones.

DCCXXI. Eiecit theudo saracinos de equitania.

DCCXXII. Magna fertilitas. & karolus infirmus. (interlinear: in tuogo (?))

DCCXXIII. Duo filii karoli ligati arnolt & unus mortuus

DCCXXIIII. Karolus perexit ad andegauis.

DCCXXV. Saracini uenerunt primitus.

DCCXXVI.

DCCXXVII.

DCCXXVIII. Franci quieuerunt.

DCCXXVIIII.

DCCXXX. Lantfridus mortuus.

DCCXXXI. Karolus uastauit duas vices ultra ligera. raginfrid mortuus.

⑮『チューリヒ本アレマニエン年代記』冒頭部分（709~731年項） 9世紀
ザンクト・ガレン修道院文書館蔵、Züricher Abteilung X, Urkunde Nr. 1

図版15補説

『チューリヒ本アレマニエン年代記』の最初の一葉、第一の書き手（本章142頁以下を参照）による部分。709年項（DCCVIIII）の記載“hiemps dura. Drogo mortuus”（厳寒。ドゥロゴ［中ピピンの長子、カール・マルテルの異母兄］死去）に始まり、714年項（DCCXIIII）“Pipinus maior domus defunctus est”（宮宰［中］ピピンが死去す）、716年項（DCCXVI）“pugnavit Karolus cum rathpoto”（カール［マルテル］がラトボートと戦う）、717年項（DCCXVII）“pugnavit Karolus cum raginfrido rege in uincioco”（カール［マルテル］がラガンフリート［および］国王［キルペリヒ2世］とヴィンシーで戦う）など、カロリング家のカール・マルテルがフランク王国において権力を掌握していく時代の事蹟がたんたんと記される。なお下方に捺された2つの所蔵印に関しては、本章139頁の書誌を参照。

(709年項)

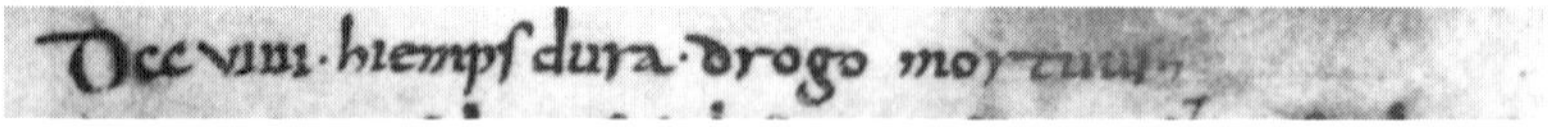

(714年項)

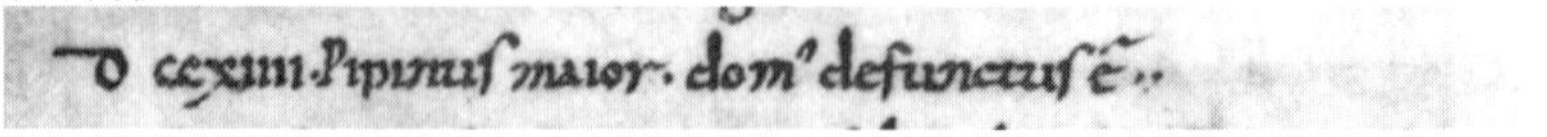

(716・717年項)

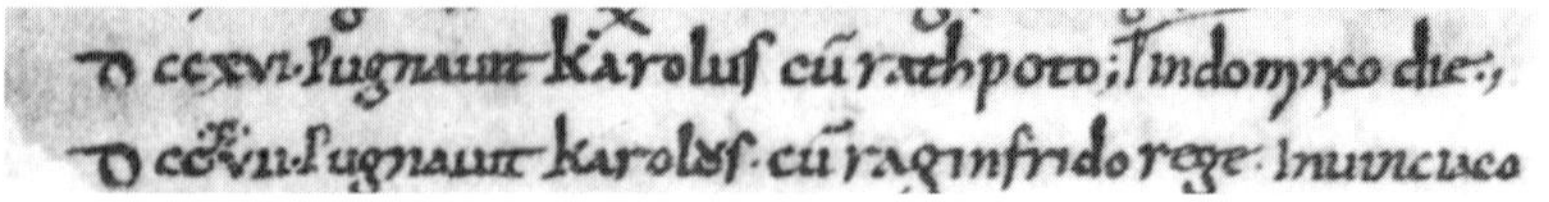

1　問題の所在と課題

前章で確認し、問題提起した諸点をあげて、本章での課題を確認しておこう。

コンラート一世国王選挙における、彼の選出母体に関する『モンツァ本アレマニエン年代記』の記述とヴィドゥキントの『ザクセン人の事績』のそれとにおける齟齬の問題では、もっぱら後者、ヴィドゥキントの報告の信憑性が問われてきた。

『モンツァ本アレマニエン年代記』の記載は事実関係のみをたんたんと報告するスタイルであって、客観性が担保されているように見えるのに対し、ヴィドゥキントの『ザクセン人の事績』は後年オットー＝ザクセン朝宮廷周辺で書かれたという背景のもと、事実から大幅に変容した歴史像を提供している可能性があると見られるからである。もとよりヴィドゥキントのいうところが単純にフィクションであると判断されてきたのではなく、ヴィドゥキントの用いる表現、言い回しのうちに、彼における「真実」がはたして何であったのか、が問われてきた。すなわち研究史の歩みは、ヴィドゥキントの報告から事実関係を解明するというよりも、ヴィドゥキントのいわんとするところを彼の観念世界に立って読み解こうとしてきたのであり、その結果、九一一年のコンラート一世国王選挙に関しては、概して『モンツァ本アレマニエン年代記』の記述が信頼のおけるものであって、ヴィドゥキントの叙述は、こと事実関係に関しては必ずしも事実を述べてはいない、と判断されてきた。

問題点は二つあった。一つは、事実関係に関して、ヴィドゥキントの叙述をどう扱うか、処理済みではなかったこと。自己の観念世界のなかで叙述していること、即、事実を述べていないこと、にはなるまい。事実か、それからのどのような、どの程度の変容か――、焦点となっている問題対象の一つひとつがなお精査されねばなるまい。

第二点。研究史の歩みは、上記のように、ヴィドゥキントの叙述は必ずしも事実を述べているわけではない、との判断のもと、いわば「敵失」により『モンツァ本アレマニエン年代記』の報告に一方的に軍配をあげる。だが『モンツァ本アレマニエン年代記』の報告は価値観を挟まぬ、客観的なものなのか。

前章では、第一点に関して、ヴィドゥキントの叙述のうちに事実関係が読み取られうる可能性について考察し、その場合『モンツァ本アレマニエン年代記』の報告と整合しうるのか、後者においてはそのための「読み」の余地はないのか、課題提起した。第二点に関してはここで、問題点を今少し掘り下げよう。

歴史記述の一形式としての「アナーレス」(annales)――以下では便宜的に、個々の作品名に付された場合「年代記」と訳し記し、中世における他の歴史記述の形式との関連では「年代記(編年誌・年譜)」と訳し記す――は、中世の場合、「復活祭表」の欄外余白に年ごとの出来事を簡単に記入するところから始まり、カロリング朝期には各地の修道院や宮廷で、年代と出来事のみを記す一連の作品が成立したとされる。事実のみを記述するその形式からして「年代記(編年誌・年譜)」は、歴史作品として見た場合、他の、叙述形式の作品「ヒストリア」(historia)、「クロニカ」(chronica)などと比べて、非常に素朴、悪くいえば貧弱で無味乾燥な歴史記述とも見られる。もとより「ヒストリア」「クロニカ」「アナーレス」が必ずしも厳密に形式を区別されて書かれているわけではなく、また、作品名が必ずしも明確な区分のもとでつけられているわけでもない。例えば九世紀後半の東西両フランク情勢を知らせる代表的な作品である『フルダ年代記』(Annales Fuldenses)や『サン・ベルタン年代記』(Annales Bertiniani)などは、今日「アナーレス」(annales)と冠した作品として知られるが、年ごとに主要な政治情勢を詳しく記した叙述作品であって、年代と出来事のみを記した素朴な記載作品ではない。そうした作品においては多くの場合、元来復活祭表の欄外余白に簡単な事項を記したところから始まったものを、書き写し、書き継いでいくさいに、とりわけ書き手の近時点に関しては、単なる事項の記載にとどまらない内容を記すにいたったものであろう。一つの作品に複層的な作品形式が見られるのである。それでも、一般的、指針的に「年代記(編年誌・年譜)」が年代と出来事のみを記した作品と見なされてしまうのはある意味、避けがたいところである。だが、この性格から逆に、「年代記(編年誌・年譜)」作品は事実をありのままに記している、との、すなわちその記述は価値観を挟まぬ、客観的で、信頼のおけるもの、との評価が与えられがちとなる。けだし問題は、よく知られた作品は別として、「年代記(編年誌・年譜)」作品にあっては一般に、形式の複層性への考慮が脇にやられ、「年代記(編年誌・年譜)」作品であるということが一人歩きして、その内容が史料批判の手続きをほとんど踏まえることなく直ちに事実として読まれることにある。(1)

例えば「年代記(編年誌・年譜)」作品によく見られる誤りに、年代のそれがあるが、少なからぬ場合、意図せぬ過誤であることがある。書写されていく過程で年代と出来事とがずれて記されてしまうことがあるためである。複数の事項における規則的な年代のずれがその証左となる。『モンツァ本アレマニエン年代記』の先に引用した部分も、九一一年に生起した一連の出来事が、九一二年項に記されているのであるが、これも、おそらくは原本・原材料からの書写のさいに生じた過誤と見なされて、後述するようにほとんど問われることはない。だが、この場合、複数の事項における年代の規則的なずれは見られない。要は、『モンツァ本アレマニエン年代記』にあっても単純に、主観を差し挟まぬ、客観的な事実関係のみを記した作品＝史料と見なされることから、年代上の疑問も不問に付されているのである。

コンラート一世国王選挙における、彼の選出母体に関する『モンツァ本アレマニエン年代記』の記述とヴィドゥキントの『ザクセン人の事績』のそれとにおける齟齬、――叙述作品であり、確かにさまざまな問題点を内包する後者の記述を、検討することなく直ちに事実として認めるわけにはいくまい。しかし、だからといってそのことは『モンツァ本アレマニエン年代記』の記述が正しく、客観的であることの証拠ではない。「年代記」と冠される作品『モンツァ本アレマニエン年代記』の記述について、ヴィドゥキントの『ザクセン人の事績』に対するのと同様な対応をする必要はないのか、――『モンツァ本アレマニエン年代記』のテキスト構造からこの点にあらためて検討を加えること、これが本章の課題である。

注

(1) Annales Fuldenses, in: Quellen zur karolingischen Reichsgeschichte, T.3 (= AQDGM Bd.7), Darmstadt 1969, S.19-177; Annales Bertiniani, in: Quellen zur karolingischen Reichsgeschichte, T.2 (= AQDGM Bd.6), Darmstadt 1958, S.11-287. 中世における歴史作品については、兼岩正夫『ルネサンスとしての中世　ラテン中世の歴史と言語』筑摩書房　一九九二年、一五五―一五六頁を参照。なお、カロリング朝期の「アナーレス」については大橋真砂子氏よりさまざまなご教示を得た。ここに記して謝意を表します。

2 『モンツァ本アレマニエン年代記』をめぐる書誌学的確認

2-(1) 刊本、伝本、および伝本間の系統

はじめに刊本について。今日、『アレマニエン年代記』の刊本としてわれわれが手にすることができるものは三点存在する。一つはG・H・ペルツ（Georg Heinrich Pertz）の編纂する“Monumenta Germaniae Historica” Scriptores 1 に所載のもの（以下、ペルツ版とする）。二つ目は、W・レンディの中世初期アレマニエン＝シュヴァーベンにおける年代記研究に所載のもの（以下、レンディ版とする）。そして八～十一世紀にザンクト・ガレン修道院で書かれ・書き継がれ、写し・写し継がれてきた種々の年代記作品を系統だて、新たに編纂し、ドイツ語の対訳を付したローラント・ツィング（Roland Zingg）の研究書に所載のものである。

(1) Annales Alamannici, hrsg. v. G. H. Pertz, in: MGH SS 1, 1826 (neudr. 1976), S. 22-60

(2) W. Lendi, Untersuchungen zur frühalemannishen Annalistik. Die Murbacher Annalen. Mit Edition, Freiburg/Schweiz 1971, S. 146-193（第Ⅱ章注2）

(3) R. Zingg, Die St. Galler Annalistik, Ostfildern 2019, S. 54-105

これらのうち、詳細な校訂を施し、研究史上において画期をなしたレンディ版が、今日なお決定版として位置づけられうる。以下の行論では、研究史の歩みを理解するうえでも、主としてレンディの研究によりつつ、いくつか書誌学的な確認をしておきたい。なおツィングも上記の研究とは別に『モンツァ本アレマニエン年代記』と『モンツァ本ロッブ年代記』（後出）の書誌学的研究（後出注6）を著し、いくつかの点でレンディの所説に修正を求めている。これらについては、関説する箇所で適宜ふれることとしたい。

つぎに伝本について。ペルツが『アレマニエン年代記』として範疇化し、一八二六年に刊行するにあたり、その段階で以下の四点の伝本が知られていた。

(a) シルモン本 Codex Sirmondianus（刊本［一六四一年］、原本不明）
(b) ヴェローナ本 Codex Veronensis（刊本［一七六二年］、原本所在不明）
(c) チューリヒ本 Codex Turicensis（オリジナル手稿本、一七九〇年刊行）
(d) モンツァ本 Codex Modoetiensis（オリジナル手稿本）

これらの伝本について少し説明しておこう[2]。

(a) シルモン本：十七世紀の史料収集・編纂家として知られるJ・シルモン（J. Sirmond）が書写したものを、同じく史料収集・編纂家として知られるA・デュシェーヌ（A. Duchesne）が、その死の翌年の一六四一年に刊行された著作の中で、『ザンクト・ガレン修道院において書かれた小年代記』（Chronicon breve in monasterio s. Galli scriptum）として掲載。シルモンが依拠した原本については不明であり、またシルモンの手稿自体の所在も知られない。

(b)ヴェローナ本：一七六二年、F・A・ザッカリア（F. A. Zaccaria）が、北イタリアの『ヴェローナの司教座教会 Capitolare 伝来の年代記』（Chronicon ex capitulari cod. Veronensi）として刊行。原本は、フランス革命時の一七九七年に、フランス軍のロンバルディア征服のさいヴェローナからパリに持ち去られ、その後所在不明になる。

(c)チューリヒ本：一七九〇年、A・ウッサーマン（A. Ussermann）がその著作の中で、『チューリヒのグロースミュンスター教会にあるオリジナル手稿本からの、ザンクト・ガレン修道院由来の、Gesta Francorum の七〇九年から九二六年までの抜粋本、ないし小年代記』（Gesta Francorum excerpta ab anno 709. usque 926. seu chronicon breve monasterio S. Galli auctum ex original manuscripto ecclesiae maioris Turicensis）として掲載。原本は、元来ザンクト・ガレン修道院に伝来したが、一七一二年、第二次フィルメルゲン戦争 Villmergerkrieg（トッゲンブルク戦争）後、他の手稿本とともに修道院図書館 Klosterbibliothek からチューリヒへ持ち去られていた、と考えられ、一九三一年に、チューリヒの国家文書館 Staatsarchiv から他の手稿本とともに、ザンクト・ガレンの諸手稿本と交換に、ザンクト・ガレンの修道院文書館 Stiftsarchiv に返還された。その後は今日にいたるまで、同館に所蔵（Stiftarchif St. Gallen, Züricher Abt. X, Nr. 1）。

(d)モンツァ本：『アレマニエン年代記』校訂・編纂者ペルツが、一八二一年一一月〜一八二三年八月、北イタリア滞在の間に、モンツァ Monza の Kollegiatsarchiv で実見。ベーダ（Beda）の『暦の計算について』（De temporum ratione）と二つの年代記の手稿本が合本製本された形で伝えられ、ペルツは二つの年代記のうち、ひとつを『モンツァ本ロッブ年代記』（Annales Laubacenses [Cod. Modoetiensis]）とし、今ひとつを、ザッカリアの刊行した『ヴェローナ本アレマニエン年代記』に極めて近い伝本と見て、『モンツァ本アレマニエン年代記』とした。現在モンツァの司教座聖堂の文書館 Archivio di Duomo に所蔵（Cod. F9. 176; fol.2r-4v）。レンディによるならば、その筆跡・書体は、一人の人物によるものであり、十世紀初めのものと推測される。

上記の四つの伝本は、七〇九年項〜八八一年項の記述が――モンツァ本とヴェローナ本の記述が、チューリヒ本とシルモン本に比べると、一部簡略化されているものの――ほぼ同一である。ペルツが『アレマニエン年代記』として括る所以である。八八二年項からは、記述内容で二組、「チューリヒ本とシルモン本」と「モンツァ本とヴェローナ本」に分けられうる。そして両組とも、それぞれほぼ同文である。さらに後二者、「モンツァ本とヴェローナ本」の八八八年項〜九一二年項の記述内容は、『モンツァ本ロップ年代記』八八七年項〜九一二年項のそれと一致点が多い。ちなみにペルツは『アレマニエン年代記』として MGH SS Ⅰに収録・掲載するにあたり、八八二年項〜九一二年項については参照の便を考慮して、「チューリヒ本とシルモン本」「モンツァ本とヴェローナ本」『モンツァ本ロップ年代記』の三列並記にしている。

さてペルツ版（MGH SS Ⅰ）刊行後、イタリアの研究者たちによって、モンツァ本が所在不明となっていたヴェローナ本の原本であることが判明した。すなわちヴェローナ本の原本は一七九七年、フランス軍によってヴェローナからパリに持ち去られたのち、一八一六年返還されることになったが、そのさい誤って、ヴェローナへは、モンツァから同じ様に押収されていた“Beda-codex”が返却され、モンツァへ、ベーダの『暦の計算について』と『モンツァ本ロップ年代記』『モンツァ本アレマニエン年代記』の合本たる手稿本が返却されてしまった、と考えられるのである。(3)

他方、チューリヒ本とシルモン本は、レンディによって、こちらはチューリヒ本がシルモン本の原本であると判断された。決め手になったのは一つの記事であった。

既述のように両者は、一部の綴りをのぞき、ほぼ同文であった。注目されるのはシルモン本・八三八年項の後半記事、「主の昇天の前日、八時と九時の間に」(inter octavum et nonam horam in vigilia ascensionis domini)である。この部分は、他のチューリヒ本、モンツァ本＝ヴェローナ本では八四〇年項の後半に記載され、「五月五日、日食」の記事につながる(「五月五日、主の昇天の前日、八時と九時の間に、日食」(eclypsis solis III. non. mai. inter octavum et nonam horam in vigilia ascensionis domini))。この記事は『ヴァインガルテン年代記』や『ライヘナウ年代記』の八四〇年項にも同文で伝えられており(Annales Weingartenses, a. 840, MGH SS 1 S.65; Annales Augienses, a. 840, MGH SS 1 S.68)、シルモン本のみが“inter octavum”以下を別年代の記事に付しているのである。これについてペルツ版は八三八年項の文末への注(S.49 Anm.o)で、シルモン本では八四〇年への付加部分からの誤記がある旨のみ記し、詳述してはいない。

ところがチューリヒ本(手稿本)を実見して確認したレンディによるならば、そこでは、“inter octavum”以下の問題部分が、八四〇年項にでも八三八年項にでもなく、八三九年項の短い報告の後に、スラッシュ(／)を入れ、以下の文にオーバーラインを施した形で書かれていた(／inter octavum et nonam horam in vigilia ascensionis domini)。すなわち、チューリヒ本(手稿本)では本来八四〇年項に書き続けるべき記事が、スペースが足らないため、前年八三九年項の空きスペースに書かれ、そのことが記号で示される、そのような記載体裁をとっているのである。当該部分を八三八年項の記事に続けているシルモン本は、それ故明らかに、チューリヒ本(手稿本)の八三九年項の記号下の記事を見て、これを前年の八三八年項の記事への付加記事と思い、八三八年項に記したと推察されるのであり、シルモンが筆写した原本はしたがってチューリヒ本(手稿本)に他ならない、と判断されるのである。[4]

かくして『アレマニエン年代記』として取り上げられるべきは、いずれも手稿本として伝わるチューリヒ本とモンツァ本の二つということになる。

注

（2）以下、W. Lendi（第Ⅱ章注2), S.32 Anm.2, S.82-83, S.132-134. Vgl. Annales Alamannici. Geschichtsquellen des deutschen Mittelalters. Bayerische Akademie der Wissenschaften, https://www.geschichtsquellen.de/werk/173（最終確認二〇二四年一一月一日）

（3）W. Lendi（第Ⅱ章注2), S.32 Anm.2, S.132.

（4）W. Lendi（第Ⅱ章注2), S.139-140.

2-(2)『モンツァ本アレマニエン年代記』の成立――チューリヒ本とモンツァ本

それでは『アレマニエン年代記』として取り上げられるべきチューリヒ本とモンツァ本の関係はどのようなものであろうか。ひきつづきレンディの研究を中心に紹介していきたい。

『チューリヒ本アレマニエン年代記』は七〇九年～九二六年の二〇〇年余にわたる記事を載せ、この間、レンディによるならば、七名の書き手（以下、書き手1～7とする）によって書き継がれている。各々の書き手は以下のように書き継いでいる[5]。

書き手

1 七〇九〜七九六年項（七九〇年項をのぞく）

2 七九六〜八〇〇年項、および七九〇年項

3 八〇二〜八七六年項（八一六・八三七・八四六・八五四年項、および八三〇・八六一・八七一・八七六年追加記事をのぞく）＊八三七年項は書き手6か7による。八七一年追加記事の書き手は不明

4 八七八〜八八一年項、および八七六年追加記事

5 八八二〜九一一年項、および八一六・八四六・八五四年項、八七七年項、並びに八三〇・八六一年追加記事

6 九一二〜九一八年項、および八三七年項（?）

7 九二一年項、九二六年項、および八三七年項（?）

また書き手が誰であるのかについて、ここでは九世紀末以降の記載に関してのみ、レンディの推測を記しておこう。書き手4は同時代人たるザンクト・ガレン修道士であると思われ、書き手5はザンクト・ガレン修道士、もしくはライヘナウ修道士と思われるが、ライヘナウ修道院との関係に通じているザンクト・ガレン修道士である可能性が高い。書き手6 7はいずれも――それぞれ同時代人と判断されているように思われるが、レンディは当然のことと見なしてか、明言していない――ザンクト・ガレン修道士と思われる。

他方『モンツァ本アレマニエン年代記』は既述のように、十世紀初め、一人の人物によって書かれたも

のであり、後述の『モンツァ本ロッブ年代記』との違いで強調しておくならば、復活祭表の余白に書かれたものではなく、羊皮紙の紙葉全体が、他の用途のためではなく、この年代記のためにまるまる当てられている。

その七〇九年〜八八一年項の記述は、チューリヒ本とほぼ同一、というより、後述するように実は、チューリヒ本の簡略な写しである。八八八年〜九一二年項については、『モンツァ本ロッブ年代記』の八八七年項〜九一二年項と共通記事が多いことを先にふれた。

ここでその『モンツァ本ロッブ年代記』について瞥見しておこう。(6) 同年代記は復活祭表の余白に書かれたもので、この手稿本は十八世紀ころに、ベーダの『暦の計算について』および『モンツァ本アレマニエン年代記』とともに合本製本され、そのさい縁の一部がカットされてしまい、余白に書かれていたことが災いして、字句が一部欠けている。記載記事は六八七年〜九一二年の二〇〇年余にわたるが、(7) 筆跡などから見てレンディによれば二名の書き手が、ツィングによれば三名の書き手が、書き継いでいる（あらかじめ注記しておくと、八七〇〜八八四年項および八八六年項には記事はない）。

すなわちレンディによるならば六八七年項〜八八五年項を第一の書き手が、八八七年項〜九一二年項を第二の書き手が書き記す。しかしツィングによるならば、六八七年項〜八六九年項の書き手と、八八五年項の書き手は、筆跡もインクも異なり、別人である。しかして八八七年項〜九一二年項は、ツィングもレンディと同じく新たな別の一人の書き手によるものとする。この、八八五年項の書き手をめぐる鑑定所見の分かれをどう判断するかはともあれ、われわれにとって非常に興味深く、重要な点は、レンディが、その言うところの第二の書き手の筆跡が、実は『モンツァ本アレマニエン年代記』と同一である、としたことであり、ツィングもこの鑑定所見にあらためて与していることである。(8) すなわち『モンツァ本ロッブ年代記』の八八七年項〜九一二年項の書き手は、『モンツァ本アレマニエン年代記』の書き手と同一人物であったのである。

『モンツァ本ロップ年代記』八八七年項〜九一二年項の書き手が記した部分、すなわち『モンツァ本アレマニエン年代記』の書き手と同じ人物が書き記した部分を見てみよう。内容的にはオリジナルな記述ではなく、何らかの原本からの写しと判断される。というのも、誤記（を正した跡）やクロノロジー上の不正確さが散見されるからである。例えば、八八八年項末に「ゴツベルト死去す」（gozbertus obiit）と記載されるが、八八七年項末に「ゴツベルト死去す」（gozbertus obiit）という記載の削除された跡が見られる。八九六年項「同年フォルモーススが死去し、ボニファキウスが継承し、この年に死去す」（eodem anno formosus obiit et bonifacius successit et hoc anno obiit）については、八九三年項に「教皇フォルモーススが死去し、ボニファキウスが継承した。同ボニファキウス死去す」（papa formosus obiit et bonifacius successit. item bonifacius obiit）との記載が削除された跡がある。おそらくはいずれも記事が置かれるべき年代を間違えたことに気づき、削除して訂正したものと思われる。また九一一・九一二年項に現れるマイエンフェルト Maienfeld（magicampum）の“mar(a)haugiam”なる地名は、ペルツによれば“arahaugiam”（アレゴウ Aregow; マイエンフェルトガウの北部所在）の誤記であり、知らない地名を書写するさいの誤りか、原本の誤りをそのまま記したものと思われるのである。

さて同一人物が書き記した『モンツァ本ロップ年代記』と『モンツァ本アレマニエン年代記』との関係について、後者『モンツァ本アレマニエン年代記』の体裁にふれつつ、レンディの推測を紹介するなら、以下のようである。(9)

(1) この人物は何らかの原本をもとに『モンツァ本ロップ年代記』を八八七年項から書き継ぎ、九一二年項まで書き記す。

(2) その後この人物は、書き手④にいたるまでの、八八一年項まで書かれた『チューリヒ本アレマニエン年代記』（あるいは、実在したかどうかは不明だが、その写本）を見出し――チューリヒ本の八八二年項以降の記事が書き写されていないことはもとより、八八二年項〜九一一年項の書き手⑤による八一六・八四六・八五四・八七七年記事と、八三〇・八六一年追加記事、および書き手⑥か⑦による八三七年記事、ならびに書き手不明の八七一年追加記事が書き写されていない！――、おそらくはそれを機に、新たな年代記を、復活祭表の余白にではなく、独立した紙葉の上に、書き記そうとする。

(3)『モンツァ本アレマニエン年代記』（手稿本）の体裁はつぎのようである。最初の三頁では一行が一年に――当該年次に記載事項がなくとも――あてられている（fol.2r：七〇九〜七三七年、fol.2v：七三八〜七六七年、fol.3r：七六八〜七九九年）。ただし三頁の最後の七九九年項の行には、短い記事のあと、八〇〇・八〇一年の年表示（チューリヒ本八〇〇年項の記載は“anno”［年に］のみ。同八〇一年項は記載事項なし）と、八〇二年項の短い記事が書かれる。四頁目からは、チューリヒ本に記載事項がない年次については一行を最大四年にあてるなどして、紙幅が節約されている。

八八一年までの記載は、総じてチューリヒ本のほぼ忠実な写しであり、スペースが一杯の場合はそれを簡略化して記述されている。チューリヒ本と唯一異なる記載は、カロリンガーの兄弟戦争についてふれた八四一年項において、戦場フォントノアの名を明記した部分であるにすぎない。すなわち八八一年項までの部分は、明らかに書き手④までのチューリヒ本（八八一年項までの）の「写本」であり、この書き手＝作者は当初、一頁毎に一行一年の枠組みを考えて、初めに年表示を書き出し――一頁ごとに、あるいは三頁まで一気に――、チューリヒ本を見ながら、一年一行に収まるように、時に内容を簡略化して、書き写していったが、三頁の最後の行からは紙幅の節約のため一年一行にとらわれず書写していったのである。『アレマニエン年代記』としては、したがって、『チューリヒ本アレマニエン年代記』のみが「正本」といえる（これがレンディの研究の、中世初期アレマニエン＝シュヴァーベンにおいて成立した諸年代記の系譜研究における今後の出発点となる、一つの結論である。同時にそれは、レンディが『モンツァ本アレマニエン年代記』について、本書で紹介する以上の立ち入った考察をおこなう必要を感じない理由でもある）。

(4) 八八二年項からは作者は、自身が書き記した『モンツァ本ロップ年代記』（八八七〜九一二年）をもとに、その原本と、おそらくは、他の、より詳細な資料をも利用して、正確さを期しつつ、あらためて書き直しを試みたと思われる。クロノロジーの上で『アレマニエン年代記』のほうが『ロップ年代記』よりも正確であるからであり、『ロップ年代記』の記事のすべてが『アレマニエン年代記』の中に見出されるわけでないことから見て、資料利用が選択的であるからである。例えば『ロップ年代記』八八七・八八八年項の記事は、『アレマニエン年代記』でも当初八八七・八八八年項に記載されていたが、あとから年表示がそれぞれ八八八・八八九年に（正しく）訂正されている。これは、復活祭表の余白への書き込みである『ロップ年代記』の原本においてすでに年代にずれが生じていたか、あるいはこれを書き写すさいに年代にずれを生じさせてしまっていたものを、『アレマニエン年代記』を書いているさなかに、年代の写し誤りに気づいて訂正したものか、あるいは、他の資料から誤りであることを知り訂正したものと思われる。書き手の時代に近いと思われる九一一・九一二年項の記事は、あらたな書き直しの最たるものである。

それでは、『モンツァ本アレマニエン年代記』の書き手＝作者はどのような人物であるのか。レンディはこれについて、従来より論議されてきたザンクト・ガレン修道院関係者であるか否かの問題はペンディングとしつつも、記載内容からつぎのように推測する。すなわち、王国の歴史上の出来事に詳しい、東フランク—ブルグント境界地域出身のアレマニエン人である、と。[10] しかしこの点に関しては、近年、ツィングが『モンツァ本ロップ年代記』と『モンツァ本アレマニエン年代記』の書誌学的研究を著して、レンディの所説の修正を試みている。すなわちわれわれが問題対象とした、『モンツァ本ロップ年代記』八八七年項~九一二年項、および『モンツァ本アレマニエン年代記』の作者・由来については、東フランク—ブルグント境界地域出身のアレマニエン人ということにはなるが、ザンクト・ガレン修道院関係者ではなく、ライナウ Rheinau 修道院（ボーデン湖西方、ライン川の川中島に所在。次章、とくに地図5を参照）から出来するものである、とされた。[11] 非常に詳細で手堅い研究であるが、ここではその適否の判断は、以後のわれわれの議論を妨げる問題ではないと思われるため、ペンディングとしたい。

注

（5）以下、W. Lendi（第Ⅱ章注2）, S. 83-85, S.90-91.

（6）以下、W. Lendi（第Ⅱ章注2）, S. 135-136.
なお本年代記はペルツによって『モンツァ本ロップ年代記』（Annales Laubacenses）と名づけられたが、その後は、ロッブ（Lobbes, Laubach）修道院との関係は疑問視されており、むしろ『ロッブ年代記』（Annales Lobienses, in: MGH SS 13, S.224-235）作成の用に供されたのではないか、と考えられてきた。
Vgl. Wattenbach–Holtzmann–Schmale, Deutschlands Geschichtsquellen im Mittelalter. Die Zeit der Sacshen und Salier, T.1: Das Zeitalter der Ottonischen Staates (900–1050), Köln Graz 1967, S.139 Anm.190; Wattenbach–Levison–Löwe, Deutschlands Geschichtsquellen im Mittelalter. Vorzeit und Karolinger, 4.Heft: Die Karoringer vom Vertrag von Verdun bis zum Herrschaftsan-

tritt der Herrscher aus dem sächsischen Hause. Das ostfränkische Reich, Weimar 1990, S.787 Anm.450, vgl. S.909-910 mit Anm.791.
しかし、話が錯綜するが、ツィングによるならば、八八七年項以降の部分はライナウ修道院で成立したが（本文後述）、八八五年項までの部分は、記載内容から見て、成立場所としてロッブ修道院が考えられるかもしれないとする。R. Zingg, Geschichtsbewusstsein im Kloster Rheinau im 10. Jahrhundert. Der Codex Modoetiensis f-9/176, die Annales Laubacenses und die Annales Alamannici, in: Deutsches Archiv für Erforschung des Mittelalters 69, 2013, S.494-495.
判断の揺れは、書き手が異なる『モンツァ本ロッブ年代記』の八八五年項までの部分と八八七年項以降のそれとのうち、前者が『ロッブ年代記』と高い類似性・相同性をもつという事態をどう捉えるか、にあろう。最終的な判断は今のところ困難である。

（7）『モンツァ本ロッブ年代記』の最初、および最後の記載事項に関して、二点付記しておきたい。
（i）『モンツァ本ロッブ年代記』の最初の記載事項は、おそらくはテルトゥリ Terry の戦い（六八七年）に勝利した中ピピンの支配・統治のことを記したと思われる“pipinus primus regnum coepit”（最初のピピン［＝中ピピン］が王国を始める）で、復活祭表六八七年ないし六八八年の欄外に少し離れて記されている（このあと記載は七〇七年項に跳ぶ）。ペルツはこの記載を『プトー年代記』（Annales Petaviani）の六八七年の並行記事“pipinus senior regnare coepit”（年長のピピン［＝中ピピン］が統治を始める）と並べて、六八七年に配置する。これに対しツィングは、この記載が、『モンツァ本ロッブ年代記』原本では六八八年の事蹟として記されている、と見るべきとする。R. Zingg, Geschichtsbewusstsein im Kloster Rheinau（前注6）, S.494 mit Anm.73.
（ii）『モンツァ本ロッブ年代記』は九一二年項の後、九一四年項と九二五年項において“ungari in alamaniam”（マジャール人、アレマニエンへ）と記されていたが、いずれも削り落されている。九二五年項に記載があったことが、書き手が新たに『モンツァ本アレマニエン年代記』を書き記す時期を示唆しているのかどうか（『モンツァ本ロッブ年代記』八八七年項〜九一二年項の書き手と、『モンツァ本アレマニエン年代記』の書き手とが同一人物であったことについては、本文後述）、しかし、ここでも性急な判断は留保されねばなるまい。
（8）R. Zingg, Geschichtsbewusstsein im Kloster Rheinau（前注6）, S.495.
（9）以下、W. Lendi（第Ⅱ章注2）, S.136-137, S.141-143.
（10）以下、W. Lendi（第Ⅱ章注2）, S.139.
（11）R. Zingg, Geschichtsbewusstsein im Kloster Rheinau（前注6）, S. 479-502.

3　『モンツァ本アレマニエン年代記』テキストをめぐって

主としてレンディの研究によりつつ、『モンツァ本アレマニエン年代記』の成立に関わる諸点を確認してきたが、つぎに、書かれている内容や書き方・記し方などの分析をとおして、テキスト上の特徴的な諸点を析出し、『モンツァ本アレマニエン年代記』のテキスト構造を明らかにしていきたい。なお、本書巻末に付録として『モンツァ本ロップ年代記』と『モンツァ本アレマニエン年代記』の関係箇所の原文、および試訳を載せた。適宜参照されたい。

3-(1)　予備的確認――信憑性問題から

『モンツァ本アレマニエン年代記』に対してかつて提出されたその信憑性への疑念は、他ならぬ九一一年の経過、すなわちルードヴィヒ幼童王の死去、コンラート一世国王選挙等々に関わる問題、を考察するにあたり、主としてそのクロノロジーへの不信から、これに過度に頼ることへの異議、という形で提出されてきたものであった。

例えばヴァルター・モール（Walter Mohr）はルードヴィヒ幼童王の死去が九一二年項にすえられている点をあげて、『アレマニエン年代記』が（ロートリンゲン）事情に精通していないとする。[12]また、同年代記は九一一年項の末尾でロートリンゲン貴族たちがルードヴィヒ幼童王から離反したことを伝え、九一二年項冒頭でルードヴィヒ幼童王の死去、コンラート一世国王選挙、そしてロートリンゲン人による西フランク王シャルル三世（単純王）の擁立をつげるのであるが、ロベール・パリゾは、ロートリンゲン貴族の離反（九一一年項）とロートリンゲン人によるシャルル擁立（九一二年項）を同一の出来事と見て、つぎのようにいう。『アレマニエン年代記』、そこではクロノロジーがしばしば誤っているのだが、この年代記の作者は九一二年項において前年の出来事を報告したが、それでもやはり九一一年項において、コンラートに与せず、シャルルに向かったロートリンゲン人の離脱に言及せねばならないと考えたのだ、――と。[13] 要するにパリゾは九一一年におけるロートリンゲン情勢の分析にあたって『（モンツァ本）アレマニエン年代記』の関連記事の信憑性に疑念を投じようとするのだが、これに対してはラヴィチュカの正鵠をえた反論があり、今日解決済みとされる。すなわち九一一年記事にいわれるロートリンゲン貴族たちの離反はコンラートに対してではなくてルードヴィヒ幼童王に対してであり、九一二年記事にいわれるシャルルの擁立とはさしあたり関係ないからである。[14]

要は、九一一年項にすえられるべきルードヴィヒ幼童王の死去、コンラート一世国王選挙、そしてロートリンゲン人によるシャルル三世の擁立が、なぜ九一二年項にすえられているのか、という単純な疑問なのであるが、年代記作品によくある（書写過程に生ずる）年代のずれにすぎないと見られるためか、実のところ、多くの場合、問題にされないでいる。

ちなみにカールリヒャルト・ブリュールはつぎのような解釈を提出して、問題の解決を図ろうとしている。『モンツァ本アレマニエン年代記』は、その作者がレンディによるならば東フランク―ブルグント境界地域出身のアレマニエン人であり、作品がヴェローナ由来である（『ヴェローナの司教座教会 Capitolare 伝来の年代記』！）ことから、すなわち、イタリア—ブルグント的環境の作者・作品であり、そこでは「九月一日年始」がとられていたと考えられ、九一一年九月一日からは九一二年にすえられる。ロートリンゲン人の離反は（九一二年）七／八月ころに生じたと考えられ、（九一二年）九月二四日にルードヴィヒ幼童王が死去し、この出来事からは九一二年項に記されたのである、——と。[15]

『モンツァ本アレマニエン年代記』八八二〜九一二年項を見るならば、しかし、この年代記が「九月一日年始」の暦に従ってはいないことは明白である。[16] ブリュールの解釈が適合する唯一の可能性は、問題の九一一・九一二年項の記事のみ、「九月一日年始」の世界に住む作者のオリジナルであって、他は諸原本に従っただけである、と見る場合であるが、しかしながらその可能性は低い。[17]

十世紀初、東フランク・カロリンガー王統の断絶にともない生じた政治諸状況をつげる、同時代史料としてはほとんど唯一のものである『モンツァ本アレマニエン年代記』、——この重みを前に、特にその九一一・九一二年項の記事内容は、信憑性を問われることはほとんどなく、クロノロジーの上での単純な、しかし大きな疑問も、疑問とはされないできた。クロノロジー上の問題点をもふくめ、そもそもそこで記された内容は、どのように——もしあるとしたら、どのような原則で——書かれたものであろうか。

注

（12）W. Mohr, Geschichte des Herzogtum Lothringen, T.1. Geschichte des Herzogtums Groß-Lothringen (900–1048), Saarbrücken 1974, S.15, S.91 Anm.54.

（13）R. Parisot, Le royaume de Lorraine sous les Carolingiens（第II章注8）, S.574.

(14) E. Hlawitschka, Lotharingien（第Ⅰ章注10）, S.197 Anm.46.

(15) C. Brühl, Deutschland – Frankreich（第Ⅱ章注8）, S.400-401.

(16) 例えば、皇帝カール三世の廃位とアルヌルフの国王選挙（八八七年一一月［後注55］）、およびカール三世の死（八八八年一月一三日）［後注18］）はそれぞれ八八七年項、八八八年項に記されており、教皇ステファヌス五世の死と教皇フォルモーススの選出（八九一年九／一〇月）［後注36］）も八九一年項に、また皇帝ランベルトの死（八九八年一〇月［後注34］）、皇帝アルヌルフの死（八九九年一二月［後注21］）もそれぞれ八九八年項、八九九年項に記されている。例外は次節でふれる事項（k・n）のみであるが、いずれにせよ全体から見て『モンツァ本アレマニエン年代記』の作者が「九月一日年始」の暦に従ってはいないことは明らかである。おそらくは当時通例であった「降誕祭（一二月二五日）年始」の暦に従っていたと見て大過ないであろう。

(17) 九一二年項において上ブルグント王ルドルフ一世の死が報告されているが、彼の死は九一一年ないし九一二年の一〇月二五日、しかしまさに『モンツァ本アレマニエン年代記』九一二年項の報告から考えて、おそらくは後者、九一二年の一〇月二五日と推測されている。

Vgl. R. Poupardin, Le royaume de Bourgogne (888–1038). Étude sur les origines du royaume d'Arles, Paris 1907 (repr. Genève 1974), S.365-370.

この場合、彼の死はブリュールのいう「九月一日年始」の暦では九一三年項にすえられねばなるまい。すでにこの点でブリュールの説は成り立たない。

仮にルドルフが九一一年一〇月二五日に死去していた——「九月一日年始」のもとでは九一二年項に記されることになる——と見るなら、『モンツァ本アレマニエン年代記』九一二年項は、冒頭の（九一一年）九月二四日の記事（ルードヴィヒ幼童王の死）と末尾の（九一一年とされる）一〇月二五日の記事（ルドルフ一世の死）との「一カ月」の間に、コンラート一世国王選挙（一一月）、ルドルフ自身のバーゼル進攻、明らかに九一二年に入ってからの出来事と考えられるコンラート一世のロートリンゲン遠征など、を挿入していることになり、そもそも九一二年項全体がクロノロジー的に整序されていない記述ということになる（クロノロジー的に適合的な解釈をめざしたブリュールの意図とは裏腹に！）。

むしろ、次々節でふれるように、九一二年項は、ルードヴィヒ幼童王の死後のシュヴァーベン・ロートリンゲンの政治的混乱をクロノロジー的に破綻なく記していると思われ、われわれは右に記したルネ・プパルダン（René Poupardin）に従ってルドルフの死を九一二年にすえてよいであろう。

いずれにせよ、九一二年項が「九月一日年始」の暦のもとで記されているという想定は、思いつきの枠を出ていないように思われる。

3-(2)『モンツァ本アレマニエン年代記』テキストの基礎的確認

『モンツァ本アレマニエン年代記』は、八八一年までの事項については『チューリヒ本アレマニエン年代記』をほぼ忠実に、時に内容を簡略化して、書き写したものであり、この部分で新たに書き加えられたものはフォントノアの戦い(八四一年)のみで、オリジナルな記載事項はなかった。八八二年項からは、この作者自らが書き記した『モンツァ本ロッブ年代記』をはじめとするさまざまな資料や、あるいは作者自らの知見にも基づいてか、独自の「編纂作品」となっており、本年代記でしか伝えられぬオリジナルな記事が見られるのもこの部分である。

この、『モンツァ本アレマニエン年代記』の史料的価値を支える、八八二年以降の記載について、本節ではその全体的な特徴、傾向といったものを確認しよう。だがその前に、煩雑になるが『モンツァ本ロッブ年代記』について見ていこう。これとどう異なっているか比較することで、『モンツァ本アレマニエン年代記』の特質もまた明確になると思われるからである。

『モンツァ本ロッブ年代記』八八七年項~九一二年項の記載事項のおおまかなところを指摘するならば、それは以下のように主として東フランク関係、イタリア情勢、マジャール人の劫略、の三方面にわたっている。

東フランク関係

(α)国王選挙関係：カール三世の死［八八七年。正しくは八八八年］[18]、（ロートリンゲン分国王）ツヴェンティボルトの国王選挙［八九五年］[19]およびその死［九〇〇年］[20]、アルヌルフの死とルードヴィヒ幼童王の国王選挙［八九九年。後者は正しくは九〇〇年］[21]

(β)アルヌルフの支配実践：ノルマン戦［八九一年］[22]、メーレン戦［八九二・八九三年］[23]、イタリア遠征［八九四・八九五・八九六年］[24]、フォルヒハイム王国会議［八九七年］[25]

(γ)カール三世の庶出子ベルンハルトのレティエン［アレマニエン］からの反乱［八九〇年］、および殺害［八九一年］[26]

(δ)マインツ大司教の死：リウトベルト［八八八年。正しくは八八九年］[27]、ズンツォ［八九一年］[28]

(ε)コンスタンツ司教ザロモ二世の死［八九〇年。正しくは八八九年一二月二三日］[29]

(ζ)フランケン大公権をめぐる闘争の一齣：アダルベルト（バーベンベルガー家）の処刑［九〇七年。正しくは九〇六年］[30]

(η)シュヴァーベン（アレマニエン）大公権をめぐる闘争の一齣：ブルハルト（ブルハルディンガー家）の処刑［九一一年］[31]

イタリア情勢

(θ)ヴィドーとベレンガールの権力闘争［八八七・八八八年。正しくは八八八・八八九年］[32]

(ι)アルヌルフの皇帝権獲得［八九六年］[33]

（κ）皇帝ヴィドー、ランベルトの死［八九四・八九八年］[34]
（λ）プロヴァンス（下ブルグント）王ルードヴィヒ三世（盲目王）の皇帝権獲得［九〇〇・九〇一年］[35]
（μ）教皇庁：教皇の死と新教皇の就任［八九一・八九二（フォルモーススの就任は正しくは八九一年九／一〇月）・八九六年］[36]、ステファヌス六世によるフォルモーススに対する「死体裁判」（死体公会議）［八九六／九七年］[37]

マジャール人の劫略

（ν）イタリア［八九九・九〇一年］
（ξ）バイエルン［九〇八・九一〇年］
リウトポルト（リウトポルディンガー家）らの戦死［九〇八年。正しくは九〇七年］[38]
（ο）アレマニエン［九一〇・九一一・九一二年］
伯ゴツベルトの戦死［九一〇年］（第Ⅳ章第3節を参照）
（π）フランケン［九一〇・九一一・九一二年］
ゲープハルト（コンラーディーナー家）らの戦死［九一〇年］[39]
（ρ）ロートリンゲン［九一一・九一二年］

これらの事項において特徴的な点をあげよう。

(1) 作品（記載・記述）形式の複層性が見られる。復活祭表の欄外余白にその年の出来事を簡単に記した六八七年項〜八八五年項の書き手と同様、この八八七年項〜九一二年項の書き手も出来事を簡単に記しているが、それでも一部で単なる記載を越えた記述が見られる。八九六年項の「死体裁判」（死体公会議）は詳述という意味でその典型であるが――ただし何らかの原本・材料からの書き写しと思われる――、むしろ短くとも書き手の主観が記された部分が散見されることが注目される（後述）。
(2) 地理的視野は、ザクセンをのぞく東フランク地域（シュヴァーベン＝アレマニエン、フランケン、バイエルン、ロートリンゲン）とイタリアに広がっている。ロートリンゲンより西方には関心がなく、アルヌルフの外征との関係でむしろ東方、スラヴ人地域へ、作者はその視線を向けている。
(3) 一貫した関心事はなく、強いてあげるなら、八八七年～九〇一年項ではイタリア支配＝皇帝権の帰趨が、八九九年～九一二年項ではマジャール人の劫略が、継続的な関心をもたれている。この間にアルヌルフの活動が頻繁に記され、また特異な出来事である「死体裁判」（死体公会議）の長い叙述がめだっている。
(4) 一部に主観的な記述が見られる。八九九年項でアルヌルフを継いだルードヴィヒ幼童王について、「彼の下では多くの悪行が起こり、増大した」と、その治世を嘆く。マジャール人が各地で劫略の限りを尽くし、バーベンベルガー家のアダルベルトが「欺かれ、だまされて首を刎ねられ」、ブルハルディンガー家のブルハルトも「不当な裁判により殺さ」れる、そうした時勢に生きていた人物の、真情の吐露であろうか。

『モンツァ本ロッブ年代記』は、復活祭表の余白に書かれたものであり、もとより明確な主題・意図をもって書かれた歴史叙述ではないであろう。多くは断片的な記事―記載であり、それらはあくまでも客観的な事実を書き記しただけのもののように見える。だが、その中にあっても主観的な記述は見え隠れする。ただしそれは『モンツァ本ロッブ年代記』八八七年項以降の書き手、すなわち『モンツァ本アレマニエン年代記』の書き手のものであるかどうか判断は難しい。書写しただけの可能性があるからである。だが『モンツァ本アレマニエン年代記』では、そうしたものがより直截に捉えられよう。少なくとも書き手＝作者がどう書き改め、書き加えたかが分かるからである。

それでは『モンツァ本アレマニエン年代記』ではどのような特徴や傾向が見られるであろうか。『モンツァ本ロッブ年代記』と比較しつつ、作者の執筆姿勢をさぐり、記載対象から全体的な特徴や傾向をさぐっていきたい。

まず後者をどう書き改めたか、見ていこう。

(1)『モンツァ本ロッブ年代記』に見られた、記載事項のない年代がすべて埋められた。

同年代記では、八八二年項〜九一二年項のうち、八八二〜八八四・八八六・八八九・九〇二〜九〇六・九〇九年項に記載がなかった。『モンツァ本アレマニエン年代記』では八八二〜八八六年項が新たに書き記され（八八五年項は別の記事に書き改められた［後述(m)］）、八八九年項の空白は、八八七・八八八年項の（年代を誤っていた）記事をそれぞれ八八八・八八九年項へ（正しく）移すことで埋められ、八八七年項には新たな記事が記された。九〇二〜九〇五年項も新たに記され、九〇六年項の空白は、九〇七・九〇八年項の（年代を誤っていた）記事をそれぞれ九〇六・九〇七年項へ（正しく）移すことで埋められた。その九〇八年項には九〇九年項とともに新たな記事が記された。なお『モンツァ本アレマニエン年代記』での誤りのほとんどはこれらの、新たに書き記された部分に集中している（後述――(k)・(n)・(w)・(v)・(z)・(b′)）。

(2)『モンツァ本ロッブ年代記』からの訂正：いずれも年代である。

(a) 八八八年 皇帝カール三世の死［正（八八八年一月一三日）[40]］、その他←――八八七年［誤］から
(b) 八八九年（マインツ）大司教リウトベルトの死［正（八八九年二月一七日）[41]］、その他←――八八八年［誤］から
(c) 八九一年 教皇フォルモーススの選出［正（八九一年九／一〇月）[42]］、その他←――八九二年［誤］から
(d) 八九一年 カール三世の息子ベルンハルトの殺害←――八九二年から［不詳[43]］

(e) 八九五年 皇帝ヴィドーの死←――八九四年から(44)

(f) 九〇六年 アダルベルト（バーベンベルガー家）の処刑（「バーベンベルガー・フェーデ」）［正（九〇六年九月九日）(45)］

←――九〇七年［誤］から

(g) 九〇七年 バイエルン「大公」リウトポルトの対マジャール戦での戦死（プレスブルク［ブラチスラヴァ］の戦い）［正（九〇七年七月四日）(46)］←――九〇八年［誤］から

(3) 誤りのまま、訂正されなかった事項：これも、年代に関わるものである。

(h) 八九〇年（コンスタンツ）司教ザロモ二世の死［正確には八八九年一二月二三日(47)］

(i) 八九九年 ルードヴィヒ幼童王国王選挙［正確には九〇〇年二月(48)］

(4)『モンツァ本ロッブ年代記』では見られなかった新たな記載事項。

(j) 八八二年（フランケン・ザクセン分国王）ルードヴィヒ三世の死［正（八八二年一月二〇日）(49)］

(k) 八八三年 教皇ヨハネス八世の死、および新教皇マリヌス一世の選出［誤。正しくは八八二年一二月(50)］

(l) 八八四年 教皇マリヌス一世の死、および新教皇ハドリアヌス三世の選出［正（八八四年四／五月）(51)］

(m) 八八五年 フゴー（ロタール二世の庶出子）が失明させられる［正（八八五年六月）(52)］

(n) 八八六年 教皇ハドリアヌス三世の死、および新教皇ステファヌス五世の選出［誤。正しくは八八五年八／九月(53)］

(o) 八八六年 ハインリヒ（バーベンベルガー家）の対ノルマン戦での戦死（於パリ）［正（八八六年八月二八日）(54)］

(p) 八八七年 皇帝カール三世の廃位、アルヌルフの国王選挙［正（八八七年一一月）(55)］

(q) 八九一年 レーゲンスブルクの大火［正（八九一年八月一〇日）(56)］

(r) 八九三年 ルオトベルト殺害［正(57)］

(s) 八九三年「アレマニエン人がイタリアへ」［正[58]］

(t) 八九五年 ヒルディガルト（フランケン・ザクセン分国王ルードヴィヒ三世の娘）追放［正[59]］

(u) 八九九年 ブレンタ川の戦い［正（八九九年八月）[60]］

(v) 九〇〇年 アダルハルト（バーベンベルガー家）・ハインリヒ（同）・エーベルハルト（コンラーディナー家）の戦死（「バーベンベルガー・フェーデ」）［年代は誤り。正しくは九〇二年[61]］

(w) 九〇二年 皇帝ルードヴィヒ三世（プロヴァンス王。ボゾー・フォン・ヴィエンヌの息子）がヴェローナでベレンガールにより捕えられ、失明させられる［年代は誤り。正しくは九〇五年七／八月[62]］

(x) 九〇二年 対マジャール戦（メーレン）［他史料との対照困難］

(y) 九〇三年 対マジャール戦（バイエルン）［他史料との対照困難］

(z) 九〇三年 アダルベルト（バーベンベルガー家）との戦いによるコンラート（コンラーディナー家）戦死（「バーベンベルガー・フェーデ」）［年代は誤り。正しくは九〇六年二月[63]］

(a′) 九〇四年 マジャールの大公クサル殺害［他の史料との対照困難[64]］

(b′) 九〇五年 テレス戦（「バーベンベルガー・フェーデ」）［年代は誤り。正しくは九〇六年七月[65]］

(c′) 九〇八年 対マジャール戦（ザクセン・チューリンゲン）、チューリンゲンのブルハルト、（ヴュルツブルク）司教ルドルフ、およびエギノーの戦死［正（九〇八年八月三日）[66]］

(d′) 九〇九年 対マジャール戦（アレマニエン）［他史料との対照困難[67]］

(e′) 九一一年［大幅な書き直し］

(f′) 九一二年［大幅な書き直し］

『モンツァ本ロップ年代記』から『モンツァ本アレマニエン年代記』へと書き改めるにあたって、書き手＝作者が留意していたこととして、❶年代をすべて埋めること、❷正確さを期すること、をあげることができよう。

おそらくは『チューリヒ本アレマニエン年代記』に触発されて新たな年代記を作成しようとした作者であるなら、そして七〇九年〜七九九年項の全「年代」をあらかじめ書き記して書写にあたったと思われる作者であるなら（上述2―(2)での(2)(3)）、『モンツァ本ロップ年代記』で記載記事がなく空白とされたままの箇所を埋めようとするのは、けだし当然といえよう。

正確さを期していた点は、必ずしも多いとはいえないが七件の記事の年代を訂正する姿勢から窺われる。そもそも『モンツァ本アレマニエン年代記』には、他の史料との比較対照が困難なマジャール人関係の記事や九一一・九一二年項（e′）・（f′）を措くとするなら、内容的に明らかな誤りはない。

とはいえ、誤りは確かに存在する。しかしそれらは内容にではなく、すべて年代に限られる。それら、年代の誤りについてここであらためて一瞥しておくとつぎのようである。

(1) コンスタンツ司教ザロモ二世の死（八八九年一二月二三日）が『モンツァ本ロップ年代記』でも『モンツァ本アレマニエン年代記』でも八九〇年項に記されままであった（h）。一年の誤差、したがって明らかな誤りのように見えるが、しかし、「降誕祭（一二月二五日）年始」の暦に従っていたのなら、あるいはザロモ二世の死に関わる報告・情報（死亡日―埋葬日）が数日間の誤差を生み出したにすぎないのかもしれない。ちなみに、正確な死亡日は今日ザンクト・ガレン修道院の過去帳の記載［10. kal. ian.］から知られるにすぎず、『フルダ年代記』『レギノー年代記』においてもザロモ二世の死は八九〇年項で報告されている[68]。

(2)『モンツァ本ロップ年代記』においても『モンツァ本アレマニエン年代記』においても八九九年項に

おいて、皇帝アルヌルフの死（八九九年一二月八日）につづいて、その息ルードヴィヒ（幼童王）の国王推戴が記される(i)。ルードヴィヒの国王選挙は実際には翌九〇〇年二月四日におこなわれた。これを単に誤りと見るべきかどうかについては、次節であらためてふれたい。

(3) 教皇の死と新教皇の選出について、新たに三件(k)・(l)・(n)が書き加えられた。このうち二件(k)・(n)に年代の誤りがあった。ところでこの二件は、八八二年一二月のことを八八三年に、八八五年八／九月のことを八八六年にすえるものであり、他方、正しく年代配置された一件(l)は八八四年四／五月に生じた事項であった。この三件について、八八五年項をのぞき『モンツァ本ロッブ年代記』に記載事項がなかった八八二〜八八六年項を新たに埋めるべく書かれた部分であることから、おそらくは同一の教皇関係資料から単純に引いたものである、と推定してよいであろう。そうであるなら、その資料が——先のブリュールの想定を想起しよう——「九月一日年始」に基づくものであった、と考えた場合、合点がいこうか。ただしこの推察が正しいとしても、他方において、教皇フォルモーススの選出（八九一年九／一〇月）について、『モンツァ本ロッブ年代記』においてこれを八九二年項にすえていたところを、『モンツァ本アレマニエン年代記』では八九一年項へ移していること(c)からみて、作者の利用した資料は、「九月一日年始」に基づく資料一つではなかったであろう。

(4) 九〇二年項におかれた、本来九〇五年にすえられるべき、皇帝ルードヴィヒ三世がヴェローナでベレンガールにより捕えられ、失明させられた旨の記事(w)の、年代上の誤りは、書写段階で、ローマ数字による年代表示"DCCCCV"が"DCCCCII"と誤読されたことに起因するように思われるが、それが『モンツァ本アレマニエン年代記』の作者によるものか、参照した資料の段階ですでに見られたものか、判断しがたい。

(5)『モンツァ本ロッブ年代記』では九〇七年項におかれていたバーベンベルガー家のアダルベルトの処刑記事のみであった「バーベンベルガー・フェーデ」関係の記事が、新たに書き加えられた部分においては、より詳しく記される。すなわち、上の記事の年代が九〇六年〔九月〕に正しく訂正（f）されるとともに、バーベンベルガー追討が王権の後押しをえたものであることが示唆され、その前史たる、バーベンベルガー家のアダルハルト、ハインリヒ兄弟とコンラーディーナー家のエーベルハルトが死去した九〇二年の戦い（v）、九〇六年二月におけるアダルベルトとコンラーディーナー家のコンラートの戦い、そして後者の戦死（z）、九〇六年七月におけるテレス攻城戦（b′）が伝えられる。さらにバーベンベルガー家のアダルベルト、アダルハルト、ハインリヒ三兄弟の父であるハインリヒの対ノルマン戦での戦死（o）も書き加えられた。これらのうち三事項（v）・（z）・（b′）が年代を誤っている。しかし興味深いことにこれらの出来事の生起した順序、内容は、『レギノー年代記』が伝えるところと変わらず、この点は事項（f）でも同じである。[69] おそらく作者は、「バーベンベルガー・フェーデ」に関して自ら知るところであったか、あるいはこれに関する比較的詳しい資料を見出したのであろう。しかし年代的には正確さに欠けるところがあったのであろうか。

八八二年項以降の『モンツァ本アレマニエン年代記』について、九一一・九一二年項をさしあたり措くとしても、クロノロジーの上での誤りは確かに散見される。とりわけ上記(5)の三事項の年代の誤りは、単純な誤りとも思えぬ不可解な誤りである。あえて推察をたくましくするならば、正確な年代を把握していない事項（v）・（z）・（b′）について、年代上の空白を埋めるべく、生起順に適宜配置したのであろうか。そうであるならば、新たな年代記作成にあたって留意されたと思われる❶年代をすべて埋め、❷正確さを期する、の二点のうち、作者は第一の点を優先したのであろう。だがしかし、八八二年〜九一〇年項全体としては内容的には信頼に足る。総じて、書き改められ書き加えられた部分からは、『モンツァ本ロッブ年代記』に記載された諸事項について、より多くの資料から——あるいは自らの知見にも依拠してか——、より詳しく、より正確に書き記そうとする作者の姿勢が窺われる。

つぎに記載対象全体について見てみよう。『モンツァ本アレマニエン年代記』へ書き改めるにあたって、作者の視野、関心はどう変わり、あるいはまた変わらないでいるであろうか。

(1) 作品（記載・記述）形式の複層性がここでも見られる。間隙を埋めるべく記されたにすぎないと思われる八八二〜八八六年項などにおいては、年代ごとに出来事が簡単に記されるにすぎない。しかし単なる記載を越えた記述が多数見られ、九一一年項にいたっては、それは書き手の主観をもまじえた長い叙述となっている。

(2) ザクセンにも言及がなされ（九〇八年項）、作者の地理的視野は『モンツァ本ロッブ年代記』よりも若干広がっているが、本質的にはやはり、ザクセンをのぞく東フランク地域とイタリアにある。ロートリンゲンより西方には、ここでも関心がなく、『モンツァ本ロッブ年代記』の先行する書き手による八八五年項の記載事項である西フランク王カルロマンの死が削除されて、フゴーが失明させられた記事（m）に書き換えられているのは象徴的である。大幅に書き換えられた九一一・九一二年項を見るならば、作者の視線はアレマニエンを中心として、そこからロートリンゲン・ブルグント地域へと向けられている。レンディが作者を東フランク―ブルグント境界地域出身のアレマニエン人に比定するのもこのあたりの関連からであろう。

(3)『モンツァ本ロップ年代記』では記載事項は、主として東フランク関係、イタリア情勢、マジャール人の劫略、の三方面にわたっていた。この点は基本的には『モンツァ本アレマニエン年代記』においても変わらない。個々見ていくなら、①東フランク関係では新たに事項(j)・(m)・(o)・(p)・(q)・(r)・(s)・(t)・(v)・(z)・(b′)・(e′)・(f′)が加わり、作者の関心は高い。②『モンツァ本ロップ年代記』九〇一年項まで継続的な関心をもたれていたイタリア情勢については、上記、皇帝・プロヴァンス王ルードヴィヒ三世のベレンガールによる捕縛関係の記事(w)が加わるにすぎず、以後しばらく小康状態をたもつイタリアの政情に呼応してか、九一二年項をもって終わる『モンツァ本アレマニエン年代記』にはイタリア関係のその後の記事はない。なお、教皇の死と新教皇の就任の記事が増加したが、これは上述のように八八二〜八八六年項を新たに埋めるべく記されたにすぎないと思われ、特に関心をもって記されたというわけではないであろう。ステファヌス六世以降の教皇については『モンツァ本ロップ年代記』同様、ふれられない。③マジャール人の劫略に関しては『モンツァ本ロップ年代記』同様、非常に詳しい。八九九年項以降、作者の報告はマジャール人を追ってイタリア、メーレン、バイエルン、ザクセン、チューリンゲン、アレマニエン、フランケンへと、その広がりを見せる。『モンツァ本ロップ年代記』において記載記事がなく空白であった年代の多くが、このマジャール人の劫略関係の記事で埋められている。ただし、九一一年・九一二年項を大幅に書き直すためであろう、両年でのこの関係の記事は削除されている。——総じて、記載事項は全体としては上記三方面にわたって多様であるが、九一一年・九一二年項をのぞく後ろ三分の一は、マジャール人の劫略関係の記事でほぼ埋め尽くされ、これに「バーベンベルガー・フェーデ」関係記事がばらされて織り混ぜられるという、内容としては単調なものになっている。

(4) 主観的な記述がここでも——九一一年項を別としても——やはり一部に見られる。新たに書き改められた八八七年項では「皇帝カールが現世の王国を奪われる。最も恐るべき（無慈悲な）inmanissimus アルヌルフが国王に選出される」と、カール三世に対する憐憫の情、アルヌルフに対する批判的姿勢を隠さない。作者がアレマニエン人、ザンクト・ガレン修道士――アレマニエンはカール三世の本拠であり、ザンクト・ガレン修道院はアルヌルフにより、カールの庶出子ベルンハルトの反乱に加わった修道院長を更迭された――と目されてきた所以である。また、先のルードヴィヒ幼童王の治世についての嘆きは「彼の下ではあらゆる良きことが平和から遠ざけられた」と、表現を変えられるも基本的にはそのまま残されている。

以上の諸点を確認したうえで、あらためて八八二年項以降の、さしあたりは九一一・九一二年項の直前までの記載の全体的な特徴、傾向といったものを考えてみよう。

八八二～八八六年項は間隙を埋めるべく記された箇所であり、記載記事の一貫した選択基準、原則は特にはないようである。八八七年項からは、国王アルヌルフの動向が、その評価は措いて、彼の没する八九九年まで毎年のように記される。この点で、バーベンベルガー・フェーデ関連で九〇六年項において一度しかふれられないルードヴィヒ幼童王とは、対照的である。幼童王には王として語るべき事績に欠けるかのようである。これに代わって八九九年項からは、イタリア・東フランク各地がマジャール人の劫略に遭うさまがほとんど毎年のように記され、あたかもこれが主題であるかのような観を呈している。この他で書き記されているものは、九〇三年項以降では、「バーベンベルガー・フェーデ」関係の一連の記事のみである。『モンツァ本ロッブ年代記』における主観的な記述に関連して先にふれた、時勢に対する作者の嘆きをここに読み取ることは決して困難なことではない。――そこで、すなわちわれわれの推測はこうである。八九九年項にいたるまでの記載・記述には、特定の主題は看取されない。しかして、作者がまさに八九九年項において「あらゆる良きことが平和から遠ざけられた」とあらためて嘆き記すルードヴィヒ幼童王の九一一年にいたるまでの治世に関して、その治世下での憂うべき状況が記され、それに沿った「事実」が選択されているのではないか、と。「バーベンベルガー・フェーデ」の諸事件が生起順にではあるが、いわば適当に配置されているのも、あるいはこうした状況の描写に間隙をつくらないためであるようにも思われる。

時勢に対する嘆きを読み取ることが許されるとしても、その嘆きが『モンツァ本ロップ年代記』においては書き手＝作者のものであるかどうかは判断されえなかった。だが『モンツァ本アレマニエン年代記』においてはそれは明らかに書き手＝作者のものである。確かに、新たに書き加えられ、書き改められた箇所においても、作者の真情の吐露はごく一部にしか見られない。しかし八九九年項以降、より明確には九〇三年項以降、それまでの多様な記載事項とは対照的に、片寄った「事実」ばかりが記される。一見客観的な事実を書き記しただけのものにあっても、事実の選択のうちにすでに作者の主観、意図が入り込んでいることは否定できまい。しかも八九九年項ないし九〇三年項以降の『モンツァ本アレマニエン年代記』は書き手＝作者にとっては同時代史であった。すでにこれらの年代の項目において、行間に、自らが生きてきた時代の成り行きに対する思いが込められている、そう見ることとは決して困難なことではない。「平和から遠ざけられた」憂うべき状況への思い――、あるいはそれがまた九一一・九一二年項の大幅な書き直しとも関わっていようか。次節においてはその九一一・九一二年項をあらためての考察対象としよう。

注

(18) BM^{2} S. 725, nummerlos (nach 1765c; カール三世最後の記載事項［＝死去］)。なおオンライン版 BM^{2} では 1765d となっている。しかし、同番号はすでに BM^{2} S. 726 のアルヌルフの最初の記載事項［＝誕生］に付されており、オンライン版 BM^{2} でもそのままであり、オンライン版 BM^{2} では結果的に二つの事項に同じ番号 1765d を付してしまっているので注意を要する。

(19) BM^{2} 1955d.

(20) BM^{2} 1983c.

(21) BM^{2} 1955b, 1983d.

(22) BM^{2} 1865a.

(23) BM^{2} 1875a, 1886a, 1890a.

(24) BM^{2} 1892d, 1912a, 1913e, 1913h, 1917a.

(25) このフォルヒハイム王国会議について、E. Dümmler, Geschichte des ostfränkischen Reiches (第Ⅱ章注63), S. 437 mit Anm. 3 は、八九六年八月にフォルヒハイムにおいて発給されたアルヌルフ文書二点の存在から、八九六年にすえ、BM^{2} 1920a もこれに従う。しかし他の史料との対照は困難であり、この報告の年代八九七を誤りとする決定的な証左はない。

(26) 後注43。

(27) J. F. Böhmer, Regesta Archiepiscoporum Maguntinensium = Regesten zur Geschichte der Mainzer Erzbischöfe, Bd. 1, Innsbruck 1877 (repr. Aalen 1966), S. 82, Liutbert Nr. 67.

(28) J. F. Böhmer, Regesta Archiepiscoporum Maguntinensium (前注27), S. 84, Sunderold Nr. 9.

(29) REC (= Regesta Episcoporum Constantiensium = Regesten zur Geschichte der Bischöfe von Constanz, Bd. 1, 517-1293, bearb. v. P. Ladewig u. T. Müller, Innsbruck 1895 [repr. Glashütten im Taunus 1970]) 176.

なお『チューリヒ本アレマニエン年代記』八九〇年項にいわれる「ザロモが修道院長となる」(salomon abbas efficitur) はザロモ二世の甥で、同名のザンクト・ガレン修道院長、すなわちコンスタンツ司教ザロモ三世のことである。彼は、『モンツァ本』八九〇年項のいうベルンハルトの反乱に加わったため修道院長職を追われたと目される（同名異人の）ベルンハルトの後任であり、これと前後して叔父ザロモ二世の有したコンスタンツ司教職をも得る（『チューリヒ本アレマニエン年代記』八九一年項：“ipse (=salomon) episcopali honore coronatur”参照）。REC 177, 178.

（30）バーベンベルガー・フェーデについては、早川良彌「「バーベンベルガー・フェーデ」に関する一考察」（第Ⅰ章注13）、一三一―四六頁；J. Petersohn, Franken im Mittelalter（第Ⅰ章注13）, S. 150-162を参照。バーベンベルガー・フェーデについて最も詳細に報告するのは『レギノー年代記』（Regionis Chronica, in: Quellen zur karolingischen Reichsgeschichte, T. 3 = AQDGM Bd 7, Darmstadt 1969, S. 179-319）であり、関係箇所は早川良彌氏の論文に翻訳されている。

（31）次節、ならびに第Ⅳ章を参照。

（32）E. Dümmler, Geschichte des ostfränkischen Reiches（第Ⅱ章注63）, S. 364-367; L. Schirmeyer, Kaiser Lambert, Diss. phil. Göttingen 1900, S. 20f.

（33）BM^2 1913e.

（34）ヴィドーの死亡日については後注44を参照；ランベルトのそれ［八九八年一〇月一五日］についてはL. Schirmeyer（前注32）, S. 26, 93.

（35）R. Poupardin, Le royaume de Provence sous les Carolingiens (855–933), Paris 1901, repr. Genève Marseille 1974, S. 169-173.

（36）JL S. 435-440; R. Davis, The Lives of the Ninth-Century Popes (Liber Pontificalis), Liverpool 1995, p. 297.

フォルモーススの就任を「九／一〇月」としたのは、研究者によって説が分かれるからである。JL S. 435はフォルモーススが八九一年九月に選出され（eligitur）、「九月一九日」に聖祓された（consecratur）とし、LThK (= Lexikon für Theologie und Kirche)［旧版］, Bd. 4, 1960, Sp. 214 (G. Schwaiger) および R. Davis, op. cit., p. 297 n. 3 は八九一年「一〇月六日」、そしてK. Herbers (Lexikon des Mittelalters, Bd. 4, Sp. 655; LThK Bd. 3, ^{3}1995, Sp. 1357; The Papacy. An Encyclopedia, vol. 1, 2002, p. 590）は八九一年「一〇月三日」をもって登位とする。

それぞれの日付の根拠についてふれると――。この時期の教皇の就任の日付けは、必ずしも明確でない。少なからぬ教皇が、諸史料の伝える教皇在位期間（X年Xカ月X日）――必ずしも一致した数字が伝えられているわけではない――をもとに、伝えられる死亡日から逆算して就任日を算出される。八九六年四月四日に死去したフォルモーススの場合、“Montecassino catalogue”では在位期間を「四年六カ月二日」と伝えられ（Davis, a.a.O.)、これに従うなら、就任日は八九一年「一〇月三日」となる。

一方JL S. 435は、Marco Frantuzzi, Monumenti Ravennati de' secoli de mezzo, per la maggori parte inediti, Venezia vol. 2, 1802, p. 379-380において八九二年九月二〇日が「フォルモースス在位第二年」(“D. Formosi pp. an. 2. D. Guidonis imperat et D.

Umberti (= Lamberti) ejus fil. an. 1”）とされるところから、幾つかの史料が伝える彼の在位期間「四年六カ月一三日」について、「一三日」(XIII) は「一六日」(XVI) と読まれるべきとして、就任日を八九一年「九月一九日」に求めるのである。
残念ながら G. Schwaiger (LThK［旧版］)、R. Davis の提出する日付け、八九一年「一〇月六日」の根拠については、確認できなかった。
なお、前後の時期（八四四～八八二年；九一一～一〇二四年）の教皇についての基本情報は、史料を網羅した叢書 Regesta Imperii の中の Papstregesten で確認できる。J. F. Böhmer, Regesta Imperii, I, 4 Papstregesten 800-911, T. 2, L. 1 844-858, bearb. v. K. Herbers, Köln u. a. 1999; I, 4, T. 2, L. 2 858-867, bearb. v. K. Herbers, Köln u. a. 2012; I, 4, T. 2, L. 3 867-872, bearb. v. K. Herbers, Köln u. a. 2021; I, 4, T. 3 872-882, bearb. v. V. Unger, Wien u. a. 2013; II, 5 Papstregesten 911-1024, bearb. v. H. Zimmermann, Wien u. a. 1969.
またフォルモーススの登位に関わる問題については、vgl. H. Zimmermann, Papstabsetzungen des Mittelalters, Graz Wien Köln 1968, S. 53, 65-73.

(37)「死体公会議」(Leichensynode, Cadaver synod) は通例、八九七年一月ないし二月におこなわれたとされる。
例えば近年でも、M. E. Moore, The Body of Pope Formosus, in: Millenium. Jahrbuch zu Kultur und Geschichte des ersten Jahrtausends n. Chr., 9, 2012, p. 286 は、H. K. Mann, The Lives of the Popes in the Early Middle Ages, London [2]1925, Vol. 4, p. 79 および L. Gatto, La Condanna di un cadavere. Riflessioni sull’incredibile storia di Papa Formoso, in: Studi Romani 52, 2004, p. 396 に依拠して、八九七年一月としている。

したがってこれを八九六年項で報告する『モンツァ本ロッブ年代記』『モンツァ本アレマニエン年代記』の記述は年代を誤っているように見える。しかし、通例いわれる日付けは必ずしも確実なものではない。

「死体公会議」について報告する史料として、ステファヌス六世の後任教皇ヨハネス九世のもとで八九八年におこなわれた教会会議の決議録、同時代の若干の論難書、同時代および後代の若干の歴史記述が知られるが (JL S. 439-440; H. Zimmermann, Papstabsetzungen［前注36］, S. 55-59)、開催時期を明確につげるものはない。これを教えるものは、埋葬されていたフォルモースス（八九六年四月四日没）の遺体が暴かれるまでの期間を記すもの三点と、「年代記」作品における記事の年代枠である。

前者三点の報告は一致しておらず、匿名作家の『教皇フォルモーススに対するローマでの誹謗』(Invectiva in Romam pro Formoso papa) (in: Migne PL 129, Sp. 825) はフォルモーススの遺体が「九カ月」後に暴かれたことを伝え (“eius cadaver iamque per novem menses sepultum”)、『ランゴバルト王およびベネヴェント大公一覧』(Catalogus regum Langobardorum et ducum Beneventanorum)(in: MGH Scriptores rerum Langobardicarum et Italicarum saec. VI-IX, S. 497)は「一一カ月」後(“cuius corpus post menses undecim inventum est integrum”)、十一世紀のライヘナウ修道士ヘルマンの『年代記』Chronicon 八九六年項(in: MGH SS 5, S. 111)は「八カ月」後(“Formosum papa octavo post obitum mense effossum, et in sella positum”)とする。

　他方「年代記」作品は、いずれも十世紀初、したがってほぼ同時代の作品といえる『フルダ年代記』『モンツァ本ロップ年代記』『モンツァ本アレマニエン年代記』の三点と、上記のヘルマンの『年代記』であり、四点とも八九六年項においてこれを伝える。

　以上の計六点の史料のうちもっぱら『ローマでの誹謗』の報告に基づいて推算し、通例、八九七年一月が「死体公会議」の開催時期とされるのである。

　デュムラー(E. Dümmler, Geschichte des ostfränkischen Reiches［第Ⅱ章注63］, S. 426 mit Anm. 4)は、開催時期を少し広くとって八九七年一月ないし二月とする一方、『フルダ年代記』『(モンツァ本)アレマニエン年代記』の記載を取り上げて、「不正確にもことを八九六年のうちに語っている」として、これらを退ける。しかしこれに対しルードヴィヒ・シルマイアー(Ludwig Schirmeyer［前注32］, S. 52 Anm. 3)は、むしろ「年代記」作品が一致して八九六年項において報告していることから、これを退けるのではなく、『ローマでの誹謗』での「九カ月」が“dreiviertel Jahr”(四分の三年《スリークオーター》)のごとくおおよその期間を示す表現であると見なして、開催時期を八九六年一二月後半と考える。さらにハラルト・ツィマーマン(H. Zimmermann, Papstabsetzungen［前注36］, S. 55 mit Anm. 28)はシルマイアーに従いつつ、「八九六年末ないし八九七年初」とする。

　「年代記」作品のうち、『モンツァ本ロップ年代記』と『モンツァ本アレマニエン年代記』は同一の書き手＝作者のものとして扱われるべきであり、またヘルマンの『年代記』はそもそも『フルダ年代記』や『アレマニエン年代記』を下敷きにした部分が少なくなく、後二者と同列におかれるべき独自の史料報告とは見なしがたい。それ故「年代記」作品としては『フルダ年代記』と、『モンツァ本ロップ年代記』ないし『モンツァ本アレマニエン年代記』、の二点が関係史料として取り上げられるべきであろう。『フルダ年代記』の報告をどう読むべきかについては後であらためて取り上げるが、いずれにせよツィマーマンの判断が穏当なところと思われ、今後、「死体公会議」の開催時期として「八九六年末ないし八九七年初」が採られるべきと思われる。 Vgl. W. Hartmann, Die Synoden der Karolingerzeit im Frankenreich und in Italien, Paderborn 1989, S. 388-390.

　われわれの当面の問題関心でいえば、少なくとも、『モンツァ本ロップ年代記』『モンツァ本アレマニエン年代記』

において「死体公会議」が八九六年項に記されていることを、単純に誤りと見なすことはできまい。

（38）RL Nr. 45, S. 62-70.

（39）BM² 2064a.

（40）前注18。

（41）前注27。

（42）前注36。

（43）八九〇年項で伝えられるベルンハルトの反乱については、他史料に直接的な言及がなく、比較対照が困難ではあるが、内容・年代ともに他の諸状況と整合的であるとされる。しかし八九一年項のベルンハルトの殺害に関しては、まったく不詳である。U. Zeller, Bischof Salomo III. von Konstanz（第Ⅰ章注5）, S. 44-55.

（44）皇帝ヴィドーの正確な死亡日時は知られない。『モンツァ本ロッブ年代記』の他、同時代史料では『フルダ年代記』『レギノー年代記』が八九四年項で彼の死を伝える。

彼の発給した文書のうち、今日伝えられる最後のそれは八九四年四月付けであり（L. Schirmeyer［前注32］, S. 22 Anm. 1）、八九四年一二月一二日付けのラヴェンナ大司教文書はなおヴィドーの統治年代表記を用いている（L. Schirmeyer, a.a.O., S. 29; E. Dümmler, Geschichte des ostfränkischen Reiches［第Ⅱ章注63］, S. 381 Anm. 3）。そして八九四年一二月三〇日付けルッカ司教文書は、ヴィドーの死去後第一年と表記し（"post ovito domni nostri Widoni imperatoris anno primo III Kal. Ianuarii"［zit. nach E. Dümmler, a.a.O.］）、また八九六年一二月三一日付けの同じくルッカ司教文書は、ヴィドーの死去後第三年と表記する（"Lambertus ... imp. augusto, anno imperii eius post hobitum b.m. dn. Widoni imperatoris genitori suo tertio, pridie kal. Januarius"［zit. nach L. Schirmeyer, a.a.O., S. 28 Anm. 4］）。これらから、ヴィドーの死亡日時は八九四年一二月一三日〜三〇日に求められることになり、エルンスト・デュムラーは八九四年一二月後半とする（E. Dümmler, a.a.O., S. 381）。

多くの研究者はこれにしたがってヴィドーの死を八九四年末にすえる。例えばA. Hofmeister, Markgrafen und Markgrafschaften im Italischen Königreich in der Zeit von Karl dem Grossen bis auf Otto den Grossen (774–962), in: MIÖG Ergbd. 7, 1902, S. 372.

E・ラヴィチュカも当初この「八九四年末」を採っていたが（E. Hlawitschka, Lotharingien［第Ⅰ章注10］, S. 141）、彼が記述する『中世史事典』でのヴィドーの項目（Lexikon des Mittelalters, Bd. 9, 1999, Sp. 69）では「八九四年晩秋」とされる。ただしその根拠は示されておらず、この間に書かれたヴィドーに関わる彼の二論文でもふれられていない。

Vgl. E. Hlawitschka, Waren die Kaiser Wido und Lambert Nachkommen Karls des Großen ?, in: ders., Stirps regia. Forschungen zu Königtum und Führungsschichten im früheren Mittelalter. Ausgewählte Aufsätze, Frankfurt a.M. 1988, S.227-246, erstgedr. in: Quellen und Forschungen aus italienischen Archiven und Bibliotheken, 49, 1969, S.366-386; ders., Die Widonen im Dukat von Spoleto, in: ders., Stirps regia, S.155-226, erstgedr. in: Quellen und Forschungen aus italienischen Archiven und Bibliotheken, 63, 1983, S.20-92.

またルドルフ・ヒーシュタント（R. Hiestand, Byzanz und das Regnum Italicum im 10. Jahrhundert. Ein Beitrag zur ideologischen und machtpolitschen Auseinandersetzung zwischen Osten und Westen, Zürich 1964, S.71 mit Anm.126）も「八九四年秋」とするが、根拠とする『レギノー年代記』八九四年項には、季節・月日の記述はない。

さしあたって上記の日付け、八九四年一二月一三日～三〇日、を否定する材料はないようである。

さて『モンツァ本ロップ年代記』から『モンツァ本アレマニエン年代記』へ書き改めるにあたって、書き手＝作者はヴィドーの死を八九四年項から八九五年項へ移しているが、これを直ちに誤りとするわけにはいかない。ヴィドーが一二月二五日～三〇日に死去していた──その可能性は排除できない──のであるならば、「降誕祭（一二月二五日）年始」の世界にいたと思われる書き手＝作者が、これを八九五年項へ記すのはむしろ当然であるからである。もっともこの場合『フルダ年代記』『レギノー年代記』の報告との整合性の問題が残る。しかし八九四年末／八九五年初──「降誕祭（一二月二五日）年始」のもとで──の事蹟をわざわざ八九四年項から八九五年項へ移しているところからすると、そして『モンツァ本ロップ年代記』から『モンツァ本アレマニエン年代記』への書き改めにおけるその他の訂正がすべて正しいところからすると、むしろ『モンツァ本アレマニエン年代記』の作者のほうが、より正確な情報を得て修正したと見ることとは、あながち無理な推測ではあるまい。少なくともわれわれは、「八九五年」へのヴィドーの死去記事の移動を単純な誤りと見るのではなく、作者がヴィドーの死をより正確に八九四年末／八九五年初──「降誕祭（一二月二五日）年始」のもとで──であることを知っていたと考えることが可能であろう。

（45）前注30。
（46）前注38。
（47）前注29。
（48）前注21。
（49）BM² 1576a.
（50）JL S.422, 425.

(51) JL S. 426.

(52) BM² 1701b.

(53) JL S. 427.

(54) E. Dümmler, Geschichte des ostfränkischen Reiches（第Ⅱ章注63）, S. 269 mit Anm. 2; 早川良彌（第Ⅰ章注13）、三一頁、四四頁注39；J. Petersohn, Franken im Mittelalter（第Ⅰ章注13）, S. 152.

(55) BM² 1765a, 1765b, 1765l.

(56) BM² 1863a; A. Kraus, Civitas regia. Das Bild Regensburgs in der deutschen Geschichtsschreibung des Mittelalters, Kallmünz 1972, S. 19 mit Anm. 55.

(57) E. Dümmler, Geschichte des ostfränkischen Reiches（第Ⅱ章注63）, S. 361 Anm. 1.

(58)『フルダ年代記』八九四年項によると、国王アルヌルフは同年のイタリア遠征に先立って、息子ツヴェンティボルトの率いるアレマニエン人からなる大軍を送っており、『モンツァ本アレマニエン年代記』における当該記述がこれにあたると考えられている。Annales Fuldenses（前注1）, a. 894, S. 160; E. Dümmler, Geschichte des ostfränkischen Reiches（第Ⅱ章注63）, S. 373 Anm. 4; BM² 1892b.

(59) BM² 1905b.

(60) E. Dümmler, Geschichte des ostfränkischen Reiches（第Ⅱ章注63）, S. 507 mit Anm. 2

(61) 前注30。ただしJ. Petersohn, Franken im Mittelalter（第Ⅰ章注13）, S. 153 Anm. 23, S. 155 Anm. 33は、バンベルクでの戦闘およびエーベルハルトの死を九〇二年に据えるべきとし、九〇二年に据えるレギノーの記述に修正を求める。

(62) R. Poupardin（前注35）, S. 185 mit Anm. 5, S. 186 mit Anm. 2.

(63) 前注30。

(64) E. Dümmler, Geschichte des ostfränkischen Reiches（第Ⅱ章注63）, S. 530 mit Anm. 6.

(65) 前注30。

(66) E. Dümmler, Geschichte des ostfränkischen Reiches（第Ⅱ章注63）, S. 551 mit Anm. 5.

(67) E. Dümmler, Geschichte des ostfränkischen Reiches（第Ⅱ章注63）, S. 555 mit Anm. 2.

(68) Vgl. REC（前注29）176.

(69) 早川良彌（第Ⅰ章注13）、二三一—二五頁；J. Petersohn, Franken im Mittelalter（第Ⅰ章注13）, S. 153-157. なお、前注61を参照。

3-(3)『モンツァ本アレマニエン年代記』九一一・九一二年項のテキスト上の特徴

『モンツァ本ロップ年代記』と比べたとき何よりも注目される点は、『モンツァ本アレマニエン年代記』九一一・九一二年項における大幅な修正、加筆であった。おそらくは書き手＝作者にとって近時点の出来事でもあり、意図してことの経緯を比較的詳細に記したものであろう。作品（記載・記述）形式の複層性を何よりも明示する箇所でもある。『モンツァ本アレマニエン年代記』においてもっとも注目されてきた両年の記載の特徴、傾向といったものをあらためて捉えていきたい。

一読して捉えられる九一一・九一二年項の大きな特徴として、まず第一に、九一二年項が年代枠にとらわれずに記述されていることをあげることができる。従来、単なる誤りにすぎないとして、既述のようにせいぜい信憑性への疑念の提起にとどまってきた点であるが、あらためて見ていこう。記載事項のうち、年月日が確実に捉えられるものをあげると、

・ルードヴィヒ幼童王の死（九一一年九月二四日）(70)
・コンラート一世国王選挙（九一一年一一月七～一〇日）(71)
・ロートリンゲン人によるシャルル三世（単純王）の推戴（九一一年一〇月一一日～一一月二七日）(72)
・上ブルグント王ルドルフ一世の死（九一二年一〇月二五日）(73)

の四事項である。これは、先にもふれたように例えば「九月一日年始」という枠組みで理解されるものではなく、一年以上にわたる期間の出来事が記されたものである。

ところで年代枠にとらわれず記述されているという、九一二年項のこの特徴は、実は九一一年項にも当てはまる。同年項の記載事項を見てみよう。

・シュヴァーベンの伯にして頭領 princeps ブルハルト(一世)が監察官 censor アンセルムによる裁判で処刑される
・ブルハルトの妻が財産没収され、息子ブルハルト(二世)とウダルリヒは追放刑に処せられる
・ブルハルト(一世)の兄弟アダルベルト(三世)が(コンスタンツ)司教(兼ザンクト・ガレン修道院長)ザロモ(三世)らの命令により殺害される
・息子ブルハルト(二世)の、この間ローマ詣でに出ていた姑ギーゼラが財産没収され、帰郷後、ボートマン宮廷での裁判で公けの統治に対する反逆罪に問われる

さて、ブルハルト一世の裁判が九一一年におこなわれたことは、後でその一部を紹介するように、他の史料・諸状況にも合致して問題ないが、さらに同年のいつ・どこでおこなわれたか、となると詳細は不明である。彼の最後の確実な足跡は、九〇九年一月七日ボートマンにおいてのルードヴィヒ幼童王の寄進行為における斡旋・請願——彼につづく斡旋・請願者“Adalpertus”は彼の兄弟アダルベルト(三世)と考えられている——であり[74]、その名の単なる言及としては九〇九年一二月二八日のザンクト・ガレン文書が最後

のそれである。[75] そもそも彼の裁判等がおこなわれたのがルードヴィヒ幼童王の死の前なのか後なのか、すなわち同王の死がシュヴァーベン政局の急展開のきっかけとなったのかどうか、等々は不明である。ただブルハルディンガー一門に対する一連の裁判、処置がかなりの期間にわたったであろうことは、想像に難くない。ことに息子ブルハルト二世の姑ギーゼラがブルハルト等の失脚のさいに不在のうちに財産を没収され、ローマからの帰郷後にあらためてボートマンの宮廷で裁判にかけられ、公けの統治に対する反逆者とされた、といわれていることを考慮するならば、なおのことである。ところで、ライヘナウ修道院、およびヴァイセンブルク Weißenburg 修道院の過去帳に、幾人かの「伯」ないし「大公」(“comes/dux”) ブルハルトの記載があり、それらのうち、ローラント・ラップマン (Roland Rappmann) によるならば、ヴァイセンブルク修道院の過去帳・一一月五日項に「伯ブルハルトが殺害された」(Burghartus comes occisus est) とある伯ブルハルトがわれわれのブルハルトと考えられる。[76] この人物比定が正しく、ブルハルトが処刑により殺害されたのが (九一一年) 一一月五日であったならば、『モンツァ本アレマニエン年代記』九一一年項が記す一連の、かなりの期間にわたったと思われる出来事が、一一月五日の前後の時期から、翌九一二年にまたがっている可能性は小さくないであろう。ちなみにコンラート一世は九一一年一一月初旬のその国王選挙後、九一二年一月一一日と同年九月二五日に王宮地ボートマンに滞在し、それを確認させる彼の国王文書[77]では、ブルハルト失脚後シュヴァーベンでの指導的地位に立ったエルカンゲルが斡旋・請願者として名をあげられ、特にそのうちの一つ［DKI 11］では彼は「宮廷伯」(comes palatii) とよばれている。王宮地ボートマンにおいて国家反逆罪(!)に問われたとされるギーゼラ、彼女の裁判が、王権の支持の下、九一二年にはいってから、シュヴァーベンにおける国王代理的地位にあったコンスタンツ司教ザロモ三世によって、もしくはブルハルト失脚後のシュヴァーベンで指導的地位を握ったエルカンゲルによって、あるいはむしろ両者の共働によって、なされた、そう見るのがもっとも整合的と思われる（後出、第Ⅳ章を参照）。九一二年項のみならず、九一一年項もまた二つの年代（九一一〜九一二年）にわたる出来事を記している可能性がある——同じ時期に並行して生じていた異なる出来事が別々に記述されていることになる——とするなら、こうした事態は何を意味しているのであろうか。

おそらくは右の事態の因って来たるところと思われるのだが、九一一・九一二年項の特徴として、第二に、両年項がそれぞれ別の、一つの継起的な出来事を主題としていることを指摘できる。

九一一年項が、最後の一文をのぞいて、本年代記において例外的ともいえるほどの長文でもって、ブルハルディンガー一門の失脚に関わる経緯を主題として伝えていることは直ちに首肯されるところであろう。同時に注目したいのは、これが、単に事実関係を列記したものではなく、「叙述」であるということである。

従来より九一一年項は、アレマニエン゠シュヴァーベンにおける指導権（＝大公権）の確立とその阻止をめぐる、ブルハルディンガー家、エルカンガー家、そして王権、の三者間の角逐競合の一齣を伝える同時代の貴重な報告と見なされ、十一世紀のライヘナウ修道士ヘルマンの『年代記』の記述[78]などとあわせて、その骨子として通例、ブルハルトがラント集会においてシュヴァーベン全土における指導権を獲得しようとしたが、対立勢力の策略により、失敗に帰した、と読み取られている。しかしてわれわれはこれが九一一年項の「主題」であることをあらためて強調しておこう。この経緯が語られる間、同時進行していたはずの他の関連の記事は差し挟まれないのである。おそらくはこの関係であろう、『モンツァ本ロップ年代記』九一一年項にあったマジャール人の劫略関係の記事は削除されている。同時に注目されることに、ことの経緯を語る口調は一貫してきわめて主観的である。すでに『モンツァ本ロップ年代記』においても、ブルハルト一世が「不当な裁判」により処刑された、として、ブルハルディンガー一門に同情的な筆致が垣間見られたが、『モンツァ本アレマニエン年代記』ではブルハルディンガー側に立った、非常に主観的で、情緒的な語りでことの経緯が伝えられる。いわく、ブルハルト一世は「不当な裁判」により「不公正な」監察官により殺され、その兄弟で「もっとも公正な」アダルベルト三世も司教ザロモらの命令で殺害された。息子ブルハルト二世の姑ギーゼラは「偽りの証言」で証拠固めされた「いとも不正な奸計」により反逆者に「でっちあげ」られた、等々、と。

先にも述べたようにわれわれは、一般論として、「ヒストリア」「クロニカ」「アナーレス＝年代記（編年誌・年譜）」などに括られる歴史作品が必ずしも厳密に区別されて書かれているわけではないことを知っているが、それでも、ともすると「年代記（編年誌・年譜）」作品においては客観的な事実関係が記載されている、との思い込みがあろう。実際『モンツァ本アレマニエン年代記』でも八八二年項、八八三年項、八八四年項……、と読み進んでいくと、そのようなものと思うであろうし、「叙述」部分から必要な箇所だけが取り出され引用されたりした場合もまた、そうであろう。前節でもふれたように、事実関係をたんたんと記載した記述形式にあっても、事実関係の選択においてすでに主観がはいることは避けがたいところである。ところが『モンツァ本アレマニエン年代記』九一一年項の記述は、事実関係の単なる記載どころではなく、「叙述」、それもかなり主観的、情緒的なそれとなっているのである。この点は『モンツァ本アレマニエン年代記』九一一年項を読むさいに、あらためて銘記しておくべきことであろう。

一つの継起的な出来事を主題としているという点で、九一一年項について見られる特徴は、九一二年項にも当てはまる。

九一二年項は、通例、ルードヴィヒ幼童王の死と、それに伴うコンラート一世の国王選挙、およびロートリンゲン人のシャルル三世（単純王）招聘の部分のみが取り出されて論議されてきた。われわれはあらためてこの九一二年項全体を見てみよう。

シャルル三世招聘の記事の後、つぎのようにつづく。

ブルグントの国王ルドルフ（一世）がバーゼルを奪い取り、本拠へ。シャルル、エルザスに。コンラート、ロートリンゲンへ。結ばれた約束が欺かれ、コンラートが再びロートリンゲンへ、アーヘンに至るまで。ロートリンゲン人たち、都市シュトラスブルクへ。この都市は荒らされ、火を放たれた。彗星、そして国王ルドルフが平和のうちに生涯を終えた。父と同名のその息子（ルドルフ二世）が国王に推戴さる。

ルドルフのバーゼル奪取以降の部分は、動詞を省き、方向や場所を表す前置詞 "in" や "ad" を用いてルドルフやコンラート、そしてシャルルらの動きを示す短文がつづく。そのため意味が取りにくく、前後の関係も分かりにくいのであるが、一連の記事は通例、つぎのように読み取られている。ルードヴィヒ幼童王の死をきっかけに東フランクではコンラートを国王に選挙する勢力と、西フランク王シャルル三世を招聘する勢力に分裂する。かような政治的に混乱した事態に乗じて、おそらくはシュヴァーベンでのそれ——九一一年項の報告するシュヴァーベンでの指導権をめぐる角逐競合の一齣も、ルードヴィヒ幼童王の死に伴う混乱した政情の一つである可能性があろう——にも乗じて、上ブルグント王ルドルフ一世がシュヴァーベンの都市バーゼルを襲い、他方ロートリンゲン貴族らにより招聘されたシャルルは余勢を駆ってロートリンゲンからシュヴァーベンのエルザス（アルザス）へ進攻する。これに対してコンラート一世がロートリンゲンへ攻め込む。一旦コンラートとシャルルの間で休戦協定が成立するが、シャルル側が協定を破ったためコンラートは再度のロートリンゲン遠征をおこない、アーヘンにまで突き進む。他方、ロートリンゲン貴族たちはエルザスの都市シュトラスブルクを襲い、火を放つ。そして上ブルグント王ルドルフが平和のうちに死し（一〇月二五日）、その息子ルドルフ二世が国王に選挙される――。

断片的な記載内容から、とりあえずかようにふくらまされて、他の史料からはほとんど追跡できない九一二年ロートリンゲン・シュヴァーベンを舞台とする政治的混乱という事態が、捉えられているのである。(79)ちなみに主として国王文書からコンラート一世の足跡を追うならば、彼は九一一年一一月の国王選挙後、同年末～九一二年初にシュヴァーベンのボーデン湖地域を巡行し、九一二年三月初めバイエルン、同一四日シュヴァーベンのシュトラスブルクにあり、四月一二日にはフランケンのフルダ修道院滞在が確認される。七～八月はフランケンの各地に確認され、九月末～一〇月初にはシュヴァーベン、一一月末には再びフランケンに確認される。コンラートのこの足跡に照らし合わせて、九一二年項のつげる彼の最初のロートリンゲン遠征は三月一四日シュトラスブルク滞在の後に据えられ、再度の遠征は四月一二日フルダ修道院滞在と七月一日フランクフルト滞在の間に据えられている。(80)

二点注目したい。第一点。九一二年項はルードヴィヒ幼童王の死、それに伴うコンラート一世の国王選挙、およびロートリンゲン人のシャルル三世招聘、という通例取り出される部分だけで終わってはいない。それは単に他の関連の記載事項も存在する、という意味ではない。上でたどったようにここでは全体として、ルードヴィヒ幼童王の死をきっかけとしたロートリンゲン・シュヴァーベン・ブルグント地域での複雑で流動的な政治的経緯が――おそらくはアレマニエン＝シュヴァーベンの地から見た――ひとまとまりの継起的な出来事として捉えられ、伝えられているのであり、これに関わる事実関係が選択的に記されているのである。一見事実関係をたんたんと記載しているように見えるが、ここでも同時進行していたはずの他の関連の記事は差し挟まれない。ただし、第二に、事態はロートリンゲンをめぐるコンラート一世・シャルル三世間の応酬のみならず、シュヴァーベンへのルドルフ一世・シャルル三世・ロートリンゲン勢力の襲来も加わるという、複雑な展開を見せたように思われるのであるが、かなり断片的で、粗い「要約」的記述に終始し、読み取りにくい内容となっている。とはいえ、"facta fide ficta"（「結ばれた約束が欺かれ」）といった文や、先にふれた、動詞を省いて"in"や"ad"を用いて動きを示した短文で諸事項をつなげるところなどは、むしろリズミカルで緊張感があり、一連の継起的な出来事を描いていることの証しともいえよう。

コンラート一世国王選挙に関連して、ルードヴィヒ幼童王の死、それに伴うコンラートの国王選挙、ロートリンゲン人のシャルル三世（単純王）招聘の部分のみが切り取られて提示されるのが常である九一二年項であるが、そしてこれらのみを取り出せば事実関係の単純な記載に見える九一二年項であるが、おそらくは九一二年項全体が一つの主題で構成されており、そこに記されているものは、事実関係の単純な羅列ではなく、主題に沿って選択され、「要約」されたものと考えられるのである。

九一一・九一二年項の特徴、ないし傾向をあらためて指摘しておこう。①両年項ともそれぞれが別個の一つの継起的な出来事を主題とし、九一一年項はそれを「叙述」し、九一二年項はそれを「要約」して記したものである。おそらくはそのために、②両年項とも年代枠にとらわれず記述されており、一部並行して進行していたはずの出来事が別々の年代枠で記される結果となっている。

ここで先に判断を留保した、『モンツァ本ロップ年代記』における年代上の誤りが『モンツァ本アレマニエン年代記』においても訂正されずに書き継がれた事項を取り上げよう。八九九年項での事項(i)である。ルードヴィヒ幼童王の王位継承(国王選挙は九〇〇年二月四日)が、『モンツァ本ロップ年代記』八九九年項において皇帝アルヌルフの死(八九九年一二月八日)につづいて記され、『モンツァ本アレマニエン年代記』八九九年項でもこれが九〇〇年項に移されることはなかった。実はルードヴィヒの王位継承を八九九年項で伝える史料はこの二つの年代記だけではない。[81] もとより完全に年代を誤っている事例もあるが、注目したいのは『フルダ年代記』の事例である。すなわちそこでは逆に九〇〇年項冒頭で、アルヌルフがレーゲンスブルクで死去し、ザンクト・エムメラム修道院に埋葬されたことを伝えた後に、その息子ルードヴィヒが王位を継承したことを告げているのである。[82] 仮に、アルヌルフの死とルードヴィヒの王位継承が、年代をまたがず、同一年のうちに生じ、おこなわれたのであったなら、このような書き記し方はまったく問題ないであろう。それは、両事蹟を八九九年項に記す『モンツァ本ロップ年代記』『モンツァ本アレマニエン年代記』についてもいえよう。これらの事例が意味するところは、両事蹟が一続きの出来事と見なされていて、それを年代記作品として二つの年代枠にあくまでも忠実に分けて記すか、それとも一続きの出来事であることを重視して分かつことなく記すか、書き手＝年代記作家のその時々の判断に揺れがあったということであろう。単純に年代上の誤りとはいえない、そのような可能性もわれわれは考慮せねばならないのである。

このことに関連してもう一事例、取りあげよう。『モンツァ本ロップ年代記』八九六年項では、ローマでのアルヌルフの教皇フォルモーススによる皇帝戴冠(八九六年二月)、フォルモーススの死(八九六年四月四日)、教皇ボニファキウス六世の就任と死(八九六年四／五月)、教皇ステファヌス六世の就任(八九六年五月)、アルヌルフの発病（八九六年五月）、とつづき、ラテラノ宮の倒壊の記事につづいてステファヌス六世によるフォルモーススの「死体裁判」（死体公会議）のことが比較的詳細に「叙述」される。『モンツァ本アレマニエン年代記』八九六年項でもこれがほぼそのまま書き写された。通例八九七年初とされる死体公会議が、両年代記のつげるように八九六年のうちになされた可能性があることは、さきに注記した。[83] ところで死体公会議を同様に八九六年項でつげるとされる『フルダ年代記』の場合、その八九六年項は、フォルモーススの教皇座についで簡単にふれ、他の記事の記述に移ったのち、あとからステファヌス六世の教皇位継承に言及し、彼について、フォルモーススに対して死体裁判をおこなった人物であることを欄外に補記した、そのような記載の仕方なのである。[84] エルンスト・デュムラーはこれを『モンツァ本アレマニエン年代記』の記載と並べて、「不正確にもこと（死体裁判）を八九六年項のうちに語っている」[85] とするのだが、『フルダ年代記』の書き手＝作者は八九六年のうちに死体裁判がおこなわれたことを記そうとしたのであろうか。おそらくそうではあるまい。そうではなくて、単にステファヌス六世に関して補足説明しようとしたもの、そう考えるべきであろう。フォルモーススに対する死体裁判はステファヌス六世の一年余りの在位下での特異な出来事として知られるが、むしろそのことは「ステファヌス六世、即、死体公会議」という図式を生じさせていよう。ステファヌスの就任記事をあとから記載したところに、あわせて死体公会議のことも関連する出来事として付記することは、ある意味自然な成り行きである。ことに作者の記述姿勢として、事実関係を単に年表的に羅列するのではなく、語ろう、説明しよう、「叙述」しようとする場合には、そうした扱いがおこなわれる傾向は否定しがたいように思われる。

右の二つの事例を通してわれわれが指摘したいことは、一続きの継起的な出来事や、関連する出来事と見なされるとき、それが年代をまたぐ場合、いずれかの年にまとめて書き記される可能性が一般的にも存在する、ということである。それは、事実関係をたんたんと年表的に書き記す作品にあっても――「年代記（編年誌・年譜）」が本来そうした形式の作品であるとしても――、「叙述」的・説明的要素をもつ作品にあってはなおのこと、避けがたい傾向であろう。すべての出来事をそれぞれ一つの年代に押し込めるのではなく、内容によってはひとまとめにしてしまう傾向、その結果生じるクロノロジー上の混乱、――『モンツァ本アレマニエン年代記』九一一・九一二年項のもつ特徴、そして問題点は、一見特異なもののように見えるが、必ずしもそうではないのである。おそらくは一続きの継起的な出来事として捉え報告しようとする故に、年代枠にとらわれることなく記述されているのであり、単にクロノロジー上の誤りをふくむとして処理されるべきものではないと思われる。

『モンツァ本アレマニエン年代記』九一一・九一二年項は、一見、クロノロジーの上で混乱した記述の様相を呈している。しかしそれは、二つの年代にまたがる継起的な、しかも一部並行して進行する、二つの出来事を、それぞれまとまりをもたせて記述しようとするところからきたもの、そのように描こうとする作者の姿勢からきたもの、すなわち年代（クロノロジー）よりも、内容のつながりが重視された結果である、と解釈されるように思われる。

『モンツァ本アレマニエン年代記』の書き手＝作者がもっとも力を込めて書いたと思われる九一一・九一二年項。前節で指摘したように八九九年項以降、より明確には九〇三年項以降、九一〇年項までにすでに、時勢に対する作者の思い、嘆きが読み取られるとしたら、作者のその思いは九一一・九一二年項での大幅な加筆・修正において憤りにまでいたっているかのようである。「平和から遠ざけられた」憂うべき状況、大枠でのこの主題を、事態の進展に即して二つの状況＝主題に分けて、記す、否、語りたい、伝えたいという作者の思い――、クロノロジー上の混乱は、それを形式的にはあくまでも「年代記（編年誌・年譜）」の「年代枠」の下で書き記していることからくる無理に起因している、ともいえようか。

注

（70）BM^2 2070b.

（71）BM^2 2070e; 第Ⅱ章第１節（注７）。

（72）第Ⅱ章注８。

（73）前注17。

（74）DLdK 65.

（75）WII 761; BUB 89. 第Ⅳ章第２節−⑵での③ブルハルト項、二一〇頁および二一二頁注32を参照。

（76）Nekrologium des Klosters Weißenburg, ed. von E. F. Mooyer, in: Archiv des Historischen Vereins von Unterfranken und Aschaffenburg 13, Heft 3, 1855, S. 38.

R. Rappmann, Das Totengedanken der Abtei. Necrologien und kommemorierte Personen, in: R. Rappmann u. A. Zettler, Die Reichenauer Mönchsgemeinschaft und ihr Totengedanken im frühen Mittelalter, Sigmaringen 1998, S. 443-445; vgl. E. Dümmler, Geschichte des ostfränkischen Reiches（第Ⅱ章注63）, S. 570 Anm. 1.

（77）DKI 2; DKI 11.

（78）Hermann von Reichenau, Chronicon（前注37）, a. 911, S. 112; auch in: Quellen des 9. und 11. Jahrhunderts zur Geschichte der hamburgischen Kirche und des Reiches (= AQDGM Bd. 11)（第Ⅱ章注40）, a. 911, S. 630: "Ludowicus rex adolescens moritur et Ratisponae sepelitur. Post quem deficiente nostris in partibus regio stemate Counradus, filius Counradi rex electus ut unctus regnavit annis 7. Burchardus dux Alamanniae in conventu suo orto tumultu occisus est; pro quo Erchanger ducatum invasit"（若き国王ルードヴィヒが死去し、レーゲンスブルクに葬られた。彼の後、われわれの国では王統が絶えてしまったので、コンラートの息子コンラートが国王に選ばれ、塗油され、七年間統治した。アレマニエンの大公ブルハルトがその集会 conventus で生じた騒擾の中で殺害された。彼に代わってエルカンゲルが大公位を襲った）。第Ⅳ章第１節、および図版⑯を参照。

（79）例えば E. Dümmler, Geschichte des ostfränkischen Reiches（第Ⅱ章注63）, S. 581-582.

（80）BM^{2} 2075a, 2077a, 2077b. 第Ⅱ章第3節-⑴（表4）を参照。

（81）Vgl. BM^{2} 1983d.

（82）Annales Fuldenses（前注1）, a. 900, S. 174.

（83）前注37。

（84）Annales Fuldenses（前注1）, a. 896, S. 166-168 mit Anm. z; auch in: MGH Scriptores rerum Germanicarum in usum scholarum, Bd. 7, Hannover 1891, neudr. Hannover 1993, S. 129 mit Anm. c: "In cuius [= Bonifacii] sedem successit apostolicus n［以下、欄外補記］omine Stephanus, vir fama infamandus, qui antecessorem suum, Formosum videlicet, inaudito more de sepulchro eiectum et per advocatum suae responsionis depositum foras extra solitum sepulturae apostolicis locum sepeliri precepit."

（85）前注37。

4 小結論

『モンツァ本アレマニエン年代記』のテキスト構造について確認してきたことをあらためて記そう。

本年代記・七〇九年~八八一年項は『チューリヒ本アレマニエン年代記』のほぼ忠実な写しであり、八八二年~九一二年項は作者自らが先に記していた『モンツァ本ロップ年代記』に、さまざまな資料、あるいは自らの知見に基づいて、新たに加筆・修正したものであって、本年代記の独自の史料的寄与はもっぱらこの後半部が担う。『チューリヒ本アレマニエン年代記』に依拠した前半部七〇九年~八八一年項も、独自の編纂作品たる後半部八八二年~九一二年項も、基本的には、事実関係を各年代ごとに慎重に整序して記載するスタイルがとられ、内容的に高い信頼性をもつものと判断される。しかし「年代記」と冠されるが本年代記は、単に年代ごとに簡単に出来事を記したものではない。単なる記載を越えた記述、叙述が散見され、それは九一一・九一二年項にいたっては「年代記（編年誌・年譜）」作品からイメージされる形式—性格を越えている。

作者にとって近時の出来事を記した部分と思われる九一一・九一二年項は、単に、主観をまじえつつ大幅に加筆・修正されたということにとどまらず、内容において、クロノロジー的整序が一部崩れ、両年項それぞれに、両年代にまたがる、あるいはそう推察される、記事がふくまれる。

このクロノロジー上の問題点に対してわれわれはこう判断した。九一一・九一二年両項は、それぞれ両年にまたがる一つの別個の継起的な出来事を主題として書き記したものであり、その結果、年代枠を超えた、クロノロジーの上で混乱を来しているように見える、そうした記述となっているのである、と。またこれに関連して、両年項での特徴として、九一一年項に関しては、非常に主観的・情緒的な「叙述」であり、九一二年項に関しては事実関係の比較的粗い「要約」であることを指摘した。

『モンツァ本アレマニエン年代記』九一一・九一二年項におけるクロノロジーの混乱は、従来、あるいは信憑性を疑わせるものとして問題視され、あるいは些少な誤謬として等閑に付されてきた。そして後者の立場の場合、必要な箇所が切り取られ「客観的な事実」として提示されるのが常であった。いずれの場合にもそこには、「年代記（編年誌・年譜）」であるから基本的には年代と事実関係のみが記されているとの思い込みが、他方で、年代枠を超えた記載事項であるなら単純な誤りであると見なす思考が、伏在していよう。しかし「年代記（編年誌・年譜）」であるから事実関係のみが記され、「年代記（編年誌・年譜）」の「記載」だから客観的な事実である、とするのは短絡的であろう。「年代記（編年誌・年譜）」にあっても事実関係の選択・理解（解釈）・要約は不断におこなわれる。極端にいえばいかなる記載にもコンテクストがある。主観的要因はさまざまな形で入り込もう。『モンツァ本アレマニエン年代記』も例外ではない。さらに、本年代記は年代と事実関係のみを記す「年代記（編年誌・年譜）」の理想型ではない。八九九年項以降「主題」の存在が窺われ、それは九一一・九一二年項においては明瞭である。しかも九一一年項にいたっては単なる記載どころではなく、主観的、情緒的な「叙述」そのものである。記されていることを直ちに客観的な事実とするわけにはいかないのである。

『モンツァ本アレマニエン年代記』は、ことに九一一・九一二年項は、単に年代と事実関係を記した「年代記（編年誌・年譜）」作品なのではなく、作者によって事実関係が「加工」された作品なのである。

コンラート一世の国王選挙に関する『モンツァ本アレマニエン年代記』九一二年項の記述と、ヴィドゥキントの『ザクセン人の事績』の報告との齟齬をめぐる問題においては、従来もっぱら、叙述作品たる後者の信憑性にその焦点がおかれてきた。この過程で、ヴィドゥキントにおいては必ずしも「事実」が語られているわけではないことが指摘、強調され、その結果、かの問題においては『モンツァ本アレマニエン年代記』の記述はほとんど史料批判をうけることなく軍配を上げられ、信頼のおけるものとして扱われてきた。しかし『モンツァ本アレマニエン年代記』も事実関係の選択・理解(解釈)・要約を通して書き手＝作者の意図や主観が入り込んでいる作品なのであり、書き手＝作者によるそうした「加工」は九一一・九一二年項においてはいっそう顕著となる。これを取り上げるときには、事実関係が記載されていると単純に思い込むのではなく、いわばヴィドゥキントに対してなされたのと同じ地平に立って、読み解く必要があろう。きわめて粗いものであるがわれわれの見通しを述べるなら、コンラート一世国王選挙に関してフランク(フランケン)人・ザクセン人・アレマニエン(シュヴァーベン)人・バイエルン人による一致した選挙を想起させる『モンツァ本アレマニエン年代記』の記述においても、コンラートの国王選挙というそれ自体継起的な出来事、経過が一文に要約された可能性、したがって必ずしもフランク人・ザクセン人・アレマニエン人・バイエルン人の四者が一堂に会して、一致した選出をおこなったわけではないという可能性も考慮に入れる余地はあるように思われる。

第Ⅳ章

九一一年・シュヴァーベンにおける「騒擾」(tumultus)

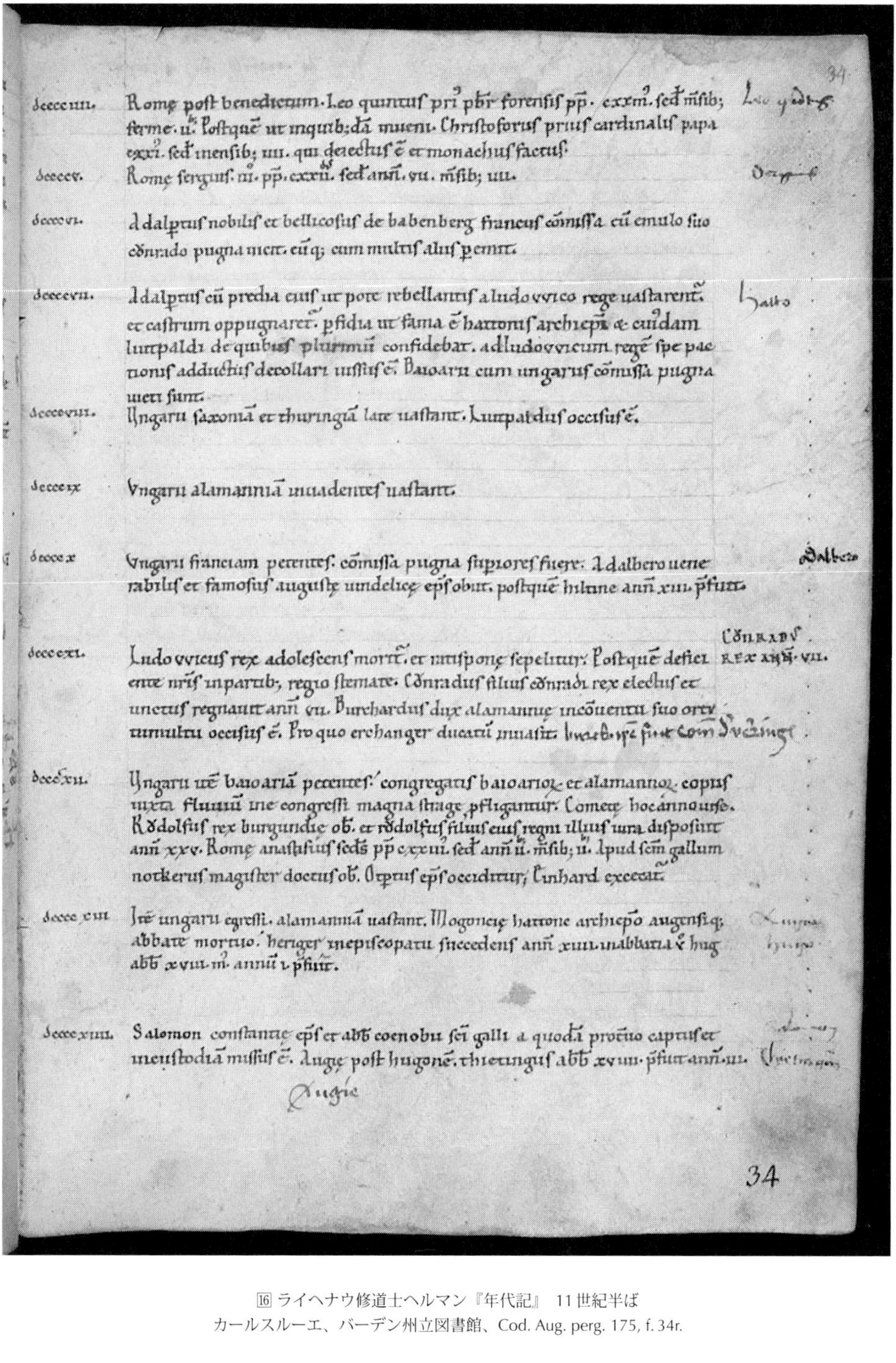

⑯ ライヘナウ修道士ヘルマン『年代記』 11世紀半ば
カールスルーエ、バーデン州立図書館、Cod. Aug. perg. 175, f. 34r.

図版⑯補説

ライヘナウ修道士ヘルマン（1013–1054）　幼少時から四肢に麻痺があり、7歳のときライヘナウ修道院に預けられ、修道士となって終生そこで暮らした。重度の障害の故に通常の修業をしえない彼は、学問に身を打ち込み、数学・天文学・音楽、そして歴史など、多方面で能力を発揮した。アラビア学問をも摂取し、科学的視点に立った数学・天文学の素養は、歴史分野においても、正確な時代計算や暦など、基本となる部分に活かされ、記述の客観性・正確性を下支えした。歴史分野の主著はキリストの誕生から、自身の生きた1054年までの歴史を記した『年代記』Chronica。原本は失われたが早くから写本が作成され、カールスルーエ本（Karlsruhe, Badische Landesbibliothek, Cod. Aug. perg. 175）は、ミュンヘン本（München, Bayerische Staatsbibliothek, Clm 14613）とともに現存する最古の写本の一つ。おそらくはアインジーデルン修道院（スイス）で作成されたと考えられている。掲載したものはカールスルーエ本の第34葉表（f.34r）。左列のローマ数字が年号（西暦）である。

紙葉の中ほど、911年項（DCCCCXI）に以下のようにみえる。

「若き国王ルードヴィヒが死去し、レーゲンスブルクに葬られた。彼の後、われわれの国では王統が絶えてしまったので、コンラートの息子コンラートが国王に選ばれ、塗油され、7年間統治した。アレマニエンの大公ブルハルトがその集会（conventus）で生じた騒擾（tumultus）の中で殺害された。彼に代わってエルカンゲルが大公位を襲った」（Ludowicus rex adolescens moritur et Ratisponae sepelitur. Post quem deficiente nostris in partibus regio stemate Counradus, filius Counradi rex electus ut unctus regnavit annis VII. Burchardus dux Alamanniae in conventu suo orto tumultu occisus est; pro quo Erchanger ducatum invasit）。本章198頁以下を参照。

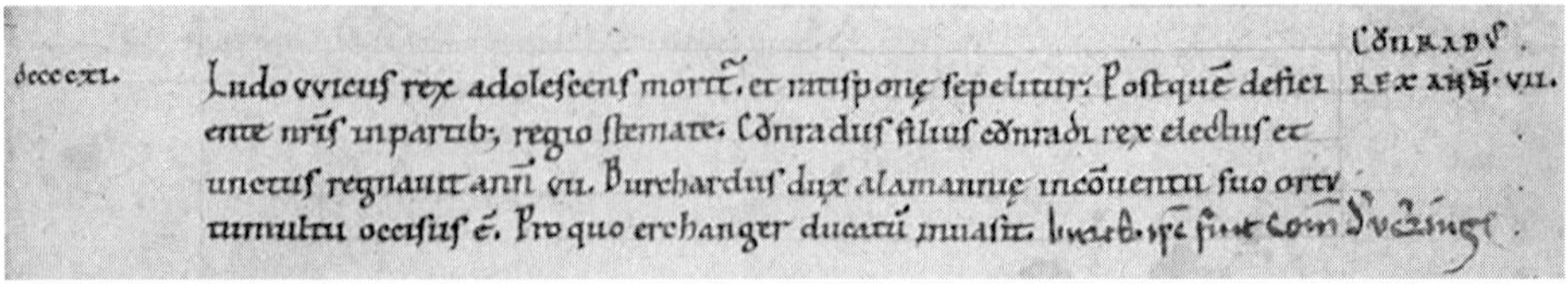

1 課題の設定

1-(1) 問題提起と課題

『モンツァ本アレマニエン年代記』の九一一・九一二年両項の記載内容について、あらためて確認しておこう。

九一一年項ではアレマニエン＝シュヴァーベンの有力貴族家門の一つ、フンフリディンガー＝ブルハルディンガー一門の失脚——ブルハルト一世の裁判・処刑、その他——に関わる経緯が記され、九一二年項では東フランク最後のカロリンガー国王であるルードヴィヒ四世（幼童王）の死（九一一年九月）を契機に生じた、東西両フランクおよび上ブルグント勢力によってくりひろげられた、ロートリンゲン・シュヴァーベン・ブルグント地域での複雑で流動的な政治情勢が記されていた。この記述のありようについて前章においてこう推論した。おそらくは九一一〜九一二年の間に同時進行していた諸事蹟が、東フランク—ブルグント境域のアレマニエン人たる書き手によって、九一一年項では、より身近な地域シュヴァーベンでの出来事を中心に、九一二年項では視野を広げて、王国レヴェルの動向を見据えて、描かれたものではなかったか、と。

ところで、すでに縷々述べたように九一一年一一月初になされたと考えられるコンラート一世の国王選挙についてはその経緯がほとんど知られないが、そもそも同時期に生起していたであろうその他の事蹟もまた、ほとんど伝えられてはいない。そうした史料状況の中、右のわれわれの推察が的外れでないとしたなら、『モンツァ本アレマニエン年代記』九一一年項は、コンラート一世国王選挙時の一地方政情を窺わせるものであり、ひいてはこの国王選挙の様相を推し量る手がかりを与える可能性があるのではないか。すなわち――。すでに述べたところであるが、上記のブルハルト一世の処刑について、近年、諸研究において、これが九一一年一一月五日におこなわれたとする見方が支配的になってきている（第Ⅲ章第3節―⑶［注76］）。ブルハルディンガー一門が失脚へと追い詰められる経緯それ自体は、比較的長期にわたったと考えられるのであるが、ブルハルト一世の処刑が九一一年一一月五日におこなわれたとするならば、ブルハルディンガー一門の失脚関連の事蹟が、ルードヴィヒ幼童王の死（九月二四日）からコンラート一世の国王選出（一一月七日～一〇日）へといたる過程と同時進行していたことになる。

はたしてそうであるならば、『モンツァ本アレマニエン年代記』九一二年項がコンラート一世の選挙母体の一つとして挙げる「アレマニエン人」は、その実、緊迫した政治情勢のもとにあり、国王選挙のような重大事にはたして一致した意志行動・政治行動をとることができたのであろうか。

『モンツァ本アレマニエン年代記』九一一年項で伝えられているブルハルディンガー一門の失脚に関わる経緯――後述するライヘナウ修道士ヘルマンの表現を借りるなら、九一一年シュヴァーベンにおける「騒擾」（tumultus）――の問題関連から、コンラート一世国王選挙にかかわる何がしかの展望が得られないか、――これが本章の課題である。具体的には、「騒擾」の核心にあったと思われるシュヴァーベンでの主導権をめぐる闘争の背景を、オットー・P・クラファデッチャー（Otto P. Clavadetscher）に始まる、そして近年のトーマス・ツォッツ（Thomas L. Zotz）やアルフォンス・ツェトラー（Alfons Zettler）の展開する所説を検討しつつ、あらためて考察することにより、すなわちシュヴァーベン大公権形成前史を紐解く中で、われわれの上記の課題に迫りたい。

1-(2) 史料の確認

伯ブルハルト（一世）がアンセルムによって不当な裁判により殺さる。兄弟である伯アダルベルト（三世）はザロモの命令で殺害された。

『モンツァ本ロップ年代記』九一一年項(1)

伯にしてアレマニエン人たちの頭領（princeps）ブルハルト（一世）が、不当な裁判により不公正な監察官（censura）アンセルムによって殺され、その寡婦からはすべての物が奪われた。彼らは、彼の息子ブルハルト（二世）とウダルリヒを祖国から追放し、彼の所領と封を自分たちの間で分配した。しかして彼の兄弟であるもっとも高貴にしてもっとも公正な伯アダルベルト（三世）は、司教ザロモおよびその他の者たちの命令で殺害された。使徒の長である至福なるペテロの墓所に詣でていて、同所で自らの罪の許しを求めていたギーゼラ、すなわち息子ブルハルト（二世）の姑から、彼らは、所有権ないし財産、そして彼女がもっていたすべてを、罪びとたちの支え手である主、および慰めびとである聖ペテロを裏切って、彼らの合意に基づいて分配した。加うるに彼女が帰還すると、彼らは、ボートマン宮廷において偽りの証言で彼らのいとも不正な奸計を証拠固めし、公けの統治に対する反逆者をでっちあげた。

『モンツァ本アレマニエン年代記』九一一年項[2]

同一作者による『モンツァ本ロッブ年代記』『モンツァ本アレマニエン年代記』の各九一一年項が語る右の事蹟は、通例、九一一年ブルハルト一世がラント集会においてシュヴァーベンにおける主導権を獲得しようとしたが、対立勢力の策略により失敗に帰した、と読み取られ、九世紀末〜十世紀初、カロリンガー東フランク王国の各地域で見られた貴族権力による地域の主導権＝大公権の獲得・確立をめざした角逐・競合の様相の、シュヴァーベンにおける一齣と見なされてきた。すなわちシュヴァーベン大公権形成前史に位置づけられてきた。

ちなみにこの事蹟の約一四〇年後、十一世紀半ばに書かれたライヘナウ修道士ヘルマンの『年代記』九一一年項はつぎのように伝えている。

若き国王ルードヴィヒが死去し、レーゲンスブルクに葬られた。彼の後、われわれの国では王統が絶えてしまったので、コンラートの息子コンラートが国王に選ばれ、塗油され、七年間統治した。アレマニエンの大公ブルハルトがその集会（conventus）で生じた騒擾（tumultus）の中で殺害された。彼に代わってエルカンゲルが大公位を襲った。（Ludowicus rex adolescens moritur et Ratisponae sepelitur. Post quem deficiente nostris in partibus regio stemate Counradus, filius Counradi rex electus ut unctus regnavit annis 7.

Burchardus dux Alamanniae in conventu suo orto tumultu occisus est; pro quo Erchanger ducatum invasit.(3)

もとよりここでのブルハルトに付された「大公」(dux)称号は十一世紀の人ヘルマンによる後付けであり、エルカンゲルの「大公位」(ducatus)も後述するように九一五～九一七年における一時的なものにすぎない。シュヴァーベンにおける大公権の確立は、九一一年当時はまだ達成されておらず、ブルハルト一世の息子で、九一一年に「追放」されたブルハルト二世(シュヴァーベン大公としてブルハルト一世)の再登場を待たねばならないからである。

さて九一一年のこのブルハルディンガー一門の失脚に関わる一連の経緯、ヘルマンの語るところの「騒擾」は、上述のように通例、シュヴァーベン大公権形成史の中に位置づけられてきたが、しかし近年A・ツェトラーは、ブルハルト一世の裁判・処刑に関して、これとは異なる文脈のうちに捉える所説を提出した。はたして九一一年の「騒擾」はシュヴァーベン大公権形成史の中にどのように位置づけられるべきものなのか。

注

(1) Annales Laubacenses (Codex Modoetiensis), a. 911. 本書巻末の付録A[1]を参照。
(2) Annales Alamannici (Codex Modoetiensis), a. 911. 本書巻末の付録A[2]を参照。
(3) Hermann von Reichenau, Chronicon, a. 911. 第Ⅲ章第3節-(3)、注78、ならびに本章冒頭の図版[16]を参照。

2　九世紀末〜十世紀初シュヴァーベンにおける国王権力と貴族群像

2-(1) 王権の代行——コンスタンツ司教ザロモ三世

九世紀末〜十世紀初に東フランク＝ドイツの各地域において——九世紀末にザクセン・バイエルンにおいて、十世紀初フランケンにおいて——、地域全体を主導する自立的な権力、所謂・大公権が形成されていったのに対し、シュヴァーベンではそれは、最後のカロリンガー国王、ルードヴィヒ幼童王の治世下においても成立を見ないでいた。前王アルヌルフ期（八八七〜八九九年）以来シュヴァーベンはなお王権の関心領域にあって、コンスタンツ司教ザロモ三世が王権の利益代表（Statthalter）として、シュヴァーベンを主導する自立的な世俗権力の成立をはばんできたからであるといわれる。以下、しばらくこの関連を見ていこう。

「この「支配実践」（Herrschaftspraxis）のスタイルから既に推測されるのは、アルヌルフが、バイエルンとフランケンの二国は、中核的国王ラントとして直轄的に統治していたが、これと対照的に、その他のラントにおいては、かれの国王諸任務の遂行を恐らく現地の何者かに託していた、ないしは託さざるをえなかったであろうということである」。[4]——かつて山田欣吾氏はアルヌルフの国王文書発給地の分析からこう推測しつつも、「その他のラント」の一つであるアレマニエン＝シュヴァーベンに関しては、さらに特異な様相を指摘した。すなわちアルヌルフが採った手段は、「コンスタンツ司教座、ライヘナウ修道院、ザンクト・ガレン修道院という圧倒的に強力で権威ある教会機関に、最も信頼のおける人物を送り込み、かれらを通じて分国内（アレマニエン――引用者）に王権の意志を貫徹することであった」(5)。

アルヌルフが登用した聖職者がハットー、およびザロモであった。すでに述べたところではあるが、改めて両者について確認しておこう。両者はともにアレマニエン出身で、アレマニエン分国王として出発し一時全フランク王権を担ったカール三世（肥満王、八七六～八八七年）の宮廷教会＝宮廷書記局において、その政治的閲歴を開始する。彼らはその後、クーデタによってカールに代わったアルヌルフの宮廷教会＝宮廷書記局へ移り、同王の知遇をえて、宮廷における影響力を急速に伸長させる。ハットーは八八八年にライヘナウ修道院長、八八九年にエルヴァンゲン Ellwangen 修道院長、八九一年にはマインツ大司教に抜擢され、以後、アルヌルフ政権を支えて精力的に活動する。国王文書での斡旋者・証人として抜きん出た回数を誇り、アルヌルフの二度のイタリア遠征（八九四、八九五～八九六年）に随行して皇帝権獲得（八九六年）に尽力し、その一方で教会会議（八九五年、トリブール）をも主導する。この間、八九三年に生まれたルードヴィヒ（幼童王）の洗礼親（代父）になっている。アルヌルフが卒中に倒れて以降、宮廷にあってフランケンを足場に実権を掌握し、アルヌルフの死後（八九九年没）は、幼童王ルードヴィヒを擁して政権運営を担うことになる(6)。

マインツ大司教ハットーがいわば中央にあって王権の施策に中心的に与《あずか》ったのに対し、彼を中央において補佐しつつ、アレマニエン＝シュヴァーベンの地で王権代理的な地位・役割を担ったのが、ハットーの僚友ザロモであった。

ザロモは八九〇年にザンクト・ガレン修道院長職とコンスタンツ司教職を相次いで獲得する（コンスタンツ司教としてザロモ三世）[7]。アレマニエンにおいて比類なき豊かな所領を誇るザンクト・ガレン修道院の修道院長職をえて、そして大司教座を欠くアレマニエンにおいて聖職者の筆頭に立つコンスタンツ司教という地位をえて、彼はアレマニエン＝シュヴァーベンでの国王代理の役割を与えられた、――そう目される理由は、彼が単にこの二つの教会機関の長にあったということだけではなく、以下のような事蹟から窺われる彼の実際の姿、彼の存在感からである[8]。

①ザロモはザンクト・ガレン修道院長およびコンスタンツ司教に就任した翌年の八九一年八月三〇日、「ライン川がボーデン湖に流れ込む地において」（in loco, ubi Rhenus lacum influit Podamicum）、クール司教ティオトルフとリンツガウ Linzgau の伯ウダルリヒの出席の下、トゥーアガウ Thurgau、リンツガウ、クール＝レティエン Chur-Rätien の三つの伯管区（comitatus）から「すべての貴顕」（omnes principes）――当該行為を記した文書の最後の部分に三伯管区の五二名が証人としてあげられている――を召集して集会を開き、「国王の権威に基づき」（regia auctoritate）、ラインガウ Rheingau におけるザンクト・ガレン修道院の諸権利について審問し、それらを彼らの一致した証言に基づいて確認し、またラインガウとトゥーアガウの境界についても確認した[9]。自らが修道院長職を担うザンクト・ガレン修道院の権利が問題になっているとはいえ、「国王の権威に基づき」、三伯管区から五〇余名にのぼるすべての有力者を集めて会議を主導するザロモの「政治力」は、王権代理としてのそれを窺わせ、G・テレンバハは彼がアルヌルフから「監察官的権力」（missatische Gewalt）を託されていたのではないかと見る[10]。

ところでアルヌルフの日付けを欠く一命令書（Mandat）［DArn 111］は、「アダルベルト、ベルトルト、ブルハルト、ウダルリヒ、およびかの王国のすべての貴顕に対して」（Adalberto, Perehtolto, Purgharto, Vodalrico et cunctis regni istius primatibus)、ザンクト・ガレン修道院に与えられた諸権利を、すべての伯管区において、あらゆる裁判において、「王の権力によって強制された宣誓によって」(cum iuramento ex regia potestate coacto)、確認させた。[11] 先の八九一年の確認事項をより大きな枠組みにおいて裏書きするかに見える、国王によるこの行為自体は、直接的には八九三年一月にアルヌルフがザンクト・ガレン修道院に対してイムニテートやその他の権利を与えた行為に呼応し、[12] それ故この直後の時期になされた、と見られているが、注目されるのは、ここでは、アダルベルト以下四名の貴族と「かの王国(おそらくはアレマニエン＝シュヴァーベンを指す)のすべての貴顕」に対して、すなわちアレマニエン＝シュヴァーベン全域の有力貴顕に対してザンクト・ガレン修道院の権利を確認させていることである。[13] 王権の全面的な後ろ楯のもと、ザロモのかの「政治力」は、アレマニエン＝シュヴァーベン全域へ及ぶべく位置づけられていたようにも思われる。

②われわれが問題とする『モンツァ本アレマニエン年代記』九一一年項が伝えるブルハルディンガー一門の失脚に関わる一連の事蹟の中で、ブルハルト一世の兄弟「伯アダルベルト(三世)は、司教ザロモおよびその他の者たちの命令で殺害された」と語られ、『モンツァ本ロッブ年代記』九一一年項では「兄弟である伯アダルベルトはザロモの命令で殺害された」と語られた。通説が説くように、この一連の経緯がシュヴァーベンにおける主導権＝大公権の獲得をめぐる抗争の一齣であるとするなら、まさにザロモはこれをはばもうとする勢力の側の、すなわち王権側の、先頭に立っている。ツェトラーによって今、かかる理解の適否それ自体が問われているところであるが、ブルハルディンガー一門の失脚に対してザロモがはたした役割自体は否定できないであろう。

③ブルハルト一世の失脚と前後して、新たな王権、コンラート一世王権のもと、エルカンガー(ベルトルデ＝エルカンガレ Berthold-Erchangare、アラホルフィンガー＝ベルトルデ Alaholfinger-Berthold) 一門のエルカンゲル

が宮廷伯として登場する。[14] おそらくはシュヴァーベンの筆頭貴族の位置に立った彼は、しかし早くも九一三年に王権と不和に陥り、王権との戦いは、和解と再度の対立をへて、彼が九一七年に処刑されるに至るまでつづくことになる。この間九一五年には彼はブルハルト二世の支援をもえて、ヴァールヴィース Wahlwies の戦いで国王コンラートに勝利し、「彼らの大公に推戴された」(dux eorum effectus est)(『チューリヒ本アレマニエン年代記』)。[15] エルカンゲルと王権とのそもそもの対立点は知られないが、いずれにせよ問題が、エルカンゲルによるシュヴァーベンでの主導権＝大公権の獲得と王権によるその阻止という二つのベクトルの対置へと移っていったことは間違いなく、そのさい、シュヴァーベンにおいて王権側を代表するものはおそらくはザロモであった。というものエルカンゲルが九一四年に王権に対し再度反旗を翻したとき、最初に標的にしたのが司教ザロモに他ならないからである。すなわち本格的な闘争はエルカンゲルによる司教ザロモの捕縛を契機とし、国王コンラートによるその救出という活劇ドラマさながらの局面がこれにつづく。シュヴァーベンでの主導権獲得をめざすエルカンゲルにとってまず第一に障害となる、対抗勢力としてのザロモの存在が浮き彫りにされているのである。[16]

ザロモは、ハットーとともにアルヌルフ・ルードヴィヒ幼童王・コンラート一世の三代の国王宮廷——宮廷教会・宮廷書記局——を掌握して政権の枢機に与るとともに、コンスタンツ司教職ならびにザンクト・ガレン修道院長職にあって、アレマニエン＝シュヴァーベンにおける王権代理の役割を担った。上記諸事蹟を通して窺われるザロモのこうした政治的位置づけ。——それでは、かような形でその支配力・影響力を確保しようとする王権側に対し、アレマニエン＝シュヴァーベン貴族らの立ち位置はどうであったのか。まずは九世紀末におけるアレマニエン＝シュヴァーベンの有力貴族たちを、彼らの星座にも似た静態的な配置を、確認するところから入っていこう。

注

（4）山田欣吾「国王・大公・教会」（第Ⅰ章注11）、二〇四頁。

（5）山田欣吾「国王・大公・教会」（第Ⅰ章注11）、二〇八頁。

（6）第Ⅰ章注5を参照。

（7）第Ⅰ章注5を参照。

（8）ザロモにせよ、ハットーにせよ、アルヌルフ・ルードヴィヒ幼童王の宮廷における彼らの評価に関しては、多分に十一世紀のザンクト・ガレン修道士エッケハルト四世が著した『ザンクト・ガレン修道院事蹟録』Ekkehardi IV. Casus Sancti Galli（第Ⅱ章注38）の叙述に依拠する傾向がある。例えば人物評価・紹介にしても、ザロモはハットーの"semper amicissimus"（常に最も親しい者）である、ザロモは"homo palatinus"（宮廷の人）、"intimus regis"（王の最も親密なる者）であるといった表現は、簡潔に本質を衝いているように見えるが、やはり慎重に扱う必要があろう。Vgl. T. Offergeld, Reges pueri（第Ⅰ章注5）, S. 544-545. 本書ではエッケハルト四世による「人物評価」をさしあたり措いて、事実関係——エッケハルト四世に頼らざるをえない部分もあるが——からザロモの位置づけについて素描した。Vgl. auch H.-W. Goetz, Die schwäbischen Herzöge in der Wahrnehmung der alemannischen Geschichtsschreiber der Ottonen- und Salierzeit, in: A. Bihrer, M. Kälble und H. Krieg (hrsg.), Adel und Königtum im mittelalterlichen Schwaben. Festschrift für Thomas Zotz zum 65. Geburtstag, Stuttgart 2009, S. 134. なおハットーとザロモについては、本書口絵8 9および補説も参照。

（9）WII 680, S. 231-282 [890. 8. 30]. この文書の年代はM・ボルゴルテによって八九〇年から八九一年へ訂正されている。M. Borgolte, Chronologische Studien an den alemannischen Urkunden des Stiftsarchiv St. Gallen, in: Archif für Diplomatik 24, 1978, S. 195. Vgl. G. Tellenbach, Königtum und Stämme in der Werdezeit des Deutschen Reiches, Weimar 1939, S. 38-39; 山田欣吾「国王・大公・教会」（第Ⅰ章注11）、二六三頁注77; U. Zeller, Bischof Salomo III. von Konstanz（第Ⅰ章注5）, S. 53.

（10）G. Tellenbach（前注9）, S. 38; 山田欣吾「国王・大公・教会」（第Ⅰ章注11）、二〇九頁。

（11）DArn 111 = WII 688, S. 290.

（12）DArn 110 = WII 687 (893. 1. 24).

（13） U. Zeller, Bischof Salomo III. von Konstanz（第Ⅰ章注５）, S. 58; T. Zotz, König Konrad I. und die Genese des Herzogtums Schwaben, in: H.-W. Goetz (hrsg.), Konrad I. Auf dem Weg zum „Deutschen Reich"?, Bochum 2006, S. 188-189.

（14） DKI 11 (912. 9. 25).

（15） Annales Alamannici (codex Turicensis)（第Ⅱ章注36） a. 915, S. 190.

（16） 主要史料は『チューリヒ本アレマニエン年代記』九一三～一六年項（前注15）, S. 190、およびエッケハルト四世の『ザンクト・ガレン修道院事蹟録』（第Ⅱ章注38） 一二～二〇章、S. 36-52 である。

2-(2) 九世紀末アレマニエン＝シュヴァーベンにおける有力貴族群

先に取り上げた、ザンクト・ガレン修道院の諸権利をアレマニエン＝シュヴァーベン全域の有力貴顕に知らしめようとした、八九三年頃と推察される、国王アルヌルフの命令書（Mandat [DArn 111]、前注11）に立ち返ろう。そこでは「かの王国のすべての貴顕」に先立ち、「アダルベルト、ベルトルト、ブルハルト、ウダルリヒ」（Adalbertus, Perehtolus, Purghartus, Vodalricus）の名があげられていた。おそらくはこの四名は九世紀末のアレマニエン＝シュヴァーベンを代表する有力貴族であったはずである。彼らは誰で、どのような人物であったのか。

①最初にあげられているアダルベルトなる人物について、諸研究は一致して彼をブルハルディンガー家のアダルベルト二世（Adalbert II. der Erlauchte）に、すなわちフンフリディンガー＝ブルハルディンガー一門の祖であるフンフリート Hunfrid の孫に比定している。[17]

フンフリディンガー＝ブルハルディンガー一門は八世紀末／九世紀初のフンフリートの代に、カール大帝麾下の伯の一人として、北イタリアのイストリア、ついでアルプス越え峠道を扼するアレマニエン南部のクール＝レティエンを託されて以来、とくにクール＝レティエンを拠点にアレマニエン＝シュヴァーベン中核地域（後述）へと勢力を拡げ、アダルベルト二世は九世紀半ば以降、アルプガウ Alpgau、トゥーアガウ、ベルトルツバール Bertoldsbaar の東部、ヘーガウ Hegau 等における伯として登場し、その勢威の程を窺わせる。[18] ちなみにザンクト・ガレン修道院の十世紀中ごろに編纂された『過去帳』(St. Galler Totenbuch) の一月八日項では、彼は「アレマニエン人たちの大公」(Adalbertus dux Alamannorum) と称されている。[19] 彼の死亡年は明確ではないが、八九四年以後、九〇〇年頃と推測されている。[20]

②二番目にあげられているベルトルトなる人物については、カール三世期（八七六〜八八七年）に宮廷伯 (Pfalzgraf)、同王の助言者 (consiliarius regis) として登場するアレマニエン貴族ベルトルトに比定されている。[21] この人物は、カロリンガー期にシュヴァーベン中北部バール Baar 地域（ドナウ川上流域・ネッカー川上流域、地図5参照）において勢力を有した貴族家門アラホルフィンガー＝ベルトルデにつながる人物と目されており、アレマニエン分国王として出発したカール三世とは、アラホルフィンガー＝ベルトルデ一門出身と見られる王妃リヒガルトとのつながりから、近しい関係が生じたと見られている。彼はアレマニエン分国王であったカールがイタリア王位を獲得する第一回イタリア遠征（八七九〜八八〇年）に同行し、そのおりパヴィアで出された一国王文書において「余の助言者たる宮廷伯」(Perholdus illustris comes palacii dilectissimi fideles seu consiliarii nostri) と呼ばれている。[22] また彼はカールが皇帝位を獲得する第二回イタリア遠征（八八〇〜八八一年）にも同行し、シエナで行われた国王裁判に陪席しており、[23] まさに王の助言者たる彼の位置づけを裏書きしている。アルヌルフ期（八八七〜八九九年）に入り、八九二年、ザンクト・ガレン修道院の所領交換文書

において、証人として「宮廷伯ベルトルト」が「司教」ザロモに先んじてその名をあげられている[24]。しかし、その後彼の存在を明確に確認することはできず、かの、八九三年頃と推測されるアルヌルフの命令書（Mandat）における言及が、その最後のものかと考えられており、八九三〜八九六年の間に死去したと推測されている[25]。なお、九一五年に「大公に推戴された」既述のエルカンゲル、その弟ベルトルト、および彼らの姉妹で、バイエルンの辺境伯リウトポルトの妻となり、夫の死後、国王コンラート一世と再婚するクニグンデは、上記ベルトルトの子供たちと推測されている[26]。

③三人目のブルハルトは、上記のアダルベルト二世の息子、すなわち九一一年の「騒擾」で処刑されたブルハルト一世その人に比定されている[27]。

八八九年、レフィンゲンLöffingen教会の所領に関しておこなわれた裁判集会（placitum）での決定を告げる、ザンクト・ガレン修道院文書集所載の一文書（notitia）は、この集会が「伯ブルハルト、高貴なる人アダルベルトの息子の出席のもとで」（coram Burghardo comite, filio Adalberti illustris）おこなわれたことを伝える[28]。ブルハルト一世が伯として確認される初例である。関係する地域から、M・ボルゴルテはブルハルト一世をベルトルツバールの西部における伯とし、同時期彼の父アダルベルト二世がベルトルツバールの東部における伯として登場していることから、ブルハルディンガー一門がベルトルツバール全域に勢力を拡げていたと見る[29]。ルードヴィヒ幼童王が九〇三年に、ザンクト・ガレン修道院に対して父祖らが授与し確認した諸権利をあらためて確認した文書は、斡旋者として、ザクセンをのぞく東フランク各地域を代表する貴族らの名をあげているが、その中でブルハルト一世は「クール＝レティエン辺境伯」（Purchart marchio Curiensis Raetiae）として登場する[30]。またルードヴィヒ幼童王は九〇五年、クール＝レティエン所在のペーファース Pfäfers修道院を、それまで同修道院を封として受領していた「辺境伯ブルハルト」（Burchardus … marchio）の同意

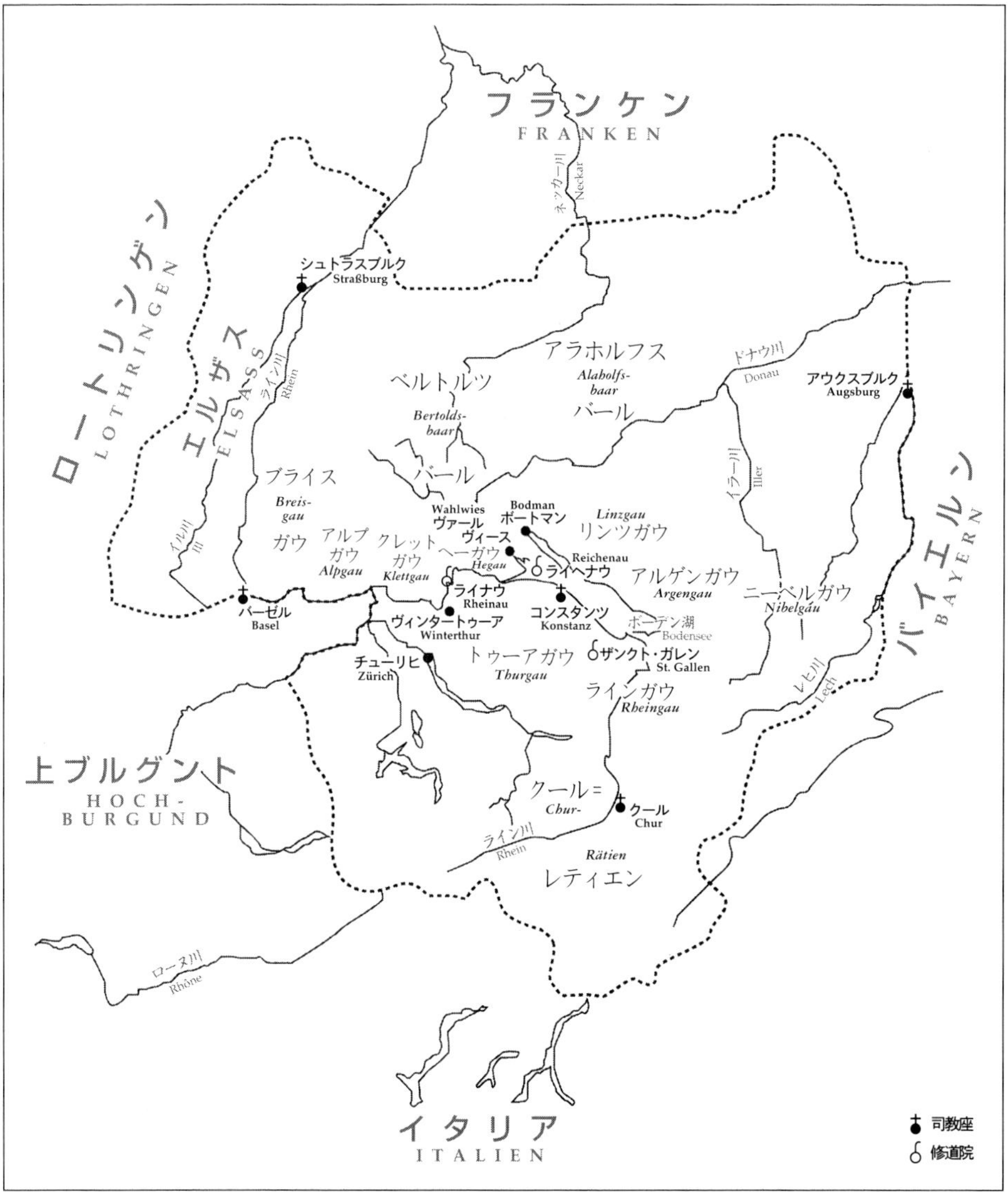

地図5　900年頃のアレマニエン＝シュヴァーベン

A. Zettler, Geschichte des Herzogtums Schwaben, Stuttgart 2003, S. 91, Karte 3をもとに作成

のもと、司教ザロモに授与している。[31]そしてザロモは九〇九年にペーファース修道院をザンクト・ガレン修道院に寄進するさい、右の経緯を記すにあたりブルハルトを「同所の大公」(Burchardus earundem parcium dux)とよんでいる。[32]ここでの「大公」はおそらくはクール＝レティエンに関していわれるものであり、既に称されている「クール＝レティエン辺境伯」と等置されるべきものであろう。――ブルハルト一世は父アダルベルト二世の生前からその権力の一部を託され、父の死後、これを継いでクール＝レティエンおよびバール地域で勢力を誇ることになる。なお、九一一年に彼とともに殺害された弟アダルベルト(三世)は、八九四年以降、トゥーアガウの伯として、九〇一／九〇二年にはクレットガウ Klettgau の伯として現れる。[33]

④四人目のウダルリヒの人物比定について。

M・ボルゴルテは九世紀後半の約五〇年間にボーデン湖北岸のリンツガウとアルゲンガウ Argengau、そしてアルプガウ、ラインガウなどにおいて伯として登場する二名のウダルリヒを検出する。それぞれウダルリヒ四世、五世と措定された両者が、おそらくはカール大帝妃ヒルデガルトが出自した貴族家門ウダルリヒンガー Udalrichinger の後裔であることは、その本拠とする地域や名前から間違いないと思われるものの、両ウダルリヒの系譜関係の確定は困難であり、活動時期も八八〇〜八九〇年代において重なり合う。[34]先の八九一年のザンクト・ガレン修道院文書(WII 680, 前注9)に登場するリンツガウの伯ウダルリヒはボルゴルテによってウダルリヒ五世と推測されているが、[35]問題のアルヌルフの命令書(Mandat)にあげられるウダルリヒがこの人物であるかどうか、実のところ確証はない。なおボルゴルテはウダルリヒ四世、五世の両者をともに、八九六／九〇〇年以前に死去したと推測している。[36]

九世紀末のアレマニエン＝シュヴァーベンを代表する有力貴族と思われる四名のうち、ブルハルト一世をのぞく三名は九〇〇年頃にはすでに死去していた。残るブルハルト一世はこの時点でアレマニエン゠シュヴァーベン貴族の中で主導的地位に立ったのであろうか。しかしルードヴィヒ幼童王期、彼は王権側からはクール゠レティエンの辺境伯／大公として把握されていたにすぎない。十世紀初、アレマニエン゠シュヴァーベン貴族の立ち位置——王権との関係、貴族間での主導権争い——はどのようなものであったのか、あらためて問うこととしよう。

注

（17）M. Borgolte, Die Grafen Alemanniens（第Ⅱ章注46）, S. 21-28; T. Zotz（前注13）, S. 188-189.
（18）M. Borgolte, Die Grafen Alemanniens（第Ⅱ章注46）, S. 21-28; A. Zettler, Geschichte des Herzogtums Schwaben, Stuttgart 2003, S. 76.
（19）"Obit. ... Adalberti ducis Alamannoru(m)" Faksimile, in: A. Zettler（前注18）, S. 77. vgl. R. Rappmann, Das Totengedanken der Abtei（第Ⅲ章注76）, S. 483.
（20）A. Zettler（前注18）, S. 76.
（21）M. Borgolte, Die Grafen Alemanniens（第Ⅱ章注46）, S. 79-80; T. Zotz（前注13）, S. 189.
（22）DK III 16 (880. 1. 8; Pavia).
（23）DK III 31 (881. 3; Siena), vgl. A. Zettler（前注18）, S. 75; ders.（後注77）, S. 33.
（24）W II 684 (892. 3. 17): "sig. Perehto(l)di palaci comitis. sig. episcopi Solomonis."
（25）M. Borgolte, Die Grafen Alemanniens（第Ⅱ章注46）, S. 79-80.
（26）M. Borgolte, Die Grafen Alemanniens（第Ⅱ章注46）, S. 80, 82, 111; A. Zettler（後注77）, S. 33.
（27）M. Borgolte, Die Grafen Alemanniens（第Ⅱ章注46）, S. 85-86; T. Zotz（前注13）, S. 189.
（28）W II 673 (889).
（29）M. Borgolte, Die Grafen Alemanniens（第Ⅱ章注46）, S. 85.

(30) DLdK 20 (903. 6. 24).

(31) DLdK 38 (905. 2. 6).

(32) W II 761 = BUB 89 (909. 12. 28); 拙稿「十世紀中期・Chur 司教―Chur 司教座」(第Ⅱ章注48)、五五―五七頁を参照。なおこの文書の九〇九年という年代はM・ボルゴルテによって疑念を投じられている。M. Borgolte, Chronologische Studien (前注9), S. 197 mit Anm. 688; M. Borgolte, D. Geuenich u. K. Schmid (hrsg.), Subsidia Sangallensia I. Materialien und Untersuchungen zu den Verbrüderungsbüchern und zu den älteren Urkunden des Stiftsarchiv St. Gallen (St. Galler Kultur und Geschichte 16), St. Gallen 1986, S. 450 Anm. 761 (v. M. Borgolte).

(33) M. Borgolte, Die Grafen Alemanniens (第Ⅱ章注46), S. 29-32; M. Borgolte, Geschichte der Grafschaften Alemanniens in fränkischer Zeit (= Vorträge und Forschungen, Sonderband 31), Sigmaringen 1984, S. 234, 244.

(34) M. Borgolte, Die Grafen Alemanniens (第Ⅱ章注46), S. 255-266.

(35) M. Borgolte, Die Grafen Alemanniens (第Ⅱ章注46), S. 265.

(36) M. Borgolte, Die Grafen Alemanniens (第Ⅱ章注46), S. 255.

3　シュヴァーベン大公権形成史における「宮廷伯権力」

先に少しくふれたように、九一五年、エルカンゲルはヴァールヴィースの戦いで国王コンラートに勝利し、自己の与党から大公に推挙された。彼はこれに先立つ九一二年、コンラート一世文書において「宮廷伯」として登場しているのであるが、近年あらためて注目されてきているのが、シュヴァーベン大公権形成史におけるこの宮廷伯職の位置づけである。

エルカンゲルは既述のように、カール三世に近しい宮廷伯として、そしてアルヌルフ期にも宮廷伯として現れるベルトルトの息子と見られている。しかしてベルトルトは十世紀を待つことなく八九三〜八九六年の間に死去したと推測されている。十世紀初にシュヴァーベン大公の地位をめざした勢力として、通例、ブルハルト一世のブルハルディンガー一門とエルカンゲルのエルカンガー一門とがあげられるのだが、後者に関しては実のところ、ベルトルトの死からエルカンゲルの登場まで、時間的な間隙がある。エルカンゲルその人と思われる人物の史料上の初出は九〇九年であり、彼はそこでは司教ザロモ三世の甥ヴァルドー――後にクール司教に就任――の代理人（フォークト）たる伯であることを確認できるにすぎない（WII 761 = BUB 89, 前注32）。九〇三年当時の、ザクセンをのぞく東フランク各地域を代表する貴族らの名をあげる、いのである。

既述のルードヴィヒ幼童王文書（DLdK 20, 前注30）には、エルカンガー一門とおぼしき人物の名は見られないのである。

ところが九〇九年について彼が確認されるのは、登位直後の国王コンラート一世の九一二年の実に五点にものぼる文書においてであり、そのうちの一点において彼は単なる伯ではなくて「宮廷伯」（comes palacii, Pfalzgraf）と呼ばれている。[37] 九一一年におけるブルハルト一世の失脚とコンラート一世の登極に合わせたかのような、国王周辺でのエルカンゲルの頻繁な登場、しかも宮廷伯としての登場である。

エルカンゲルの宮廷伯としての権能、また palacium（宮廷）が特定の王宮（地）に結びついていたのかどうかについては、確証は欠くものの、概ね以下のように描かれうる。

カロリンガー期のアレマニエン＝シュヴァーベンに所在する王宮地（Pfalz）として、ボートマン、ウルム、ロットヴァイル Rottweil、ヴァイブリンゲン Waiblingen、キルヘン Kirchen、ナイディンゲン Neidingen などがある。国王巡行のおりの王宮滞在をルードヴィヒ幼童王の場合で見るなら、ボートマンに四回、ウルム・ロットヴァイル・ヴァイブリンゲンにそれぞれ一回滞在しており、[38] コンラート一世の場合は九一一年から、エルカンゲルとの関係が深刻化する九一三年までに、ボートマンに二回――ちなみにエルカンゲルが宮廷伯として登場するのは、コンラートのボートマンでの二度目の滞在のおりに発給された国王文書においてであった――、ウルムに一回、滞在している。[39] 十世紀初における国王のアレマニエン＝シュヴァーベン巡行にとって、延いてはアレマニエン＝シュヴァーベン支配にとって、とりわけ王宮地ボートマンが有したであろう重要性が、この国王滞在の頻度から窺われよう。ボートマンはボーデン湖北西部の北側の峡湾ユーバーリンガーゼーの最北西端部に臨む地に位置し、ボーデン湖を介してライヘナウ修道院、コンスタンツ司教座、そしてザンクト・ガレン修道院といったアレマニエン＝シュヴァーベンの主要な宗教＝

政治勢力の拠点とも容易に往来できる地勢のもとにあり、またその西北方のヘーガウには国庫領が密集していた。王宮地ボートマンを中心とするボーデン湖西部地域およびヘーガウはカロリンガー王権のもと、政治的に見たとき、アレマニエン＝シュヴァーベンの中核地域に他ならず、王宮地ボートマンはこの意味でアレマニエン＝シュヴァーベンを代表する王宮地であった。[40] この地域、この王宮の掌握がアレマニエン＝シュヴァーベンでの支配権獲得のための「出発点[41]」であって、大公権をめざすエルカンゲルの、ついでブルハルト二世の、王権との九一三年以降の激しい衝突も、この地域を主要舞台とし、両者の大公への推戴が広宣されるのもこの地域においてであった。

ところで十一世紀のザンクト・ガレン修道士エッケハルト四世の『ザンクト・ガレン修道院事蹟録』はその第一一〜二〇章において、エルカンゲルとその弟ベルトルトの、ザロモ三世との闘争、そして国王コンラート一世との闘争をその始まりから終結に至るまで、時に想像力の働くままに、叙述しているが、そこでエルカンゲルとベルトルトの両者はくり返し“camerae nuntii”(Kammerboten)——王室の使者たち、すなわち国王代理として登場する。そして王宮ボートマンは“camerae nuntiorum iuris oppidum”すなわち王室の使者たちの法の下にある拠点といわれる。[42] エッケハルト四世にどこまで依拠できるか問題ではあるが、おそらくエルカンゲルは王宮ボートマンと結びついた宮廷伯の地位を国王コンラート一世から託されたのであり、その権能は本来的には王宮ボートマンでの国王代理としてのそれであったが、アレマニエン＝シュヴァーベンにおける同王宮の政治的位置づけから、事実上アレマニエン＝シュヴァーベン全域に号令するに等しいものであったと思われる。[43]

さて、エルカンゲルが宮廷伯として国王代理の地位に立ったとしたならば、それまで事実上アレマニエン＝シュヴァーベンにおける王権代理として「君臨」してきたコンスタンツ司教ザロモ三世との関係はどのようなものであったろうか。その後の展開から考えるなら、おそらくこの関係が未整合のまま事態は出発し、それが両者が対立へと突き進む一因でもあったように思われる。この問題とも関連するが、エルカンゲルの宮廷伯の地位が王権による委託ないし任命[44]によるものであったなら、それは自立的な大公権の成立をはばもうとする国王コンラート一世側により、有力貴族懐柔のために援用された暫時的な権力装置にすぎず、宮廷伯職の存在は大公権形成史において一つのエピソードに留まる、そのような観が強い。そもそもシュヴァーベンでの自立的な大公権形成の動きは、かの九一一年のブルハルト一世の企図においてにわかに沸点に達したかのように現れ、そこへと至る動力学を描くことは従来、例えばヘルムート・マウラー（Helmut Maurer）の一九七八年の研究段階では、断念され、雌伏する有力貴族諸家門の静態的な列挙に代えられてきた。エルカンゲルの場合も、上述のようにブルハルト一世の失脚とコンラート一世の登極に合わせるかのように唐突にわれわれの前にその姿をみせ、彼の登場の背景については、そして宮廷伯職を担って登場する背景については、ほとんど語られてこなかった。

こうした研究状況の中、オットー・P・クラファデッチャーは一九八〇年、新たな史料を発掘し、シュヴァーベン大公権形成史において宮廷伯職のもった意味合いと、貴族たちの立ち位置に動態的に迫ろうとする新たな所説を提起した。近年あらためて再評価されているこの所説を取り上げよう。

ザンクト・ガレンの市立文書館（Stadtarchiv）に所蔵されている、十五世紀第4四半期に書かれた二つの冊子（Papierheft）の中に、それぞれ別の筆跡によるものの、ほぼ同じ内容を記した断片（Fragment）がある。カロリンガー末期と推察される所領寄進文書の一部を写したものである、と思われるこの二つの断片に、新たな光をあてたのがクラファデッチャーであった[45]。

ヴォルフィヌス Wolfinus なる人物の一人称の形で書かれ、修道院長ザロモ下のザンクト・ガレン修道院に宛てたこの寄進文書において、彼ヴォルフィヌスは「私、宮廷伯コルペルトの息子」(ego Wolfinu[s] Corperti palatini comitis filius) と名乗っており、また「自分の代理人(フォークト)で親族」として伯アダルベルトの名をあげている(advocatus cognatus meus Adalbertus comes)。クラファデッチャーによるならばヴォルフィヌスとその父コルペルトは、ボーデン湖西方、ライン川の中島に九世紀初に建設されたライナウ Rheinau 修道院の建設家門——主導名として Wolvene (= Wolfinus) および Cozpert/Gozpert/ Gozbert (= Corpert) が知られる——に属し、父コルペルトは、当該文書にザンクト・ガレン修道院長ザロモ(念のため言い添えるなら、ザロモ名のザンクト・ガレン修道院長は、コンスタンツ司教を兼任するザロモの他にはいない)の名があげられていることから、時期的に考えて、八八八年以降ライナウ修道院の俗人修道院長として知られ、ニーベルガウ Nibelgau やベルトルツバールの東部における伯として登場するコツペルト/ゴツペルト/ゴツベルト(Cozpert/Gozpert/Gozbert)と判断される。

今、あらためてこの寄進文書の内容・背景の骨子をクラファデッチャーに従って述べるなら、つぎのようである。当文書の背景にあるのは、「宮廷伯」コツペルトとザンクト・ガレン修道院長ザロモとの間での、コツペルトの未成年の息子ヴォルフィヌスの将来についての取り決めであり、ヴォルフィヌスがザンクト・ガレン修道院において修養する代わりに、コツペルトはヴォルフィヌスの名でもって同修道院に、ヴォルフィヌスに相続分として与えられるべきエーニンゲン Öhningen その他ボーデン湖西方の所領を寄進する、というものである。これらの寄進地はザンクト・ガレン修道院に属するザンクト・マクネン St. Magnen 小教会にあてられるが、ヴォルフィヌスの存命中はいわば Pfründe (聖職禄) として彼に留保され、彼にはさらにシュタムハイム Stammheim その他に所在するザンクト・ガレン修道院所領の用益権も留保される。この一連の取り決めに関して、手続きないし処理が「親族」(cognatus) アダルベルトに委ねられているのは、相続問題を考慮してのことであり、この寄進行為はおそらくはコツペルトの死去する九一〇年(後述)に近い時期におこなわれたと思われる。

さてこの寄進文書で注目されることの一つは、親族 (cognatus) として伯アダルベルトの名があげられていることである。すでにカール・シュミット (Karl Schmid) の「祈禱兄弟盟約簿」における人名リストに基づく研究により、ライナウ修道院建設家門とブルハルディンガー一門との親族関係が推定されていたのだが、(46) クラファデッチャーの発見した文書断片はこれをあらためて補強するものであった。この関連の事項を少し追おう。八九二年、ゴツペルトはライナウ修道院へ所領寄進をおこなっているが、それを伝える一連の文書のうちのひとつにおいて、彼と彼の「従兄弟」(consobrinus) であるアダルベルト、およびアダルベルトの法的相続人に、買い戻し権 (potestas redimendi) が留保されている。この八九二年の寄進のおりのアダルベルトはブルハルディンガー家のアダルベルト二世と考えられるが、問題の九一〇年ころの、ヴォルフィヌスの名による所領寄進のさいに現れる「親族」(cognatus) アダルベルトは、クラファデッチャーによればアダルベルト三世であり、またこのときのヴォルフィヌスは上述のようにおそらくは未成年であった。というのも、八九二年のゴツペルトの一連の所領寄進状のうち、先のものとは別の一文書において、ゴツペルトのフォルケレ (Folkere/Fochero) なる名の息子に、ヘーガウ所在所領に関して買い戻し権が留保されているのだが、ヴォルフィヌスの名はいずれの文書にも見られず、この八九二年当時まだ誕生していなかったと思われるからである。

ところでライナウ修道院建設家門とブルハルディンガー一門との親族関係が確認されること以上にこの

寄進文書において注目されるのは、コルペルト、すなわちライナウの俗人修道院長コッペルトが「宮廷伯」(palatinus comes) とよばれていることである。

九世紀後半から十世紀初にかけてアレマニエン゠シュヴァーベン地域の文書において、少なからぬ数の伯コッペルト／ゴッペルト／ゴッベルトが登場する。ボルゴルテは彼らを二人の人物と見て、ゴッベルト二世、三世と措定しつつも、まだ幾人かの別人がいた可能性を指摘する。そうした状況下にある伯ゴッペルトに関して、『モンツァ本ロッブ年代記』と『モンツァ本アレマニエン年代記』の九一〇年項は興味深い記事を載せていた。(47)

マジャール人がアレマニエン人と戦闘し、勝利する。伯ゴッペルトが死し、人びとの大部分が殺害さる。彼ら(マジャール人)は、行軍途上でフランク人と戦い、大公ゲープハルトとリウトフリート、その他大勢の者たち、一部勝利をおさめていたバイエルン人たちを殺害し、略奪品をもち去った。

『モンツァ本ロッブ年代記』九一〇年項

マジャール人、アレマニエンへ。彼らは戦いで予想だにせぬほど多数の者を殺害する。そして伯ゴッペルトが死す。彼らは行軍途上でフランク人およびバイエルン人と戦い、大公ゲープハルトおよびその他大勢の者たち、一部勝利をおさめていたバイエルン人たちを殺害し、略奪品をえて引き返す。

『モンツァ本アレマニエン年代記』九一〇年項

マジャール人はルードヴィヒ幼童王期に毎年のように東フランクの諸地方を襲ったが、九〇七年にはバイエルンの辺境伯リウトポルトがプレスブルクの戦いで戦死し、九一〇年には右の記事にもあるようにコンラーディーナー家の「大公」ゲープハルトが対マジャール戦で戦死している。そしてアレマニエンの伯ゴツペルトもまた、九一〇年、対マジャール戦で戦死したと伝えられているのである。クルト・ラインデルは、後年のリウトプラントの『報復の書』(II, 3, 4) の記述から、九一〇年に対マジャール戦のためにフランケン・バイエルン・アレマニエン(シュヴァーベン)から召集軍が編成され、ゴツペルトはアレマニエン＝シュヴァーベン召集軍の指揮者であったと推測する。[48] そして九一〇年に戦死したこのゴツペルトを、クラファデッチャーは、かのヴォルフィヌスの寄進文書に記される「宮廷伯」で、ライナウ修道院長であるコツペルトと見なすのである。

一体に宮廷伯の権能はどのような内容であったか、――これに固定的な答えを用意するのは困難である。国王代理として、王宮(地)において国王に代わって国王裁判を主催し、また王領地管理を委ねられるといった一般的なことがら以外に、その時々に、様々な役割・権能をもって現れている。[49] 例えばクラファデッチャーはアレマニエンでのつぎのような例をあげる。[50] 九世紀半ばアレマニエン、アラホルフスバール地域に登場する伯ルアドルト Ruadolt は、八五四年のルードヴィヒ・ドイツ人王の文書で「宮廷伯」(Ruadoltus comes palatii) としても登場する。[51] この人物と同一人物と思われる「宮廷伯ルオドルト」(Hruodoltus comes palatii) は『フルダ年代記』八五七年項によると、アイヒシュテット司教オトガー、大公エルンストの息子エルンストとともに、「その部下を率いて」(cum hominibus suis) 対ベーメン人戦に派遣されているのである。[52] すなわちこの場合、軍隊指揮者としての宮廷伯の権能ないし性格が窺われる。こうした事例に照らすなら、宮廷伯コツペルトが「召集軍指揮者」として登場したとしても、それは決して不思議ではない。

クラファデッチャーのあげる例に加えてわれわれは、九一三年、宮廷伯エルカンゲルが弟ベルトルト、伯ウダルリヒとともに軍隊を率いて、甥のバイエルン大公アルヌルフの支援を得て、アレマニエン＝シュヴァーベンへ進攻したマジャール人をイン川近郊で打ち破ったことを想起しよう。『チューリヒ本アレマニエン年代記』九一三年項はこの記事を、エルカンゲルと国王が不和となった記事と和解する記事との間に、すなわち王権の「不在」時の記事として、記している。[53]「宮廷伯」は文字通り国王に成り代わって、軍事指揮者として活動しているのである。

かつてヘアフリート・シュティングル（Herfried Stingl）は九一〇年の召集軍指揮者ゴツペルトの存在ゆえに、同時期、ブルハルディンガー一門のブルハルト一世はまだアレマニエン＝シュヴァーベンでの指導権＝大公権を握る者ではなかったと推測していたが、[54]クラファデッチャーは、召集軍指揮者ゴツベルトが宮廷伯であったことは、シュティングルの推測を裏打ちするとする。彼によればゴツペルトの有した宮廷伯職こそ、大公権への一種の「前段階」だったからである。[55]

九一〇年に対マジャール人戦で戦死した伯ゴツペルトを、ライナウ修道院の俗人修道院長であり、「宮廷伯」と呼ばれるコツペルトと同一人物と見なす考えは、その後ボルゴルテ、ツェトラー、ツォッツ、ローマン・ドイティンガー（Roman Deutinger）、ゼンケ・ローレンツ（Sänke Lorenz）らにも受け入れられ、[56]ほぼ定説化している。このライナウ修道院長・「宮廷伯」コツペルトについて、いま少し追跡しよう。

八八六年、われわれのコツペルトと同一人物と思われる伯コツペルト（Kozpertus）なる人物は、ヴィンタートゥーア Winterthur におけるザンクト・ガレン修道院とティシ（Tisi）なる人物との隷属民（ancilla）の交換行為のさい、コンスタンツ司教ザロモ二世、ライヘナウ修道院長ルアトホー、伯ヒルデボルトとともに「皇帝（＝カール三世）の使者」（legati imperatoris）として出席している。[57]ところでライナウ修道院は八五八年、その建設家門に属するヴォルフェネWolveneによって、相続問題を回避するため、ルードヴィヒ・ドイツ人王に寄進され、以来、国王修道院（Königskloster）となっていた。もとより一門の誰かが俗人修道院長になるなどして同修道院を事実上支配し続けようとするのであろうが、八五八年のドイツ人王文書では修道士らによる修道院長選挙が謳われていた。実際、八八八年以来修道院長として現れているわれわれのコッペルト以前に、正規の修道院長と思われるヴィヒラムWichramが八八五年に確認される。[58] ボルゴルテはそこで、コッペルトの八八五〜八八八年の間における修道院長職就任は、カール三世もしくはアルヌルフの同意なしではありえなかったであろう、とする。[59] すなわち修道院長就任は国王との親近性の証しであった。――コッペルトはボーデン湖西方、ライナウ修道院を中心とする地域を本拠としつつ、ボーデン湖の東方ニーベルガウや北方ベルトルツバールに勢力を拡げ、カール三世のもとで「皇帝の使者」を勤める（八八六年）など王権に近しい存在であった。彼はまたフンフリディンガー＝ブルハルディンガー家のアダルベルト二世、すなわち九世紀末のアレマニエンを代表する貴族の一人（八九三年頃のアルヌルフの命令書［Mandat］を参照）と親族関係（「従兄弟」）にあり、両者はその勢力を補完しつつ、ボーデン湖周辺地域、すなわちアレマニエン＝シュヴァーベンの中核地域において強勢を誇ったと思われる。その彼が「宮廷伯」として登場する。

カール三世のもとで、そしてアルヌルフ期に入って後も、アラホルフィンガー＝ベルトルデ一門のベルトルトが「宮廷伯」としてその名をあげられていたが、彼は八九三〜八九六年の間に死去したと推測される。そして同時期、ブルハルディンガー家のアダルベルト二世もまた死去している（八九四年以後、九〇〇年頃）。ベルトルトの一門はこのあと一時期その姿を見せず、息子と推察されるエルカンゲルは九〇九年に初めてその存在を確認される。しかしその一方で、これと前後して、「宮廷伯職」はライナウ修道院の俗人修道院長コッペルトが称するところとなっていると推察される。彼はどのような経緯で「宮廷伯」の地位にのぼり、彼の「宮廷伯職」はどのような権能・機能を担ったのか。

クラファデッチャーの推測は、これを敷衍して述べるなら、そして近年のツェトラーやツォッツの推測を加えて述べるなら、つぎのようである。——九世紀末／十世紀初、アレマニエンを代表する貴族と目されるアダルベルト二世、ベルトルト、ウダルリヒが相次いで死去した後、ベルトルトの有した「宮廷伯職」はその一門の「相続権」を排する形で、アダルベルト二世の「従兄弟」コツペルトが有するところとなる。王権との親近性、フンフリディンガー＝ブルハルディンガーとの親族関係がこれを後押ししたのであろう。[60]また彼の「宮廷伯職」は彼の活動範囲から見て、本来ボートマン王宮に結びついたものであったろうが、おそらくは王権代理としての位置づけをアレマニエン＝シュヴァーベン全域に示すものであった。アレマニエン＝シュヴァーベンの召集軍指揮者としての活動がこれを示唆する。すなわち九〇〇年以降、毎年のようにマジャール人が襲撃をくり返す中、王権代理たる「宮廷伯」は軍事指揮者としても機能する。バイエルンでリウトポルディンガー家のリウトポルトが対マジャール人戦の指揮者として名を馳せ、それが大公権力へと上昇する背景となったのに似て、コツペルトの「宮廷伯権力」もアレマニエン＝シュヴァーベンにおける頭領的地位への上昇の展望をもった可能性がある。[61]クラファデッチャーが宮廷伯の地位を大公権への一種の「前段階」とする意味がこれである。

引き続きコツペルト以後の政治情勢を、クラファデッチャー、ツェトラー、ツォッツらの説くところから展望しよう。——九一〇年、宮廷伯コツペルトが戦死すると、アレマニエン＝シュヴァーベンにおいて権力闘争がにわかに激化する。コツペルトの息子フォルケレは八九二年以降その名を言及されることはなく、今一人の息子ヴォルフィヌスはおそらく聖界入りしていた。コツペルトの政治的相続人として登場するのは、彼の八九二年の所領寄進文書やかのヴォルフィヌスの名による所領寄進文書から窺われるように、アダルベルト二世の相続人たち、すなわちアダルベルト三世、およびその兄弟ブルハルト一世であった。今や彼らはコッペルトの有した「宮廷伯」の地位を襲おうとする。すなわちアレマニエン＝シュヴァーベンにおける頭領的地位を求めて行動を起こす。これに立ちはだかったのが、従来からアレマニエン＝シュヴァーベンにおける王権代理として「君臨」してきたザロモ三世であった。そしてあるいはまた、「宮廷伯職」を取り戻そうとするエルカンゲル、ベルトルト兄弟もそうであったかもしれない。こうして事態は翌九一一年、かの「騒擾」へと突き進むことになる。[62]

「宮廷伯権力」を手掛りに、シュヴァーベン大公権形成前史を動態的に捉えようとするこの所説は、宮廷伯の権能・機能、およびその権力の及ぶ範囲、あるいは「王権代理」と位置づけられる聖職者、コンスタンツ司教ザロモ三世との関係、等々の解明になお課題を残しつつも、時代状況を読み解く一つの有効な捉え方であると思われる。

注

(37) DKI 2 (912. 1. 11; Bodman), 3 (912. 3. 5), 9 (912. 8. 8), 10 (912. 8. 23), 11 (912. 9. 25; Bodman, "comes palatii"). 第Ⅱ章第3節―(1)を参照。

(38) T. Zotz, Der Breisgau und das alemannische Herzogtum. Zur Verfassungs- und Besitzgeschichte im 10. und beginnenden 11. Jahrhundert (= Vorträge und Forschungen, Sonderband 15), Sigmaringen 1974, S. 230. 第Ⅰ章第2節 地図1―1、1―2を参照。

(39) DKI 2 (912. 1. 11; Bodman), 11 (912. 9. 25; Bodman), 12 (912. 10. 3; Ulm). 第Ⅱ章第3節―(1) 表4、地図2を参照。

(40) H. Maurer, Der Herzog von Schwaben. Grundlagen, Wirkungen und Wesen seiner Herrschaft in ottonischer, salischer und

staufischer Zeit, Sigmaringen 1978, S. 40.

（41）H. Maurer（前注40）, S. 40.

（42）Ekkehardi IV. Casus Sancti Galli（第Ⅱ章注38）, c. 12, S. 36.

（43）H. Maurer（前注40）, S. 38-40; S. Lorenz, Die Pfalzgrafen in Schwaben vom 9. bis zum frühen 12. Jahrhundert, in: A. Bihrer u. a. (hrsg.), Adel und Königtum im mittelalterlichen Schwaben. Festschrift für T. Zotz（前注8）, S. 208-209.

（44）H. Maurer（前注40）, S. 38-39.

（45）以下しばらく、O. P. Clavadetscher, Wolfinus Cozperti palatini comitis filius. Eine neuentdeckte Quelle zur Geschichte des beginnenden 10. Jahrhunderts, in: O. P. Clavadetscher, H. Maurer u. S. Sonderegger (hrsg.), Florilegium Sangallense. Festschrift für Johannes Duft zun 65. Geburtstag, St. Gallen/Sigmaringen 1980, S. 149-163.

両冊子はザンクト・ガレン市立文書館に所蔵され、それぞれつぎの番号がふられている。Stadtarchiv St. Gallen, Tr. XVII, 23a (C^1); Tr. XVII, 23b (C^2). 両冊子に書写されている文書類の一覧は O. P. Clavadetscher, a. a. O., S. 150 に掲載されており、問題の「断片」については、C^2 のものが S. 151-152 に活字に起こされ、C^1 との異同は注で示されている。

（46）K. Schmid, Königtum, Adel und Klöster zwischen Bodensee und Schwarzwald (8.–12. Jahrhundert), in: G. Tellenbach (hrsg.), Studien und Vorarbeiten zur Geschichte des grossfränkischen und frühdeutschen Adels, Freiburg 1957, bes. S. 252-281.

（47）Annales Laubacenses (Codex Modoetiensis), a. 910; Annales Alamannici (Codex Modoetiensis), a. 910（巻末の付録A①②を参照）.

（48）RL (K. Reindel, Die bayerischen Luitpoldinger), S. 97.

（49）R. Deutinger, Königsherrschaft im ostfränkischen Reich. Eine pragmatische Verfassungsgeschichte der späten Karoringerzeit, Ostfildern 2006, S. 165-187; S. Lorenz（前注43）, S. 205-206.

（50）O. P. Clavadetscher（前注45）, S. 155.

（51）DLdD 69 (854. 7. 22). vgl. M. Borgolte, Die Grafen Alemanniens（第Ⅱ章注46）, S. 225.

（52）Annales Fuldenses（第Ⅲ章注1）, a. 857, S. 50. なおクラファデッチャーはこのルオドルトを八八〇、八九二年に宮廷伯として登場する、かの、アラホルフィンガー＝ベルトルデ一門のベルトルトの父である可能性を指摘し、以って宮廷伯職のルオドルトからベルトルトへの事実上の相続 Erblichkeit に言及するが（O. P. Clavadetscher［前注45］, S. 157f.）、ボルゴルテはこの父子関係を根拠が十分でないとする。M. Borgolte, Die Grafen Alemanniens（第Ⅱ章注46）, S. 225; vgl. S. Lorenz（前注43）, S. 207.

（53）“discordia cepta est inter regem et erchangerum. ungri in alemanniam quibus per bauariam redeuntibus arnolfus filius liupoldi et erchangerus cum perahtoldo et oadalrico cum eis pugnaverunt et eos superaverunt. ipso anno erchanger cum rege pacificatus est cuius sororem liupoldi relictam rex quasi pacis obsidem in matrimonium accepit." Annales Alamannici (codex Turicensis), in: W. Lendi (第Ⅱ章注38), a. 913, S. 190. なおこの戦闘に関する史料についてはRL (K. Reindel, Die bayerischen Luitpoldinger), S. 102-105を参照。

(54) H. Stingl, Die Entstehung der deutschen Stammesherzogtümer am Anfang des 10. Jahrhunderts, Aalen 1974, S. 162.

(55) O. P. Clavadetscher (前注45), S. 156 Anm. 31.

(56) M. Borgolte, Geschichte der Grafschaften Alemanniens (前注33), S. 210-211; ders., Die Grafen Alemanniens (第Ⅱ章注46), S. 139; A. Zettler (前注18), S. 80 (ただしS. 75では慎重な見方をしている); T. Zotz (前注13), S. 191; R. Deutinger (前注49), S. 218-219; S. Lorenz (前注43), S. 207.

(57) WII 656 (886. 11. 11). 伯ヒルデボルトは、ルードヴィヒ・ドイツ人王期から、カール三世・アルヌルフ期にかけて、アレマニエンにおいて伯として、また「国王の使者」missus (domini) regisとして登場する (867, 872, 893) 人物と同一人物と思われるが、彼の閲歴や系譜関係その他のことは不明である。M. Borgolte, Die Grafen Alemanniens (第Ⅱ章注46), S. 143.

(58) K. Schmid (前注46), S. 262 Anm. 46.

(59) M. Borgolte, Die Grafen Alemanniens (第Ⅱ章注46), S. 210.

(60) クラファデッチャーはザロモの後押しの可能性を語る (O. P. Clavadetscher [前注45], S. 155) が、説得的とは思われない。

(61) O. P. Clavadetscher (前注45), S. 155; T. Zotz (前注13), S. 189; A. Zettler (前注18), S. 80. ただしR・ドイティンガーは、ゴツベルトにアレマニエン召集軍指揮者の役割が帰せられうるかどうか、それ故準大公的 (quasi-herzoglich) な機能が帰せられうるかどうか、なお不確実なままであるとして、クラファデッチャーの所説に対して慎重な姿勢をとる。R. Deutinger (前注49), S. 183. またS・ローレンツも、ドイティンガーに拠りつつ、九世紀末〜十世紀初のアレマニエン＝シュヴァーベンにおける宮廷伯に関して、それが宮廷(地)での王権代理としての権能のみならずアレマニエン＝シュヴァーベン全域に関する監察官的権能 (missus, legatus) をももって現れていることを指摘するが、宮廷伯の軍事的権能・役割については、ルアドルトとゴツベルトの二例を指示しつつも、暗示的でしかないとして注目しない。彼の関心はもっぱら宮廷伯職自体の史的展開・位置づけにおかれ、エルカンゲルについては、ボルゴルテ、クラファデッチャーに依りつつ、伯 (comes) から宮廷伯 (comes palatii) をへて大公 (dux) へ、という階梯を指摘するが、本書が指摘する大公権形成にとっての宮廷伯職のいわば機能的・契機的役割については止目していない。S. Lorenz（前注43）, S. 206-209.

（62）O. P. Clavadetscher（前注45）, S. 155-157; T. Zotz（前注13）, bes. S. 190-191; A. Zettler（前注18）, S. 76, 80-81; S. Lorenz（前注43）, S. 208.

4　シュヴァーベンにおける「騒擾」
――ツェトラー説の紹介と検証、自説の提示

右に紹介したクラファデッチャーらの所説であるが、このうちツェトラーは九一一年のブルハルト一世の裁判・処刑については異なった解釈をとる。以下しばらくそれを見ていこう。

ツェトラーが注目するのは『モンツァ本アレマニエン年代記』九一一年項にその名をあげられる二人の人物、ブルハルト一世の息子ブルハルト二世の姑ギーゼラ Gisela と、従来その人物比定がなされないままできた、ブルハルト一世を殺害する「監察官」アンセルム（censura Anshelmus）である。

ツェトラーは、プロソポグラーフィシュな方法を駆使して、ギーゼラがどのような人物であったかに迫る[63]。

ギーゼラという名はカロリンガー一門の女性名（主導名）として知られるが、九世紀前半、婚姻関係を通してウンルオヒンガー Unruochinger 一門に伝えられている[64]。すなわち北イタリア、フリアウルの辺境伯エーベルハルトとルードヴィヒ敬虔帝の娘ギーゼラとの婚姻から娘ギーゼラが生まれており、また息子ベレンガール（一世）――八八八年にイタリア王、九一五年に皇帝となる――にもギーゼラ名の娘がいる[65]。問題のギーゼラも、おそらくベレンガール一世の兄弟姉妹たちのいずれかを通して、ウンルオヒンガー家の出自であったと思われる。ツェトラーはこの推測をライヘナウ修道院の「祈禱兄弟盟約簿」に記載されて

いる人名リストから補強する。
ブルハルト二世とその妻レギンリント Reginlind ——問題のギーゼラの娘で、『モンツァ本アレマニエン年代記』では登場しないが、他の史料からその名が知られる——との間には、上ブルグント王ルドルフ二世と結婚する娘、ベルタ Berta の存在が知られている。しかしてライヘナウ修道院の「盟約簿」の中につぎのような人物群を記載した箇所がある。(66)

PURCHART, **REGINLIND**, LIUTCART, **KISILA**, **Perehta**, Rualind, Uuoluolt, Thiet.., Perihker, Odalrih, Manegolt, Uotilo, Perehtolt, Erchenbold, Kerbrig, Sigeburg, Ruom, Uuito, Perehker, Perenhart, Uualdpret, Helmerat, Uuenilo, Cundhere, Heribold, Picho

先頭に PURCHART（ブルハルト）、REGINLIND（レギンリント）が記載され、二人おいて Perehta（ベルタ）名が見られる。この名の組合せから見て、上記、ブルハルト、レギンリント夫妻とその娘ベルタが記されたもの、すなわちこの人物群はブルハルト二世、レギンリント夫妻の家族・親族集団を記載したものと推察される。レギンリントとベルタの間には、LIUTCART（リウトガルト）、KISILA（ギーゼラ）名があり、いずれもベルタ同様、ブルハルト、レギンリント夫妻の娘と思われるが、何よりも注目されるのはギーゼラ名であり、ブルハルト、レギンリント夫妻には既知の娘ベルタの他に、ギーゼラ名の娘もいたと推察されることである。
何故注目されるのかというと、ベレンガール一世の側でもギーゼラのほか、ベルタ名の娘がおり、(67)ベレンガール一世の娘ギーゼラにもベルタ名の娘がいるからである。(68)ベルタ名もカロリンガー由来の名であるかどうか分からないが（ロートリンゲン王ロタール二世の子にギーゼラ、ベルタがいる）[69]、九世紀末～十世紀イタリアにおいては、ギーゼラ名、ベルタ名は「皇帝の娘」、王の「後裔」（proles）といわれた。ブルハルト二世、レギンリント夫妻の娘ギーゼラ、ベルタの名は、おそらくはレギンリントを通して、そしてその母ギーゼラを通して伝えられたと考えられ、それは彼女ギーゼラのウンルオヒンガー家からの出自を想起させるのである。

ところでザンクト・ガレン修道院の「祈禱兄弟盟約簿」にウァルトフリート（Uualtfrit）、ギーゼラ（Kysala）に始まり、レギンリント（Reginlint）、四名おいてギーゼラ（Kysala）、ベルタ（Pertha）……とつづく人名群の記載がある。[70]

Uualtfrit, **Kysala**, **Reginlint**, Thiotolt, Erchanbolt, Uualtpret, Kebine, **Kysala**, **Pertha**, Ruollint, Richpret, Cunthere, Ruom, Uuolfram, Tougolf, Kerrat, Kerhart, Perichker, Kerhilt, Otker, Ruothilt, Ymma, Thietrich

おそらく夫妻と思われるウァルトフリート、ギーゼラに、子供らと思われるレギンリント、ギーゼラ、ベルタらがつづくこの集団が、かのブルハルト二世の姑であるギーゼラの、夫を始めとする家族・親族を記したものであることは明らかであり、ツェトラーはここにギーゼラの夫であり、レギンリントの父である人物の名ウァルトフリートを見出すとともに、彼を九世紀末にヴェローナとフリアウルの伯／辺境伯として知られるヴァルトフレート（Walfred）に比定する。[71]

ヴェローナとフリアウルの伯／辺境伯ヴァルトフレートは初め、イタリア王ベレンガール一世（八八八～

九二四年）の与党として知られ、ベレンガールの「第一の助言者」（summus consiliarius）ともよばれた。ヴァルトフレートとギーゼラとの婚姻は、彼とベレンガールとの蜜月の間におこなわれた、とツェトラーは推測する。しかして東フランク王アルヌルフがイタリアに遠征し、皇帝戴冠（八九六年）するや、ヴァルトフレートはアルヌルフ側に鞍替えし、アルヌルフからアッダ川（Adda；ポー川支流）以東のイタリアにおける王権代理に任じられる。しかしアルヌルフの東フランク帰還後、ヴェローナにおいてベレンガールに攻められ、八九六年のうちに死去する。彼の後、ヴェローナの伯／辺境伯の地位を襲ったのはベレンガールの家士（Vasall）アンセルム Anselm であり、ツェトラーの表現を借りるならそれは、ヴァルトフレートの子孫の相続要求権（Erbansprüche）を無視してのことであった。アンセルムはこの地位を九一二／一三年のその死まで保持する。[72] 九一一年にブルハルト一世を処刑に至らしめた「監察官」（censura）アンセルムとは、ツェトラーによればこのヴェローナ伯／辺境伯アンセルムであった。

ツェトラーの説くところをつづけよう。——九一一年のブルハルト一世の裁判・処刑の背景は、したがって、ヴェローナ伯／辺境伯職の後継問題にあった。ブルハルト一世は、要求権を掲げる立場のヴァルトフレートの寡婦ギーゼラが息子ブルハルト二世の姑であることからこの問題に関与する。ブルハルト一世自身が後継に関心をもっていたかどうか不明であるが、後年、息子ブルハルト二世（＝シュヴァーベン大公ブルハルト一世）が、そしてその女婿である上ブルグント王ルドルフ二世が、イタリア支配を求めた背景を考えるにあたって、「ギーゼラ—レギンリント—ベルタ」のラインは示唆的である。いずれにせよブルハルト一世は何がしかの約束のもと、ヴェローナの国王ベレンガール一世の宮廷、もしくは裁判集会に出席を求められ、この問題をめぐってアンセルムと争う中、殺害されるに至るのである。[73]

以上にやや詳しく紹介したツェトラーの所説の骨子を簡単にまとめておこう。九一一年のブルハルト一世の裁判・処刑をめぐる問題の本質は、イタリアでのヴェローナ伯／辺境伯の後継問題をめぐる、ギーゼラの「代理人」たるブルハルト一世とアンセルムとの対立にあり、舞台もアレマニエンやレティエンではなく、イタリア、おそらくはヴェローナの地にあった。したがって、ツェトラー曰く、このブルハルト一世の裁判・処刑をめぐる問題はシュヴァーベン大公権の形成とはほとんど関係なかった。(74)

ブルハルト二世の妻レギンリントの母ギーゼラについて、ツェトラーが提示する系譜的考察はきわめて説得的である。「祈禱兄弟盟約簿」や「過去帳」などのいわゆる「記念資料」の中に埋もれた多数の人名の中から一まとまりの人名群を見つけ出し、既知の諸史料との突き合わせを通して、どのような人物群であるのかを明らかにし、同時にそこから新たな史的知見を導き出す、――かつてK・シュミットらが精力的に実践し、多くの成果をもたらした方法が、当然のことながら今日なお有効であることをあらためて示している。しかし九一一年のブルハルト一世の裁判・処刑に関して、ヴェローナの伯／辺境伯の地位をめぐる相論を問題の核心とするその所論については、疑問なしとはいくまい。

直ちに提起される、そして最大の疑問は、この問題におけるコンスタンツ司教ザロモ三世の関与をどう理解するか、延いては「騒擾」の全体像はどう描かれるか、ということであろう。

『モンツァ本アレマニエン年代記』はブルハルト一世の裁判・処刑に関連して、その妻、その息子ブルハルト二世とウダルリヒ、弟アダルベルト三世、ブルハルト二世の姑ギーゼラに対してなされた処断を報告する。ことに弟アダルベルト三世については、ザロモらの命令で殺害された、と明言する。ツェトラーによればこれはブルハルト一世の裁判とはまったく関係なくおこなわれたということなのであろうか。ツェトラー自身、他方で、コンスタンツ司教ザロモ三世が九一一年の一連の経過に関わっていることを再三強調しているが、そうであるなら九一一年の「騒擾」とは、アレマニエン゠シュヴァーベンでの主導権を握ろうとするブルハルト一世、アダルベルト三世兄弟と、これを阻止しようとするザロモらとの対立という枠組みの中、たまたま生じたヴェローナ伯／辺境伯の地位をめぐる相論によりブルハルトが処刑され、これに乗じる形でザロモがアダルベルト三世を、延いてはブルハルディンガー勢力を排除しようとした、というものとして捉えられねばなるまい。しかしツェトラーにおいてはブルハルト一世の裁判・処刑とアダルベルト三世殺害との関係について、整合的な説明・解釈はなされていない(75)。

上のことに関連して個別的にもいくつか疑問が生じる。ブルハルト一世の裁判・処刑がイタリアを舞台としたならば、ブルハルディンガー家の他の人びとに対する処断は誰によって、どこを舞台になされたのであろうか。ブルハルディンガー一門は、始祖フンフリートがイタリアに関わりを有していたとはいえ、ブルハルト一世・アダルベルト三世期においては、クール゠レティエンをいわば本拠に、ボーデン湖周辺のアレマニエン゠シュヴァーベンの中核地域、さらには北部のバール地域に勢力を展開しており、イタリアになおどの程度の係留地を有していたか判然としない(76)。すべてのものを奪われた――当然、所領を含むであろう――といわれるブルハルト一世の妻は、誰によって、どこに所在する所領を奪われたのであろうか。「祖国」(patria)を追われたといわれるブルハルト二世とウダルリヒは、誰によって、どこを追われたのであろうか。そもそも奪われた「彼の」(eius)所領と封、すなわちブルハルト一世の所領と封とは、誰によって奪われ、どこに所在するものであったのであろうか。すべては、例えば、イタリアでのブルハルト一世の裁判・処刑に乗じて、アレマニエン゠シュヴァーベンの地でなされた、と考えるべきなのであろうか。あるいはすべてイタリア所在所領に関するもの、と考えるべきなのであろうか。ここでも整合的な回答は用意されていない。他方ブルハルト二世の姑ギーゼラはボートマンの宮廷で裁判にかけられている。逆に何故イタリアでなく、ボートマンで、なのであろうか。ここにもイタリアでのブルハルト一世の裁判・処刑に乗じて、という説明が用意されるべきなのであろうか。――総じて、ブルハルト一世の裁判・処刑がイタリアを舞台としておこなわれたとするならば、それ以外の事蹟は説明するのにかなり困難な状態におかれる。

ブルハルト二世の姑ギーゼラの周辺にアンセルム名の人物を見出したのはツェトラーの功績であり、この両者の間にヴェローナ伯／辺境伯の地位をめぐって相論が生じていたとの推定もまた捨てがたい。しかしツェトラーにおいては、その相論を八九六年からは一五年後の九一一年におけるブルハルト一世とアンセルムの間でのそれへと飛躍させることに急で、関連状況の整合的な説明は打ち捨てられてしまっている。ツェトラーの所説のうち、ギーゼラを中心とする人物比定をめぐる所論は説得的で、高い蓋然性を有すると思われるが、ブルハルト一世とアンセルムなる人物との間の相論をめぐる推論、およびそこから導き出される「騒擾」の捉え方については、検証不可能であり、関連状況の説明も放棄されてしまっており、受け入れがたく思われる。アルプスを挟む北イタリアと南ドイツ・ブルグント地域との様々なレヴェルの関係・交流はつとに指摘されているところであり[77]、ツェトラーの所説もこれに棹差すものであろうが、なお慎重に考察を重ねるべきであろう。

ツェトラーの所説の検討をひとまず措き、以下では、ツェトラーの結論とは逆に、九一一年の「騒擾」が、ブルハルト一世の裁判・処刑からギーゼラの裁判にいたるまでの一連の経過のうちに捉えられるべきものであり、その舞台もアレマニエン＝シュヴァーベンの地に求められるべきであり、延いては通説の見る通りシュヴァーベンでの主導権をめぐる闘争がその核心であったということを、この「騒擾」を伝える『モンツァ本アレマニエン年代記』の記述の中に、作者の視線の中に、探っていきたい。

『モンツァ本アレマニエン年代記』が語る九一一年の「騒擾」において、わずかだが一貫して見られる特徴として、反ブルハルディンガー側の「公的」装いを指摘できる。ブルハルト一世を裁き、処刑するアンセルムは「監察官」(censura) として登場する。ブルハルト二世の姑ギーゼラは「ボートマン宮廷」で裁判にかけられ、「公の統治に対する反逆者」とされる。ブルハルト二世とウダルリヒの「祖国からの追放」をこれに加えることができるかもしれない。この「公的」装いは何を意味するのであろうか。――われわれはこれより少し前、同じように「公的」装いの中で、ある貴族家門が殲滅された闘争を知っている。いわゆるバーベンベルガー・フェーデ (Babenberger Fehde) である。[78]

九世紀末、フランケンにおける主導権をめぐってコンラーディーナー家とバーベンベルガー家の二つの貴族家門が激突する。両家門がフェーデ状態に陥る中、九〇六年に入って王権が関与するにいたる。同時代人であるレギノー・フォン・プリュムの『年代記』九〇六年項はつぎのように語る。

同年七月頃、国王ルードヴィヒは全体集会を王の都邑トリブールに開催した。そこへはしばしば言及した(バーベンベルガー家の)アダルベルトも出席するよう命じられた。彼が王国の有力者の陪席の許で自ら釈明し、これまで彼が憎んできた平和の状態を、ついに、残忍の暴政を捨てて受け入れ、そして略奪、殺人および放火を、遅きに失したあとであるが、少なくとも止《や》めんがためにである。しかし彼はこの有益な忠告に決して耳を傾けなかった。そこで王は自分の意図がないがしろにされ、隠された謀反の悪意の中にあらわれたのを見抜き、あらゆるところから集めた軍隊をもってテレスとよばれる城砦に、彼を封鎖して包囲した。……かくして包囲がいささか長く引き延ばされて士気衰えたアダルベルトは、……いかなる手立てによって包囲が破れるかを……あらゆる知恵をもって考え始めた。それから門を開き、ごくわずかの者とともに砦を去って自ら身を王に託した。嘆願者は犯したことについて赦しを乞い、償いを約束した。しかし企てていた欺瞞が味方の裏切りによってあばかれたので、彼は拘留され、そして手を縛られて全軍隊の面前に引き出され、九月九日全員の判決により死罪宣告を受けた。彼の財産と所有地は王領に没収され、王の贈与により貴族たちに分配された。[79]

見られるようにコンラーディーナー家とバーベンベルガー家の闘争は、「王権」の介入による仲裁——の形式——をへて、バーベンベルガー一門を平和攪乱者として公に追討する様相へと変化している。幼童王ルードヴィヒに近しいレギノーは、もっぱらバーベンベルガー家のアダルベルトの悪意・欺瞞を言い立てるが、しかし十世紀半ばのヴィドゥキントの『ザクセン人の事績』(第一章・第二二節)によれば、アダルベルトは仲介に立った幼童王の後ろ楯、マインツ大司教の嘘にだまされて、すなわちハットーの、「彼(アダルベルト)に王との平和をもたらすか、もしくは無傷のまま彼を彼の土地に連れ戻させる」(aut ei pacem cum rege facturum aut incolumem loco suo restiturum) との虚言に乗って、城を出たとされる。[80]『モンツァ本アレマニエン年代記』の作者もすでに同じような見方を提示していた。九〇六年項においてこう語っている。「同じくルードヴィヒ(幼童王)がアダルベルトの上へ(追撃)。彼(アダルベルト)は約束を欺かれ、だまされて首を刎ねられる」と。[81] 王権の関与とその裏にある欺瞞とが見て取られているのである。同じ作者がこれより先に著した『モンツァ本ロッブ年代記』九〇七年項では「ハインリヒの息子アダルベルトが、司教たちに約束を欺かれ、だまされて首を刎ねられる」と、「司教たち」の虚言を伝え、[82] ハットーらの関与を示唆していた。
ハットーがコンラーディーナー家に肩入れして、王権を前面に出して、すなわち「公的」装いのもとで、バーベンベルガー家を追いつめる、──九一一年の「騒擾」の場合も、おそらく同じような図式のもとでブルハルディンガー家の失脚が図られた、と、少なくとも『モンツァ本アレマニエン年代記』の作者の目には映ったであろう。バーベンベルガー・フェーデにおいてハットーが演じた役割は、ここではアレマニエン＝シュヴァーベンにおける「王権代理」たるザロモが演じることになる。そうであるとするならば、『モンツァ本アレマニエン年代記』の作者は、ブルハルト一世の裁判・処刑からギーゼラの裁判にいたるまでの一連の出来事を、一まとまりの継起的な出来事と見て、報告しているように思われる。その場合、舞台はやはりアレマニエン＝シュヴァーベンの地に求めるべきであり、問題の核心はアレマニエン＝シュヴァーベンにおける主導権をめぐるところにあったと見るべきであろう。

ちなみに約一四〇年後、ライヘナウ修道士ヘルマンは既述のようにブルハルト一世の殺害について、「その集会で」(in conventu suo)、と述べていた。ここでの"suus"(その／彼の)は「ブルハルト一世の」、あるいは可能性は少ないが「アレマニエンの」の意味である。ヘルマンに伝えられた「記憶」ないし「記録」では、ブルハルトは自らが主催した集会において、あるいはアレマニエン＝シュヴァーベンの地でのそれ(ラント集会)において、「騒擾」の中、殺害されたのである。

アンセルムなる人物が誰であり、どのような人物であるか、われわれはツェトラーの推測に代わる可能性を用意することはできない[83]。しかし、アンセルムとブルハルト一世の相論をヴェローナ伯／辺境伯の地位をめぐるものとして、舞台をイタリア、ヴェローナに求め、その結果九一一年のブルハルト一世の裁判・

処刑をシュヴァーベン大公権の形成と関係ないものとするツェトラーの所説には、与しない。上述のように所説そのものが検証不可能で、関連状況の整合的な説明もできないからであり、そもそもの証言者である『モンツァ本アレマニエン年代記』の作者が一連の経緯を一まとまりの継起的な出来事として報告しようとしているように思われるからである。九一一年の「騒擾」、その核心は、従来から説かれているように、アレマニエン＝シュヴァーベンにおける主導権をめぐるところ、大公権の形成をめぐる攻防に存在したように思われる。

注

（63）以下、A. Zettler（前注18）, S. 110-114.
（64）A. Zettler（前注18）, S. 110-112; G. Tellenbacher（前注9）, S. 45.
（65）K. F. Werner, Die Nachkommen Karls des Grossen（第Ⅱ章注69）, Tafel III 15–IV 31, IV 27–V 26.
（66）Das Verbrüderungsbuch der Abtei Reichenau, hrsg. v. J. Autenrieth, D. Geuenich, K. Schmid, MGH Libri Memoriales et Necrologia NS 1, S. 41 Faksimile; auch in: A. Zettler（前注18）, S. 111 Faksimile.
（67）K. F. Werner, Die Nachkommen Karls des Grossen（第Ⅱ章注69）, Tafel V 27.
（68）K. F. Werner, Die Nachkommen Karls des Grossen（第Ⅱ章注69）, Tafel VI 27.
（69）K. F. Werner, Die Nachkommen Karls des Grossen（第Ⅱ章注69）, Tafel V 14, 15.
（70）M. Borgolte, D. Geuenich u. K. Schmid, Subsidia Sangallensia 1（前注32）, S. 190 Faksimile.
（71）A. Zettler（前注18）, S. 112. ヴェローナとフリアウルの辺境伯ヴァルトフレートについては、E. Hlawitschka, Franken, Alemannen, Bayern und Burgunder in Oberitalien (774–962). Zum Verständnis der fränkischen Königsherrschaft in Italien, Freiburg 1960, S. 279-282 Nr. 165 Waltfred; A. Zettler, Die karolingischen Grafen von Verona. Überlegungen und Annäherungsversuche, in: A. Bihrer u. a. (hrsg.), Adel und Königtum im mittelalterlichen Schwaben. Festschrift für T. Zotz（前注8）, S. 113-114. なおE・ラ

ヴィチュカによりヴァルトフレートの妻はギーゼラ名の女性と推測されるも、どのような人物かは不明とされていた。E. Hlawitschka, a.a.O., S. 281f. Anm. 16.

（72）このアンセルムについては、E. Hlawitschka（前注71）, S. 132-134 Nr. 29 Anselm (II.).

（73）A. Zettler（前注18）, S. 113.

（74）A. Zettler（前注18）, S. 80.

（75）T. Zotz（前注13）, S. 193 はツェトラーの所説を受けて、整合的に説明しようとするが、成功しているようには思われない。

（76）T. Zotz（前注13）, S. 193 mit Anm. 58 はブルハルト一世の父アダルベルト二世の北イタリアにおける所領の存在と、ブレシア所在のサン・サルヴァトーレ（San Salvatore）修道院の「生命の書」（Liber Vitae）におけるアダルベルトの家族成員の記載に言及するだけである。

（77）例えば一九九七年一〇月ライヘナウでおこなわれたコンスタンツ中世学会での発表を収録した論文集 H. Maurer, H. Schwarzmaier und T. Zotz (hrsg.), Schwaben und Italien im Hochmittelalter (= Vorträge und Forschungen 52), Stuttgart 2001 に所収の諸論文を参照。ツェトラーもこの論文集にその論文を掲載している。A. Zettler, Der Zusammenhang des Raumes beidseits der Alpen in karolingischer Zeit. Amtsträger, Klöster und die Herrschaft Karls III., in: ebenda, S. 25-42.

（78）バーベンベルガー・フェーデについては、早川良彌「バーベンベルガー・フェーデ」（第Ⅰ章注13）二三―四六頁；J. Petersohn, Franken im Mittelalter（第Ⅰ章注13）, S. 150-162.

（79）"Eodem anno circa Iulio mense Ludowicus rex conventum generalem celebravit apud Triburias villa regia, ubi adesse mandavit saepe dictum Adalbertum, ut in presentia optimatum regni pro se rationem redderet et pacis conditionem, quam hactenus exosam habuerat, tandem aliquando deposita crudelitatis tirannide susciperet et a rapinis, caedibus et incendiis saltim vel sero quiesceret. Sed his salutaribus monitis nequaquam assensum prebuit. Cernens itaque rex obduratum eius animum et in cepta rebellionis malicia obstinatum, collecto undique exercitu eum in castro, quod Terassa dicitur, obsidione cinxit. ... Protracta igitur paulo prolixius obsidione fractus animo Adalbertus ... omni ingenio excogitare coepit, qua arte obsidio solveretur, ... Portis itaque apertis a munitione exiens cum perpaucis ultro regi se optulit, supplex veniam de commissis exposcit, emendationem promittit. Sed cum fraus, quae struebatur, suis prodentibus fuisset detecta, custodiae mancipatus est et in presentia totius exercitus manibus vinctis adductus omnibus adiudicantibus capitalem suscepit sententiam V. Id. Septembris. Facultates et possessiones eius in fiscum redactae sunt et dono regis inter nobiliores quosque distributae." Reginonis Chronica（第Ⅲ章注30）, a. 906, S. 316-318. 訳は大部分を早川良彌氏のそれ（前

注78、二四—二五頁）からお借りし、一部改めさせていただいた。

（80）Widukindi res gestae Saxonicae（第Ⅱ章注３）, I 22, S. 50; ヴィドゥキント『ザクセン人の事績』（三佐川訳）五二—五三頁。

（81）“item hludouuicus super adalbertum et ille ficta fide deceptus capite decollatur.” Annales Alamannici (Codex Modoetiensis), a. 906. 本書巻末の付録A[2]を参照。

（82）“adalbertus filium heinrichi ficta fide episcoporum deceptus capite decollates est.” Annales Laubacenses (Codex Modoetiensis), a. 907. 本書巻末の付録A[1]を参照。

（83）アンセルムについては前注72の文献に加えて、vgl. R. Rappmann Das Totengedanken der Abteica（第Ⅲ章注76）, S. 464-465.

5 小結論——コンラート一世国王選挙との関連に寄せて

あらためてまとめておこう。シュヴァーベン大公権形成前史に関して、かつてクラファデッチャーが提出した所説に基づきつつ、近年つぎのような見通しが提起されている。——九〇〇年以降、毎年のようにマジャール人が襲撃をくり返す中、アレマニエン＝シュヴァーベンにおいては、王権代理たる「宮廷伯」が軍事指揮者として機能する。それはアレマニエン＝シュヴァーベンにおいても、バイエルンやザクセンにおいてと同様、地域防衛を担い、地域を主導する自立的な権力、すなわち大公権力が形成される可能性を示していた。九一〇年に対マジャール人戦で戦死する「宮廷伯」コッペルトの立つ位置もあるいはすでにそこにあった。彼の死はこの、大公権力への上昇の展望を有した「宮廷伯権力」をめぐる貴族間の権力闘争を激化させる。先頭に立っていたのはブルハルディンガー家のブルハルト一世・アダルベルト三世兄弟、そしてエルカンガー家のエルカンゲル・ベルトルト兄弟であった。他方、こうした情勢に対し、従来より王権代理としてアレマニエン＝シュヴァーベンを統括してきたコンスタンツ司教ザロモ三世が立ちはだかる。かくして事態は九一一年の「騒擾」へと突き進む。

さてここでわれわれは九一一年の「騒擾」を取り巻く状況に関連して、本章冒頭に記した課題に応えねばならない。すなわちコンラート一世国王選挙との関係である。

関連諸事項の時間的枠組みを再度確認しておこう。『モンツァ本アレマニエン年代記』九一一年項においては、ブルハルト一世の裁判・処刑をはじめとする諸事象について、具体的な期日は記されていない。上述のように、伝えられる諸事象には国王権力の名による正当化が見え隠れしている。一連の経緯はルードヴィヒ幼童王治世下でおこなわれたのか、新王コンラート一世下でおこなわれたのか。あるいはまた、国王不在の間におこなわれたのか。しかし、すでに述べたように近年、ブルハルト一世の処刑――命日――に関して、これを九一一年一一月五日とする見方が支配的である。すなわちヴァイセンブルク修道院の「過去帳」一一月五日項に「伯ブルハルトが殺害された」(Burghartus comes occisus est) と記されるブルハルトがわれわれのブルハルト一世と考えられる、とするR・ラップマンの見解が研究者たちの支持をえているのである。[84] この推定が正しいとするならば、ブルハルト一世の死は、ルードヴィヒ幼童王の死(九一一年九月二四日)とコンラート一世国王選挙(九一一年一一月七日～一〇日)との間に差し挟まれることになり、すなわちシュヴァーベンにおける九一一年の「騒擾」＝大公権形成をめぐる攻防は、コンラート一世の国王選出へといたる過程と同時進行していたことになる。この二つの事蹟は互いにどのように影響しあっていたのであろうか。ここでは本章のしめくくりとして、かの「騒擾」の側からコンラート一世国王選挙がどう見通すことができるか考えていきたい。

シュヴァーベンにおける大公権形成へ向けての動きは、ルードヴィヒ幼童王の死をうけて加速したのであろうか。フォルヒハイム(在フランケン)でおこなわれたと考えられるコンラート一世の国王選挙が九一一年一一月七～一〇日におこなわれ、それに先立つ直近の一一月五日にブルハルト一世の処刑がおこなわれていたとするならば、国王選挙を控えたシュヴァーベン情勢はきわめて緊迫したものであったと考えられる。コンラート一世国王選挙については『モンツァ本アレマニエン年代記』九一二年項が「伯コンラートの息子コンラートがフランク人とザクセン人およびアレマニエン人ならびにバイエルン人によって国王に選ばれた」と語るのだが、これが、この国王選挙の具体相をつげるほとんど唯一の同時代報告であった。この報告と、コンラート一世の国王文書における統治年代表記から推算された時と場所とをあわせて、通例、コンラートは九一一年一一月七〜一〇日・フォルヒハイムにおいてロートリンゲンをのぞくすべての東フランク地域の代表により国王に選挙された、と捉えられてきた。しかしアレマニエン＝シュヴァーベン人に関していえば「騒擾」の混乱のさなかにあるこの時期、事実フォルヒハイムに参加した政治的集団がいたとしても、おそらくそれは真にシュヴァーベン全体を代表したそれとはいいがたいであろう。

他方、コンラート一世国王選挙に参加した政治的集団として、半世紀後にヴィドゥキントはその『ザクセン人の事績』において「フランク人とザクセン人のすべての人民」と記したが、この報告をもとにこの国王選挙の様相を捉えようとする研究者たちは、『モンツァ本アレマニエン年代記』の報告との齟齬を解消するべく、コンラートはフランク人とザクセン人により国王に選挙された直後の時期に、アレマニエン人とバイエルン人に承認された、と考え、彼らの承認の時と場所を、国王選挙直後の九一一年末〜九一二年初におこなわれたコンラート一世のシュヴァーベン中核地域への巡行に求めた。しかし思うに、アルヌルフ―ルードヴィヒ幼童王政権をマインツ大司教ハットー、コンラーディーナー一門とともに担ったコンスタンツ司教ザロモ三世が、コンラーディーナー家のコンラート一世の国王選挙に参与していなかったということは考えられず、事後のザロモの役割から見てもまたそうである。少なくともザロモの一党はこの国王選挙に参加したことであろう。そうであるならば、シュヴァーベン人の国王選挙への関わりとは一体どのようなものであったといえるのであろうか。

かつてヨハネス・フリートは、九一一年につづく九一九年の国王選挙、すなわちザクセン大公ハインリヒの国王（ハインリヒ一世）への選出について、同時代の人びとのもとでの彼の統治の「開始時点に関する知られなさ」などの状況証拠から、つぎのように推測した。通例あげられる統治開始時点は、国王文書の統治年代から推算された国王選挙の日付け、九一九年五月一二〜二四日の間に置かれるが、これはあくまでもハインリヒ一世の側からの王権の主観的な起点であり、この国王選挙はすべての人びと——の代表——によってなされた十全な国王選挙ではなかった。ハインリヒは実際には九二一年までを要して、各地の貴族集団から順次、王としての承認をえたのである、と。[85] これに関連してわれわれは、ハインリヒ二世が一〇〇二年、また従兄弟の国王オットー三世の死去を受けてマインツで国王に選挙された後、選挙に参加しなかった各地の有力貴族の承認を得るべく、ザクセン、そしてロートリンゲンへ赴き、一種の選挙行為を通じて彼らから王権の承認をえたことを想起しよう。[86] 王統の断絶、複数の候補者の出現などといった事態の中では、国王選挙は必ずしもすべての人びとを代表する集団によっておこなわれるとは限らない。そうであるならこれを補うべく行動を起こすのは当然である。

コンラート一世の場合を考えてみよう。ロートリンゲンの主要な貴族たちはおそらく彼の選挙に先立ち西フランク王シャルル三世を王に推戴していた。それだけでもコンラートには他の地域で全般的支持をえる必要性が痛感されていたであろう。仮にフォルヒハイムでロートリンゲンをのぞく全東フランク地域の代表による全般的支持を取り付けた形で国王選挙がおこなわれていたなら、コンラートはシャルル三世の招聘・擁立に加わらなかったロートリンゲン貴族の支持を取り付けるべく、ロートリンゲンへ真っ先に向かうはずではなかったか。しかし実際彼が選挙後真っ先に向かったのはシュヴァーベンであり、ロートリ

ンゲン行がおこなわれたのはそのあとであった。(87)

コンラート一世国王選挙をめぐっては従来、事実上、シュヴァーベン代表——全代表——がフォルヒハイムに参加したとの推定と、九一一年末～九一二年初のシュヴァーベン巡行はフォルヒハイムに——まったく——参加しなかったシュヴァーベン貴族たちによる王権承認の場であったとの推定の、いずれに高い蓋然性が認められるか、という形で論議されてきた。われわれはこうした二者択一を迫る見方からはなれよう。おそらくアレマニエン＝シュヴァーベン人は混乱した政治情勢下にあってフォルヒハイムに地域全体を代表とする政治集団を送ることはなかったであろう。コンラート一世は国王選挙後、一部代表しか参加しなかったシュヴァーベン人のもとに、王権の承認をえるべく、あるいは承認を迫るべく、逸早く姿を見せた、——九一一年コンラート一世国王選挙について、フランケン・ザクセン・アレマニエン（シュヴァーベン）・バイエルン人の全き代表が一堂に会して、一致してコンラートを国王に選出した、という通説的な捉え方に代えて、かように捉える可能性を九一一年シュヴァーベンにおける「騒擾」はあらためて提示しているように思われる。

注

（84）第Ⅲ章注76；vgl. M. Borgolte, Die Grafen Alemanniens（第Ⅱ章注46）, S. 86; A. Zettler（前注18）, S. 82; T. Zotz（前注13）, S. 192.

（85）J. Fried, Die Königserhebung Heinrichs I.（第Ⅱ章注5）, S. 286-296; ders., Der Weg in die Geschichte. Die Ursprüng Deutschlands bis 1024（= Propyläen Geschichte Deutschland, Bd. 1）, Berlin 1994, S. 462; 拙稿「口承世界における歴史叙述の信憑性」（第Ⅱ章注5）、一一一—一一八頁を参照。

（86）H. Keller, Die Ottonen, München 2001, S. 91-92.

（87）BM^2 2075a, 2077a, 2077b. 第Ⅱ章第3節—(1) 表4を参照。

第V章

結び――考察行程のふり返り、およびコンラート一世国王選挙・再構成の試み

⑰ コンラート１世記念碑
フィルマール近郊（ラーン川左岸）、1894年建立

図版⑰補説

ドイツ中部ヘッセン州、ラーン川（ライン川に東方から流入する支流）渓谷にある小さな町フィルマールVillmarの、街中を外れた、川を見下ろす岩山、ボーデンシュタインに立つ砂岩で制作された2.32mのコンラート1世像。ルードヴィヒ・カウアー（Ludwig Cauer, 1866–1947）作。1894年建立。立像の下には地元産大理石の台座がしつらえられ、“Conrad I., 911–918, Deutscher König und Graf des Lahngaues übertrug in treuer Sorge für des Reiches Sicherheit und Macht sterbend Heinrich von Sachsen Krone und Herrschaft.”（コンラート1世、911–918年、ドイツ王にしてラーンガウの伯は帝国の安寧と威勢に対する誠実なる配慮から、死なんとするさいに、ザクセンのハインリヒに王冠と支配権を移譲した）の銘が彫られる。

この記念碑は当初、コンラーディーナー家の本拠であったヴァイルブルク（71頁地図2参照）に建てられる計画であったが、そもそも国王としてのコンラート1世の世評が芳しくなく（口絵⑦の補説を参照）、エルザス・ロートリンゲン（アルザス・ロレーヌ）問題の余韻が残る中、ロートリンゲンをフランス側に奪われた王であって、記念碑建設に値しないとの声もあり、実現は難航した。結局、ヴァイルブルクをラーン川沿いに西南方に少し下ったフィルマールに、この町の牧師J.イーバハらの尽力で、建設された。

台座の銘は当時のコンラート1世へのおおかたの評価をよく示している。コンラートは、自身の一門による王位継承を断念し、これを仇敵ザクセン大公ハインリヒに移譲することで、ドイツ王国の安寧と威勢を守った、という決断・自己犠牲（のみ）が評価に値すると見なされていたのである。

ところで制作当初の立像の左手には、台座の銘を可視化するべく、銅板製の王冠が持たされていた。ところが「譲られるべき王冠」ということで、不心得者に外されて持ち去られ、そのため新たに造り直す、ということが十数回もくり返され、いつしか造り直すことをせず、手に何も持たせないままとなって今日に至っている。しかしながら歳月をへてコンラートの今のこの立ち姿は、すなわちコンラートは、戦場における戦士の出で立ちで、背筋を伸ばして大地を踏みしめ、右手で地に突きつけた剣の柄を堅く握りしめ、左手のひらを何かをつかむかのようにやや上向きに握り、その左手を見つめつつ、沈思黙考しているかのようで、この姿は、木々に囲まれた河岸の岩山に一人屹立するその情景もあずかって、期せずして、見る者をして孤高の「戦う王」コンラート1世を思い起こさせ、彼の悲運に思いを馳せさせもするかのようである。

九一一年のコンラート一世国王選挙の実相を探求してきたわれわれの考察の行程を、繁雑になるが、あらためてふり返ろう。

はじめに、事実関係と主要史料、およびその評価に関わる基本的諸事項、およびその問題点を取り上げた。

現伝するコンラート一世国王文書三五点の日付け欄における統治年代表記、および文書発給地から、コンラート一世の国王選挙は九一一年一一月七日〜一〇日の間にフランケンの王宮地フォルヒハイムでおこなわれたと推察された。

国王選挙の具体相に関しては、史料の告げるところは極めて乏しい。主要史料たる同時代史料『モンツァ本アレマニエン年代記』は「伯コンラートの息子コンラートがフランク人とザクセン人およびアレマニエン人ならびにバイエルン人によって国王に選ばれた」と述べて、コンラート一世がフランク（フランケン）人・ザクセン人・アレマニエン（シュヴァーベン）人・バイエルン人という、ロートリンゲン人をのぞく東フランクを構成する「全人民」の代表によって国王に選出されたとし、王権の開始が順風満帆であったかのような印象を与える。対するに約半世紀後に書かれた、コルファイ修道士ヴィドゥキントの『ザクセン人の事績』は「フランク人とザクセン人のすべての人民はオットーに、王冠を戴くことを求めた。しかし彼（オットー）は、既に高齢であるとして、帝国の重荷を〔担うことを〕拒絶した。しかし彼の助言によってそれまでフランク人たちの大公であったコンラートが国王へ塗油された」と述べ、国王選挙に参集したのはフランク（フランケン）人とザクセン人のみであって、ロートリンゲン人のみならず、バイエルン人、シュヴァーベン人も参集していなかった印象を与える。

研究史においては、両証言の史料としての在り方・特質の差から『モンツァ本アレマニエン年代記』の記述が重視されてきた。すなわち『モンツァ本アレマニエン年代記』が、価値観を挟まず、客観的な事実のみをたんたんと記述するスタイルの「年代記」史料であるのに対し、『ザクセン人の事績』は、オットー朝の宮廷周辺で書かれ、内容に偏りがあり、またフィクショナルな記述を多分に含む「叙述史料」であることから、基本的には前者『モンツァ本アレマニエン年代記』が信頼のおけるものとされ、後者『ザクセン人の事績』は、読解に注意を要するものとされた。そこで、『ザクセン人の事績』の当該箇所に関する研究の焦点は、「事実」の探求よりも、もっぱら作者ヴィドゥキントが「フランク人とザクセン人のすべての人民」という表現でもって何を言わんとしたか、ヴィドゥキントにおける「真実」とは何か、の追求に置かれてきた。

われわれの提起した疑問点は、一つは、ヴィドゥキントの叙述を、こと、事実関係に関しては必ずしも事実が述べられているわけではない、と判断し、事実関係の探求は概して『モンツァ本アレマニエン年代記』の記述に従ったままにされているが、はたしてそれでよいのか、そして二つ目は、『モンツァ本アレマニエン年代記』の記述は、『ザクセン人の事績』のいわば敵失により一方的に軍配をあげられるが、その信憑性は証明済みとしてよいのか、というものであった。（第Ⅱ章第1節）

一つ目の疑問点に関してわれわれは、事実関係を掘り起こすべく、宮廷司祭長職をめぐるコンラート一世国王文書第一番［DKI 1］の「証言」を取り上げた。文書認証者欄における宮廷司祭長ピルグリムの名の欠如の背景・理由を中心に考察して、ピルグリムに代表されるバイエルン聖職者の国王選挙への不参加の可能性を、延いてはバイエルン人の不参加の可能性を指摘した。すなわちコンラート一世は必ずしもロートリンゲン人をのぞく東フランクを構成する全人民の代表によって一致して国王に選出されたわけではない、と事態を捉える可能性を、である。（第Ⅱ章第2節）

この捉え方は、ある面において、コンラート一世国王選挙の経緯をフランク人とザクセン人によるものとするヴィドゥキントの記述に基づいて描こうとした研究者たちの所説を良しとするものであるが、そもそも彼らはこれを『モンツァ本アレマニエン年代記』の記述とどう整合させようとするのか。もとより彼らは、コンラートがフランク人・ザクセン人・アレマニエン人・バイエルン人によって選挙されたとする『モンツァ本アレマニエン年代記』の記述を全面否定するわけではない。彼らは一方において、コンラートが九一一年一一月フォルヒハイムにおいてフランク人・ザクセン人により国王に選挙されたのち、時をおくことなく、アレマニエン人・バイエルン人から承認を取り付けたと捉え（事後承認説）、他方において、明示的には語らないが、『モンツァ本アレマニエン年代記』の記述は、数カ月間の継起的な出来事を一文に圧縮して報告するものである、との立場をとって自説との整合をはかる。

かような事後承認説の妥当性を測るべく、われわれは九一一～九一二年におけるコンラート一世の足跡、彼の近くに姿を現す貴族たちの人物比定を試みた。その結果、当該所説は蓋然性はあり、解釈としては成り立つものの、その再構成された事の経緯は事実として立証されたものではないことを指摘し、整合的な解釈であるかどうか、さらに別の観点からの検討の必要性を提起した。（第Ⅱ章第3節）

ついで、『ザクセン人の事績』の記述と『モンツァ本アレマニエン年代記』のそれとを整合的に解釈しようとする、今一つの所説、プラスマンの「事前選挙説」を取り上げた。彼は、ヴィドゥキントの用語の分析に基づき、ヴィドゥキントの伝える当該記事は、九一一年一一月七日～一〇日よりも前に、ある不明の地において、フランク人・ザクセン人の一体化された「従士団」による「事前選挙」がコンラートの国王推戴について合意をみたことをつげるものであり、この後、上記の期日にフォルヒハイムにおいて、『モンツァ本アレマニエン年代記』の伝えるアレマニエン人、バイエルン人も加わった国王選挙がおこなわれた、と解する。

プラスマンの所説に対してはわれわれは、史料の分析・読解の鍵が最終的には接続詞の用い方・解釈のレヴェルにあって、検証が困難なことに加え、前提となる解釈に反証例が挙げられうることから、直ちにこれに与するわけにはいかない、との判断を示した。

しかし、事後承認説にせよ、プラスマンの事前選挙説にせよ、その特徴は、コンラート一世の国王選挙手続きを、フォルヒハイムにおける同時的事象として捉えるのではなく、ルードヴィヒ幼童王死後、すなわち九月二四日以後の段階的事象として捉える点にあり、選挙母体に関する史料報告の齟齬を、フォルヒハイムという一地点での問題の次元におくのではなく、段階的事象の中で解決しようとする点にある。両所説の説くところに基づくならば、『モンツァ本アレマニエン年代記』の記述は数カ月間の継起的な出来事を、段階的事象を、一文に圧縮して報告しているということになろう。かかる解釈の適否がつぎの課題となる。（第Ⅱ章第4節）

この課題と先の第二の疑問点に答えるべく、ついで、テキストとしての『モンツァ本アレマニエン年代記』の検討をおこなった。

『モンツァ本アレマニエン年代記』の報告が信頼できるものとして扱われてきたのは、ほとんどもっぱらその外形的な、「アナーレス」という史料形式のゆえである。すなわち中世における歴史記述の一形式としての「アナーレス」＝「年代記（編年誌・年譜）」は、年代と出来事のみを記す作品であり、事実がありのままに記されている、と見られがちである。だが実際には、単なる記載にとどまらぬ内容が記されていたり、叙述・語り以外の何ものでもないものがふくまれる場合があるなど、一つの作品に複層的な作品形式が見られることが少なくない。しかしそれでも一般的には、年代と出来事のみを記す作品であり、事実がありのままに記されている、と見られがちである。その結果往々にして、史料批判の手続きが等閑に付されたまま、史料として引きあいに出されることになる。われわれが考察対象とする『モンツァ本アレマニエン年代記』の報告箇所も、実は、記載の一部が切り取って提示され、その結果、主観を差し挟まない、客観的な事実を記すものとして扱われてきたといえる。

そこでわれわれは『モンツァ本アレマニエン年代記』全体のテキスト構造を、そこに書かれている内容、書き方などからあらためて探求することを試みた。同年代記は「年代記」と冠されるものの、単に年代ごとに出来事のみを記した作品ではなく、単なる記載を越えた記述＝叙述が散見される。ことに、九一一・九一二年項は比較的長文からなり、それぞれが一つの別個の継起的な出来事を主題として、年代枠にとらわれずに、九一一年項はそれを非常に主観的・情緒的に「叙述」し、九一二年項は事実関係を比較的粗く「要約」して記したものといえる。それ故これを史料として利用するにあたっては、他の叙述作品と同様、慎重を期する必要がある。コンラート一世国王選挙に関しては、国王選挙というそれ自体継起的な出来事・経過が『モンツァ本アレマニエン年代記』にあっては一文に要約された可能性は必ずしも排除されず、フランク人・ザクセン人・アレマニエン人・バイエルン人が一堂に会して、一致した選出をおこなったわけではない可能性を考慮に入れる余地はある、とした。(第Ⅲ章)

最後に、九一一年シュヴァーベンにおける「騒擾」の問題を取り上げた。ラント集会での激しい混乱、「騒擾」の中でなされたブルハルディンガー家のブルハルト一世の殺害は、貴族諸家門相互の間で、そして王権代理たるコンスタンツ司教ザロモ三世との間で、くり広げられたアレマニエン＝シュヴァーベンにおける主導権をめぐる闘争の一齣であって、興味深いことに、コンラート一世国王選挙と同時進行していたと考えられる。そうであるならば、と、われわれはつぎのように自問した。『モンツァ本アレマニエン年代記』がコンラート一世の選挙母体の一つとして挙げる「アレマニエン人」は、その実、緊迫した政治情勢のもとにあり、国王選挙のような重大事にはたして一致した意志行動・政治行動をとることができたのであろうか。

この問いに対してわれわれは、この「騒擾」がシュヴァーベンにおける主導権をめぐる闘争の一齣として位置づけられることを、これとは異なる文脈のうちに捉えようとする近年のツェトラーの所説を検討したうえで、あらためて確認し、コンラート一世国王選挙に参集したとされるアレマニエン＝シュヴァーベン人に関して、「騒擾」の混乱のさなかにあるその時期、事実フォルヒハイムに参加した政治的集団がいたとしても、おそらくそれはシュヴァーベン全体を代表したそれとはいいがたいことを指摘した。

あわせて、コンラート一世国王選挙をめぐる議論が従来、シュヴァーベン代表――全代表――がフォルヒハイムに参加したとの推定と、九一一年末〜九一二年初のシュヴァーベン巡行はフォルヒハイムに――まったく――参加しなかったシュヴァーベン貴族たちによる王権承認の場であったとの推定の、いずれにしても高い蓋然性が認められるか、という形でなされてきたことに、異を唱え、こうした二者択一を迫る見方からはなれるべきとした。アレマニエン＝シュヴァーベン人は、混乱した政治情勢下にあってフォルヒハイムに、その一部が参加することはあっても、地域全体を代表とする政治集団を送ることはなかったであろうと推察されるからである。国王選挙直後の時期のコンラート一世の行動自体、選挙に参加しなかった諸勢力からの承認を得る、あるいはそれに承認を迫るものであった、要はロートリンゲン人をも含め、すみ

やかに全般的な承認を得んがためのものであった、――そうしたものとも考えられるとした。(第Ⅳ章)

コンラート一世の国王選挙についての如上の考察の行程をへて、この国王選挙の実相はどのように描くことができるであろうか。以下にその試みを提示したいが、それをおこなうにあたってつぎの点を考慮したい。

本編を通してコンラート一世の国王選挙についての考察といいつつも、そこには主役たるべきコンラート一世の姿はほとんど見られず、彼が国王に選ばれるべきどのような人物であったのか、ふれることもなかった。理由がないわけではない。一代の、短命の国王に終わったコンラート一世には残念ながら彼を語る歴史叙述家がいない。ことに国王になる以前については、バーベンベルガー・フェーデや対マジャール戦でコンラーディーナー家の主要な一員として戦ったはずなのだが、その活動・活躍の様は伝えられず、そもそもその人物像はほとんど何も知られない。国王としての彼についてつげる報告も、オットー朝期のものがほとんどである。われわれには国王として立つ彼を描くのは困難で、個々の周辺の事蹟・状況をたどることしかできないのである。

そうした与件のもとではあるが、しかし、最後にこの国王選挙の、われわれが思うところの実相を描くにあたり、それを彼コンラート一世の立場から事態の局面や推移をふりかえることで、欠けるところに代えられないか。――ということで、われわれが思うところのコンラート一世の国王選挙の実相を、コンラート一世側の立場から提示することで、われわれの考察をしめくくりたい。

ルードヴィヒ幼童王の早世にもっとも衝撃を受けたのは、彼を擁し、その政権を実質的に担ったマインツ大司教ハットー、コンスタンツ司教ザロモ三世、そしてコンラーディーナー一門の三者であったろう。事態は彼らが築いてきた政権の危機に他ならなかった。彼らは、自己の利益を保持するべく、逸早く行動を起こさねばならなかったはずである。今ここでは、彼らの立場に立って考えていこう。

まず問題となるのは後継国王をどうするか。彼らの利益、政治的指導性を保持しうる後継国王を選ばねばなるまい。けだし彼らにとって好ましい事態は、東フランク王国の一体性の維持と、彼らが権力を掌握し続けること、すなわち、現状の維持である。おそらくは早い段階で、彼らの間で意見の一致を見たのであろう。政権に与る彼ら三者の中で王位を担いうる唯ひとりの俗人、コンラーディーナー家のフランケン大公コンラートを東フランク王に擁立するということで。

コンラーディーナー家ではコンラート(Konrad der Ältere)、エーベルハルト、ゲープハルト、ルドルフの、勇躍した四兄弟が、ルードヴィヒ幼童王の治世下、いずれも戦闘の中、相次いで亡くなる。九〇二年にエーベルハルトがバーベンベルガー・フェーデで、九〇六年にコンラートが同じくバーベンベルガー・フェーデで、九〇八年にヴュルツブルク司教職にあったルドルフがマジャール人との戦いで、九一〇年に「大公」ゲープハルトもマジャール人との戦いで死す。残された次世代の従兄弟たちのうち、年長の[1]、コンラートの長子コンラート(Konrad der Jüngere)が一門を主導する。すなわち彼は九一〇年の時点で二八/二九歳の壮年期にあって、ルードヴィヒ幼童王文書において、この年に亡くなった叔父ゲープハルトに代わるかのように「大公」称号をもって登場するのである。彼はすでにこれ以前、父コンラートの在世中からルードヴィヒ幼童王文書にその名を連ねていたが、以後も、斡旋者として数度登場する。そのルードヴィヒ幼童王文書では「余の親族」(noster propinquus; nepos)などと呼ばれているが[DLdK 67 etc.]、コンラート自身も、国王になったのち、ルードヴィヒ幼童王を自身の「血縁者」(consanguineus)と呼ぶなど[DKI 3]、おそらくは女系でのつながりであるのだが[2]、国王の縁者としての意識も強く有していたと思われる。——ハットー、ときに齢《よわい》六〇あまり。彼はこの、威信も野心もある若きコンラーディーナー家の総帥、「力強く、戦いの技量にたけた男」(クレモナのリウトプラント)フランケン大公コンラートを良しとしたのである。

彼らがつぎに起こさねばならない行動は、コンラート擁立への賛同を各方面から得ることである。ことに、死した国王が未婚のままで嗣子を欠き、東フランク・カロリンガー王統の断絶という局面にあっては、西フランクのカロリンガーによる相続要求が予想される。これを退けるためにも、東フランクの内にあっての選挙による正当化が是非とも必要であった。問題は王国内の各地域での、自立化傾向を強める勢力、旧政権の担い手と微妙な関係にある勢力を、どう与させるか——。

リウドルフィンガー＝オットーネン(オットー)家が大公権を確立しているザクセン。バーベンベルガー・フェーデにおいて、その縁戚関係もあってバーベンベルガー勢力に与したリウドルフィンガー家は、それ以来、以前にもまして国王宮廷周辺から遠ざかっている。バーベンベルガー家が殲滅されたことにより、むしろ、チューリンゲン地方などではコンラーディーナー家とリウドルフィンガー家とが直接相対する事態にもなっている。バイエルンでは九〇七年リウトポルトの対マジャール戦での戦死後、彼の跡を襲った息子アルヌルフが大公を称して、国王宮廷へ伺候することもなくなり、王権の側がバイエルンへ足を踏み入れることもほぼなくなっている。シュヴァーベンでは九一〇年に宮廷伯ゴツペルトが対マジャール戦で戦死したのち、おそらくはその跡をねらってブルハルディンガー家とエルカンガー家とが競い合う。ロートリンゲンでは、地域を主導する特定の貴族家門こそ出来してはいなかったが、モーゼル川地域へ西進しようとするフランケンのコンラーディーナー家に、マットフリディンガー家やレギナール家が対峙していた。

ルードヴィヒ幼童王の死後、時をおくことなく様々な駆け引き、交渉が諸勢力の間でくり広げられたであろう。しかしハットー＝コンラートらにとって有利な点は、彼らが、それまで政権の中枢にあったことから、爾後の展開において主導性を発揮できたことであろう。少なくとも彼らを抜きには円滑な進展は望みえないことは誰の目にも明らかであった。その経緯を窺い知ることはできないが、ヴィドゥキントの観念世界にそれが投影されているとしたならば、ハットー＝コンラートが真っ先に結ぶべき勢力として選び、交渉を進め、コンラートの国王擁立に合意をえたのは、ザクセンのリウドルフィンガー家の総帥、大公オットー（貴顕公）であった。

フランケンに確固たる基盤を有し、旧政権の担い手として政界を主導してきたハットー＝コンラートの打ち出した構想に、大公オットーのザクセンが加担するとなると、東フランクの方向性は大きくこれに傾くことになる。両勢力に擁立される新王権に立ち向かうことのできる勢力は、おそらくはない。唯一バイエルン大公のみがその可能性を秘めていたであろうが、北からの脅威となる恐れのあるザクセンをむしろ同盟者に転化させたハットー＝コンラートにとっては、硬軟織り交ぜた対応が可能であったろう。われわれの考察行程での推察が大きく外れていないならば、おそらくハットー＝コンラートはフランケン・ザクセンの両勢力を主軸に、賛同する他の諸勢力を結集して、九一一年一一月、フォルヒハイムにおいてコンラートの国王選挙を挙行したのであろう。国王としてのコンラート一世の最初の課題は、国王選挙に参与しなかった諸勢力――おそらくは、大公アルヌルフ率いるバイエルン勢、シュヴァーベンでの頭領的地位をめぐる争いで優位に立ったエルカンガー一門――からも王権の承認を得ること、あるいは彼らに王権の承認を迫ること、すなわち、すみやかに王権の全般的な承認を得ることであった。九一一年末〜九一二年春におけるコンラートのシュヴァーベン・バイエルン巡行、そしてつづく、西フランク・シャルル単純王に与したロートリンゲン奪還をめざしての遠征は、まさにその実践であった。

爾後の展開に少しだけふれておこう。――コンラート一世は九一八年末に戦いでの負傷がもとで、死去する。七年の短命に終わった治世の間、彼は各地の「大公権力」との戦いに明け暮れた。王として立つも、決して順風満帆な船出ではなく、何よりもまず、各地域において自身と同等な力をもつ者たちの同意・合意を獲得せねばならなかったその王権、同等者たちの第一人者（primus inter pares）にすぎなかったその王権、――出発点における自身の王権の脆弱さを克服するべく、「戦う王」として彼はことを強引に推し進める。しかしそれは早々に、王権成立に与ったザクセンの大公（オットー貴顕公の息ハインリヒ、後の国王ハインリヒ一世）を、対立へと走らせた。最大の後ろ楯であったマインツ大司教ハットーは、九一三年、その死により早々と舞台を去った。シュヴァーベンでは、地域の指導権を握ろうとするエルカンガー家のエルカンゲルと戦いをくり返し、九一七年には事態をエルカンガー家の殲滅にまで持ち込むも、それは、かえって残る有力貴族家門ブルハルディンガー家のブルハルト二世の台頭を許す結果となった。バイエルン。そこでも一時大公アルヌルフを国外逃亡にまで追い詰めたが、結局は彼の権勢を排除することはかなわなかった。「戦う王」コンラート一世が各地を駈け巡り、奮戦するも、大公ら地域諸権力の制御という、九一一年に東フランク王国＝王権が直面していた課題は解決されることはなかった。道半ばにして斃れた彼、国王コンラート一世――、ヴィドゥキントの云う“fortuna atque mores”（幸運と大義）は確かに彼のもとから離れてしまったかのようであった。

かくして王権に諸課題を突き付けたまま、国王選挙は九一一年につづいてその第二幕、九一九年のハインリヒ一世国王選挙を迎えることになる。

注

（1）コンラーディーナー一門の中で、九一〇年の時点で成年に達していた男子としては、コンラート一世（八八一年頃生まれ）のほかに、彼の弟エーベルハルト（八八五年頃生まれ）、および叔父エーベルハルト（九〇二年没）の息子で、オットー一世期にその活躍が知られるコンラート・クルツボルト（Konrad Kurzbold［短軀］；八八五年頃生まれ）がいた。なお、コンラート・クルツボルトの弟とされるゲープハルト（九四七年没）の生年は不詳である。また、「大公」ゲープハルトの二子ウドー（Udo；九四九年没）とヘルマン（Hermann；九四九年没）は、アダルベルトの『レギノー年代記続編』によるならば、九一〇年の父の死去時、まだ「少年」（puer）であった。

Adalberti continuatio Reginonis（第Ⅱ章注1）, a.910, S. 190: “In quo prelio Gebehardus comes interiit, relictis duobus filiis suis adhuc pueris, Udone et Herimanno, qui postea clari et nobiles in Francia extiterunt.”

Vgl. A. Wolf, Ahnen deutscher Könige und Königinnen. Alternativen zu dem Werk von Eduard Hlawitschka, in: Herold-Jahrbuch, Neue Folge 15, 2010, S. 144-145.

（2）第Ⅰ章注8を参照。

あとがき

はじめに個人的な思いを少し。

かつて私は、「『ヴィエンヌ聖人暦』Hagiologium Viennense の典拠をめぐる一考察」と題する論文を書いた。そこで私が出した結論は、この論文の副題「『ヴィエンヌ聖人暦』はメロヴィング期末期の史料として利用できるのか」への解答そのもの。「われわれは、十一世紀の『ヴィエンヌ聖人暦』が、われわれに未知の文献・史料を用いていたとは考えられず、これをメロヴィング期末期（＝七世紀末〜八世紀前半）の史料として利用することはできない、と判断する」。このたった二三行の結論を確信をもって言うために、実に八〇ページにものぼる紙数を費やした（この、普通の学術雑誌ではとても許してもらえそうもない長大な論文を掲載させてくれた『アルケイア』誌には感謝してもしきれない）。ただ、二三行の結論であっても、それなりに学術上の貢献はあった、と思っている。

今、本書を書き上げて思うところも、これと少し似ている。多くの紙数を費やしたが、結局書きたかったことは、本書の最末尾二五八頁以下の数ページに集約される。コンラート一世が国王として立つ、その局面を描きたかったのである。だが、作家なら数ページで済まされるかもしれないこの局面を、およそ歴史を研究する者であるならば、として、自分なりに自信をもって言える範囲を確定するために、二五〇ページ余りの紙数を費やしてしまった。この間、コンラート一世がどのような人物なのか、いっこうに見えてこないとお思いになったかたには、ご寛恕を請うしかない。仮に私のこの営為が是とされるとしても、しかし、先の論文とは異なり、学術上の貢献という点では正直なところ、心もとない。

本書は、改めて述べるなら、表題どおり、九一一年になされたコンラート一世の国王への選出について問うたもの、いわば「そもそも過去に何があったのか」を問うたものである。しかしそれはすなわち、「事実」のみにこだわる、あまりに「伝統的実証主義」的な、とのそしりを免れない研究ではないか。――そのようなネガティヴな評価が、本書をまとめあげるにあたり、何度も頭をよぎった。

だが、開き直ってきわめて個人的な考えを述べるならば、ある歴史事象を、その細部を探求することを打ち遣るのではなく、とことんつき詰めることも、研究として「あり」ではないだろうか。「歴史好き」でこの道に入った自分の原点ではないだろうか。

そのような思いの中、過去に置き去りにしたままであった、一連のコンラート一世国王選挙の研究を一書にまとめたもの、それが本書である。

本書のもととなった旧稿、および新稿はつぎのとおりである。

● もとになった旧稿

①「九一一年 コンラート一世国王選挙（その一）」『アカデミア』人文・社会科学編 第七九号（二〇〇四年六月）一五三―一九三頁 ――本書第一章2、第二章1、2

②「九一一年 コンラート一世国王選挙（その二）」『アカデミア』人文・社会科学編 第八一号（二〇〇五年六月）二一九―二七四頁 ――本書第二章3

③「年代記史料はうそをつかないか――『モンツァ本アレマニエン年代記』のテキスト構造――」『ア

カデミア』文学・語学編　第七九号（二〇〇六年一月）九五―一五六頁　　――本書第三章

④「九一一年・シュヴァーベンにおける「騒擾」（tumultus）――シュヴァーベン太公権形成前史・覚え書――」『アカデミア』文学・語学編　第八九号（二〇一一年一月）二二七―二七一頁　　――本書第四章

・新稿

第一章1（国王選挙研究と本書の課題）

第二章4（プラスマンの事前選挙説）

第五章（結び）

ずいぶんと古い論稿が並んだが、一書へとまとめるにあたり、この間に出来した内外の諸研究に目を配り、直すべきところ、付加する必要のあるところなどには手を入れた。

コンラート一世の事績、関連する事蹟に関しての個別研究はいくつか見られたが、最も際立っていたのは、私の旧稿③の後に出版されたH-W・ゲッツ編纂の論文集『コンラート一世「ドイツ王国」への途上？』(H.-W. Goetz (hrsg.), Konrad I. Auf dem Weg zum „Deutschen Reich"?, Bochum 2006）であり、二六人もの研究者の論稿が並ぶ。様々なテーマで論じられる中で、残念ながらコンラート一世国王選挙を直接扱ったものはない。

編纂者のゲッツは、一九八〇年の論文（「最後の「カロリンガー」？――国王文書に映し出されたコンラート一世の統治」Der letzte „Karolinger"? Die Regierung Konrads I. im Spiegel seiner Urkunden）で、私が言うところの「事後承認説」を採っていたが、右の論文集でもその立場から少し触れる。しかし八〇年論文でもそうであったが、論争そのものに立ち入ってこれを検討することはない。他方、ルドルフ・シーファーはこの論文集においてつぎのように述べる。

この、しばしばそう謂われるところの自由選挙についての、より詳細な状況に関する二十世紀のインテンシヴな議論においては、私の印象では、二つの本質的な点で、天秤はヴィドゥキントの叙述に不利となるほうに傾《かし》いできた。今日、行動していた者と見なされているのは、コルファイの修道士（＝ヴィドゥキント）の書き記すような単に「フランク人とザクセン人のすべての人民」ではなく、〔ヴィドゥキントより〕ずっと前の『アレマニエン年代記』に基づくなら「フランク人とザクセン人およびアレマニエン人ならびにバイエルン人」、従って（ロートリンゲン人を除く）東フランク王国の全代表なのである――選挙されたコンラート以外に参集者はただの一人も確実には知られないけれども――。」

R. Schieffer, Konrad I. in der modernen Geschichtswissenschaft, S. 36

文脈を離れて、一部を切り取って提示することは、それこそ私が本書において『モンツァ本アレマニエン年代記』の読まれ方に関して批判している点であるが、ここでのシーファーの言は少なくとも、コンラート一世国王選挙に参集した政治的集団に関する論議がいまだに決着しておらず、しかも、ゲッツの捉え方とは異なり、『モンツァ本アレマニエン年代記』の記述に沿った捉え方が優位に立ってきたことを再認識させる。

わが国ではこの間、三佐川亮宏氏の雄篇『ドイツ史の始まり』（二〇一三年）が上梓され、その中で氏はコンラート一世の国王への選出の経過も比較的詳細に扱われた。「論争」については、私がそう呼んだところの「事後承認説」を紹介し、この所説が整合的解釈であるとする立場を採られている。第四章で取り上げた「シュヴァーベンの騒擾」関連も状況証拠的に取り上げられており、全体として、明示的に書いてはいただけなかったが、拝察するに、私の所論をほぼ受け入れて、議論を進めておられているようである。他の所説への言及は、しかしながら、全くなさっていない。なお、三佐川氏の上記著作の他にコンラート一世国王選挙の問題を取り上げた邦語文献は、残念ながら見当たらなかった。

現状、コンラート一世の国王への選出経過に関する議論はいまだ決着がついていない。本書について、先に学術上の貢献という点では心もとないと記した。事実の探求に終始していて、古く狭い視野・観点での研究であるとのそしりを免れないかもしれない。しかし、それでも、コンラート一世国王選挙をめぐる学説を整理し、考究したところを一書にまとめて世に問うことは、それなりに学術上、一つの貢献になるのではないか。今、このような思いの中にある。

さて問題は、学術上の貢献のこともさることながら、本書を手に取り、読んでみようと思っていただけるか、二五〇ページ余りの「寄り道」に閉口したが、それでも「寄り道」を含めて興味をもって読めたと思っていただけるか、である。もしそう思っていただけるとしたら、著者として望外の喜びであるとともに、これを八坂書房の編集者、八尾睦巳さんに感謝しなければならない。

八尾さんには前著『あだ名で読む中世史』でも言い尽くせないほどお世話になった。今回のはそれを上回る。本書の性格上、煩雑な議論がつづき、きわめて分かりにくく、繁雑で読みづらいと思われる内容を、深く読み込んでいただいた上で、少しでも読みやすくなるよう、数々の様々な工夫を凝らしていただいた。心より感謝し、改めてお礼申し上げます。

本書を出版するにあたり、四〇年にわたって奉職した南山大学の学術叢書出版助成をえた。ここに記して感謝いたします。学外の匿名の審査委員の方々には、時に打ちのめされるような、忌憚のないコメント・評価をいただいた。今はこれにも感謝です。

なお、本書をまとめ上げ、南山大学学術叢書出版助成へ申請し審査を待つばかりとなっていた間に、佐藤彰一『フランク史Ⅲ　カロリング朝の達成』名古屋大学出版会　二〇二三年、三佐川亮宏『オットー大帝――辺境の戦士から「神聖ローマ帝国」樹立者へ』中公新書　二〇二三年、三佐川亮宏訳注『クレモナのリウトプランド『報復の書』／ヴァイセンブルクのアーダルベルト『レーギノ年代記続編』』知泉書館二〇二三年、の三書が出版された。関連する箇所も多々あり、参照していただければと思います。

二〇二四年一二月二二日

岡地　稔

［著者略歴］

岡地 稔（おかち・みのる）

1952 年愛知県名古屋市生まれ。
1971 年 3 月 愛知県立熱田高等学校卒業。
1975 年 3 月 名古屋大学文学部史学科（西洋史学専攻）卒業。
1977 年 3 月 名古屋大学大学院文学研究科（史学地理学専攻西洋史専門）博士課程前期課程修了。
1980 年 3 月 名古屋大学大学院文学研究科（史学地理学専攻西洋史専門）博士課程後期課程単位取得満期退学。

南山大学外国語学部教授をへて南山大学名誉教授。
専門は中世初期ヨーロッパ史。

主要著訳書

『権力・知・日常―ヨーロッパ史の現場へ』（共著、名古屋大学出版会、1991 年）、『西洋中世史（上）継承と創造』（共著、ミネルヴァ書房、1995 年）、ディンツェルバッハー編著『修道院文化史事典』（共訳、八坂書房、2008 年）、『あだ名で読む中世史―ヨーロッパ王侯貴族の名づけと家門意識をさかのぼる』（単著、八坂書房、2018 年）など。

主要論文

『ザンクト・マクシミン修道院改革―10 世紀前期ロートリンゲン政治史の一断面』(その 1 ～ 3、『アカデミア』人文・社会科学編 50・51・56、南山大学、1889–92 年)、「9・10 世紀交期 ロートリンゲンにおける国王修道院と国王支配」（『アカデミア』人文・社会科学編 64、南山大学、1996 年）、「中世前期・東フランク＝ドイツ王国における「宮廷アーカイヴ」」(『アルケイア―記録・情報・歴史』8、南山大学史料室、2014 年)、「『ヴィエンヌ聖人暦』Hagiologium Viennense の典拠をめぐる一考察―『ヴィエンヌ聖人暦』はメロヴィング期末期の史料として利用できるのか」（『アルケイア―記録・情報・歴史』11、2017 年)、「吃者ノトカーとカール 3 世の後継問題」（『アカデミア』人文・自然科学編 20、2020 年)、「887 年（東）フランク国王選挙―カール 3 世（肥満王）の失脚とアルヌルフの国王推戴」（『アルケイア―記録・情報・歴史』15、2020 年）など。

❖――南山大学学術叢書

九一一年コンラート一世国王選挙研究

2025 年 1 月 24 日　初版第 1 刷発行

著　者　岡 地 稔
発行者　八 坂 立 人
印刷・製本　モリモト印刷（株）

発行所　（株）八 坂 書 房
〒101-0064 東京都千代田区神田猿楽町1-4-11
TEL.03-3293-7975　FAX.03-3293-7977
URL: http://www.yasakashobo.co.jp

ISBN 978-4-89694-374-0

索引

★印は関連する図版・地図・表などのある頁を示す。
各項目末の①-⑩は口絵番号、i-xxviii は巻頭の別立て頁番号、ⒶⒷは巻末付録をそれぞれ示す。

【カ】

【タ】

【ナ】

【ハ】

【マ】

文献表

一次史料

文書集（国王文書、その他）

DArn = MGH Diplomata regum Germaniae ex stirpe Karolinorum, T. III. Arnolfi Diplomata, Die Urkunden der deutschen Karolinger, 3. Die Urkunden Arnolfs, Berlin [2]1956（国王アルヌルフ文書）

DK III = MGH Diplomata regum Germaniae ex stripe Karolinorum, T. II. Karoli III. Diplomata, Die Urkunden Karls III., Berlin 1937（カール３世肥満王文書）

DKI・DHI・DOI = MGH Diplomata regum et imperatorum Germaniae, T. I. Conradi I. Heinrici I. et Ottonis I. Diplomata, Die Urkunden der deutschen Könige und Kaiser, 1. Die Urkunden Konrad I. Heinrich I. und Otto I., Berlin [2]1956（コンラート１世文書・ハインリヒ１世文書・オットー１世文書）

DKdE = Recueil des actes de Charles III le Simple, roi de France (893–923), éd. Ph. Lauer, T. I, Paris 1940 ; T. II, Paris 1949（西フランク王シャルル３世単純王文書）

DLdD・DKarlmann・DLdJ = MGH Diplomata regum Germaniae ex stripe Karolinorum, T. I. Ludowici Germanici, Karlomanni, Ludowici Iunioris Diplomata, Die Urkunden der deutschen Karolinger, 1. Die Urkunden Ludwigs des Deutschen, Karlmanns und Ludwigs des Jüngeren, Ndr. München 1980（ドイツ人王ルードヴィヒ文書・カールマン文書・ルードヴィヒ３世文書）

DZw・DLdK = MGH Diplomata regum Germaniae ex stirpe Karolinorum, T. IV. Zwentiboldi et Lvdowici infantis Diplomata, Die Urkunden der deutschen Karolinger, 4. Die Urkunden Zwentibolds und Ludwigs des Kindes, Berlin [2]1963（ロートリンゲン王ツヴェンティボルト文書・ルードヴィヒ４世幼童王文書）

BUB = Bündner Urkundenbuch, 1. Bd., 1. Lieferung 390–877, bearb. v. E. Meyer-Marthaler u. E. Perret, Chur 1947

Salzburger Urkundenbuch 1: Traditionscodices, Codex Odalberti, 1910 = SUB 1 Codex Odalberti 57, http://www.quellen-alpen-adria.eu/quellen/index.php?title=SUB_1_Codex_Odalberti_57（最終確認 2024 年 12 月 14 日）

UsT = Urkundenbuch der südlichen Teil des Kantons St. Gallen, 1. Bd., bearb. v. L. J. F. Perret, Rorschach 1961

W II = Urkundenbuch der Abtei Sankt Gallen, T. II 840–920, bearb. v. H. Wartmann, Zürich 1866（ザンクト・ガレン修道院文書）

叙述史料、記念史料、教会会議決議、その他

Adalberti continuatio Reginonis, in: Quellen zur Geschichte der sächsischen Kaiserzeit (= AQDGM Bd. 8), Darmstadt 1971 , S. 190-231 ; ヴァイセンブルクのアーダルベルト『レーギノ年代記続編』(三佐川亮宏訳)、知泉書館 2023年

Annales Alamannici, in: MGH SS 1(ed. G. H. Pertz), S. 22-60 ; auch in: W. Lendi, Untersuchungen zur frühalemannischen Annalistik. Die Murbacher Annalen. Mit Edition, Freiburg/Schweiz 1971, S. 146-192 ; auch in : R. Zingg, Die St. Galler Annalistik, Ostfildern 2019, S. 54-104

Annales Augienses, in : MGH SS 1 S. 67-68

Annales Bertiniani, in : Quellen zur karolingischen Reichsgeschichte, T. 2 (= AQDGM Bd. 6), Darmstadt 1958, S. 11-287

Annales Fuldenses, in : Quellen zur karolingischen Reichsgeschichte, T. 3 (= AQDGM Bd. 7), Darmstadt 1969, S. 19-177; auch in: MGH Scriptores rerum Germanicarum in usum scholarum, Bd. 7, Hannover 1891, neudr. Hannover 1993

Annales Laubacenses (Codex Modoetiensis), in: MGH SS 1 (ed. G. H. Pertz), S. 52-55; auch in: W. Lendi, Untersuchungen zur frühalemannischen Annalistik, S. 183-193

Annales Prumienses, in : MGH SS 15, 2, (ed. O. Holder-Egger), S. 1289-1292; auch in : L. Boschen, Die Annales Prumienses. Ihre nähere und ihre weitere Verwandtschaft, Düsseldorf 1972, S. 75-84

Annales Sangallenses maiores, in : MGH SS 1, S. 72-85

Annales Weingartenses, in : MGH SS 1, S. 65-66

Catalogus abbatum Eberspergensium, in : MGH SS 20, S. 15-16

Catalogus regum Langobardorum et ducum Beneventanorum, in : MGH Scriptores rerum Langobardicarum et Italicarum saec. VI – IX, S. 490-497

Chronicon Eberspergense, in : MGH SS 20, S. 9-15

Confraternitates Sangallenses, in: MGH Necrologia Germaniae, Suppl. Libri confraternitatum Sancti Galli, Augiensis, Fabariensis, S. 1-110

Ekkehardi IV Casus Sancti Galli, ed. H. F. Haefele (= AQDGM Bd. 10), Darmstadt 1980

Marco Fantuzzi, Monumenti Ravennati de' secoli de mezzo, per la maggori parte inediti, Venezia vol. 2, 1802

Hermann von Reichenau, Chronicon, in: Quellen des 9. und 11. Jahrhunderts zur Geschichte der Hamburgischen Kirche und des Reiches (= AQDGM Bd. 11), Darmstadt 1978, S. 628-707; Herimanni Augiensis Chronicon, in : MGH SS 5, S. 67-133

Invectiva in Romam pro Formoso papa, in : Migne PL (Patrologia Latina) 129, Sp. 823-838

Liudprandi liber antapodoseos, in: AQDGM 8, S. 244-495; クレモナのリウトプランド『報復の書』(三佐川亮宏訳)、知泉書館 2023年

Nekrologium des Klosters Weißenburg, ed. von E. F. Mooyer, in : Archiv des Historischen Vereins von Unterfranken und Aschaffenburg 13, Heft 3, 1855, S. 1-67

Notae Necrologicae Ebersbergenses, in : MGH Necrologia Germaniae, 3 : Dioeceses Brixinensis, Frisingensis, Ratisbonensis, S. 77-78

Reginonis Chronica, in: Quellen zur karolingischen Reichsgeschichte, T. 3 (= AQDGM Bd. 7),

Darmstadt 1969, S. 179-319
Synodus Altheimensis, in: MGH Constitutiones et acta publica imperatorum et regum. T. 1, Appendix IV. Acta varia, Nr. 433, S. 618-627
Das Verbrüderungsbuch der Abtei Reichenau, hrsg. v. J. Autenrieth, D. Geuenich, K. Schmid, MGH Libri Memoriales et Necrologia NS 1
Widukindi res gestae Saxonicae, in: AQDGM 8, S. 12-183; コルヴァイのヴィドゥキント『ザクセン人の事績』(三佐川亮宏訳)、知泉書館 2017年

事蹟録 (regesta/Regesten)

JL = Jaffé–Löwenfeld, Regesta pontificum Romanorum, T. 1, Leipzig 1885, neudr. Graz 1956
Regesta Archiepiscoporum Maguntinensium = Regesten zur Geschichte der Mainzer Erzbischöfe, bearb. v. J. F. Böhmer, Bd. 1, Innsbruck 1877, neudr. Aalen 1966
REC = Regesta Episcoporum Constantiensium = Regesten zur Geschichte der Bischöfe von Constanz, Bd. 1, 517-1293, bearb. v. P. Ladewig u. T. Müller, Innsbruck 1895, neudr. Glashütten im Taunus 1970
Regesta Imperii. Die Regesten des Kaiserreichs unter den Karolingern 751–918, bearb. v. J. F. Böhmer, E. Mühlbacher u. J. Lechner, Bd. I, Innsbruck ²1908, neudr. mit Ergänzungen v. C. Brühl u. H. H. Kaminsky, Hildesheim 1966
Regesta Imperii. II Sächsisches Haus 919–1024. 1.Abt. : Die Regesten des Kaiserreichs unter Heinrich I. und Otto I. 919–973, bearb. v. J. F. Böhmer, E. von Ottenthal, mit Ergänzungen v. H. H. Kaminsky, Regensburg 1967
Regesta Imperii, I, 4 Papstregesten 800–911, T. 2, L. 1 844–858, bearb. v. K. Herbers, Köln u. a. 1999
— I, 4, T. 2, L. 2 858–867, bearb. v. K. Herbers, Köln u. a. 2012
— I, 4, T. 2, L.3 867–872, bearb. v. K.Herbers, Köln u. a. 2021
— I, 4, T. 3 872–882, bearb. v. V. Unger, Wien u. a. 2013
— II, 5 Papstregesten 911–1024, bearb. v. H. Zimmermann, Wien u. a. 1969
RL = K. Reindel, Die bayerischen Luitpoldinger 893–989, Sammlung und Erläuterung der Quellen, München 1953

レファレンス

Lexikon des Mittelalters, 10 Bde. München–Zürich 1980-1999
Lexikon für Theologie und Kirche, 13 Bde., Freiburg ²1957-1968
Lexikon für Theologie und Kirche, 11 Bde., Freiburg ³1993-2001
The Papacy. An Encyclopedia, 3 vols., London 2002
Geschichtsquellen des deutschen Mittelalters. Bayerische Akademie der Wissenschaften, https://www.geschichtsquellen.de/ (最終確認 2024 年 11 月 1 日)

二次文献

H. Beumann, Widukind von Korvei. Untersuchungen zur Geschichtsschreibung und Ideengeschichte des 10. Jahrhunderts, Weimar 1950.

M. Borgolte, Chronologische Studien an den alemannischen Urkunden des Stiftsarchiv St. Gallen, in: Archif für Diplomatik 24, 1978, S.54-201

M. Borgolte, Geschichte der Grafschaften Alemanniens in fränkischer Zeit (=Vorträge und Forschungen, Sonderband 31), Sigmaringen 1984

M. Borgolte, Die Grafen Alemanniens in merowingischer und karolingischer Zeit. Eine Prosopographie, Sigmaringen 1986

M. Borgolte, D. Geuenich u. K. Schmid (hrsg.), Subsidia Sangallensia I. Materialien und Untersuchungen zu den Verbrüderungsbüchern und zu den älteren Urkunden des Stiftsarchiv St. Gallen (St. Galler Kultur und Geschichte 16), St. Gallen 1986

L. Boschen, Die Annales Prumienses. Ihre nähere und ihre weitere Verwandtschaft, Düsseldorf 1972

C. Brühl, Deutschland–Frankreich. Die Geburt zweier Völker, Köln–Wien ²1995

O. P. Clavadetscher, Wolfinus Cozperti palatini comitis filius. Eine neuentdeckte Quelle zur Geschichte des beginnenden 10. Jahrhunderts, in: O. P. Clavadetscher, H. Maurer u. S. Sonderegger (hrsg.), Florilegium Sangallense. Festschrift für Johannes Duft zun 65. Geburtstag, St. Gallen–Sigmaringen 1980, S. 149-163

R. Davis, The Lives of the Ninth-Century Popes (Liber Pontificalis), Liverpool 1995

R. Deutinger, Königsherrschaft im ostfränkischen Reich. Eine pragmatische Verfassungsgeschichte der späten Karoringerzeit, Ostfildern 2006

E. Dümmler, Geschichte des ostfränkischen Reichs, Bd. 3, Leipzig ²1888, neudr. Hildesheim 1960

A. Eckel, Charles le Simple, Paris 1899, repr., Genève–Paris 1977

J. Fleckenstein, Die Hofkapelle der deutschen Könige, Teil 1, Grundlegung. Die karolingische Hofkapelle, Stuttgart 1959 (=MGH Schriften 16/1); Teil 2, Die Hofkapelle im Rahmen der ottonisch-salischen Reichskirche, Stuttgart 1966 (=MGH Schriften 16/2)

J. Fried, Die Königserhebung Heinrichs I. Erinnerung, Mündlichkeit und Traditionsbildung im 10. Jahrhundert, in: M. Borgolte (hrsg.), Mittelalterforschung nach der Wende = Historische Zeitschrift. Beihefte Bd. 20, München 1995, S. 267-318

J. Fried, Der Weg in die Geschichte. Die Ursprüng Deutschlands bis 1024 (=Propyläen Geschichte Deutschland, Bd.1), Berlin 1994

L. Gatto, La Condanna di un cadavere. Riflessioni sull'incredibile storia di Papa Formoso, Studi Romani 52, 2004, p. 379-406

H.-W. Goetz, "Dux" und "Ducatus". Begriffs- und verfassungsgeschichtliche Untersuchungen zur Entstehung des sogenannten "jüngeren" Stammesherzogtums an der Wende vom neunten zum zehnten Jahrhundert, Bochum 1981

H.-W. Goetz, Die schwäbischen Herzöge in der Wahrnehmung der alemannischen Geschichtsschreiber der Ottonen- und Salierzeit, in: A. Bihrer, M. Kälble und H. Krieg (hrsg.), Adel

und Königtum im mittelalterlichen Schwaben. Festschrift für Thomas Zotz zum 65. Geburtstag, Stuttgart 2009, S. 127-144

W. Hartmann, Die Synoden der Karolingerzeit im Frankenreich und in Italien, Paderborn 1989

K. Herbers, (Artlkel) Formosus, in: Lexikon des Mittelalters, Bd. 4, Sp. 655; Lexikon für Theologie und Kirche, Bd. 3, [3]1995, Sp. 1357; The Papacy. An Encyclopedia, vol. 1, 2002, p. 590

R. Hiestand, Byzanz und das Regnum Italicum im 10. Jahrhundert. Ein Beitrag zur ideologischen und machtpolitschen Auseinandersetzung zwischen Osten und Westen, Zürich 1964

E. Hlawitschka, Franken, Alemannen, Bayern und Burgunder in Oberitalien (774–962). Zum Verständnis der fränkischen Königsherrschaft in Italien, Freiburg 1960

E. Hlawitschka, Lotharingien und das Reich an der Schwelle der deutschen Geschichte (= MGH Schriften 21), Stuttgart 1968

E. Hlawitschka, Waren die Kaiser Wido und Lambert Nachkommen Karls des Großen?, in: ders., Stirps regia. Forschungen zu Königtum und Führungsschichten im früheren Mittelalter. Ausgewählte Aufsätze, Frankfurt a. M. 1988, S. 227-246, erstgedr. in: Quellen und Forschungen aus italienischen Archiven und Bibliotheken, 49, 1969, S. 366-386

E. Hlawitschka, Einleitung, in : ders.(hrsg.), Königswahl und Thronfolge in fränkisch-karolingischer Zeit (= Wege der Forschung 247), Darmstadt 1975, S. VII-XIV

E. Hlawitschka, Die Widonen im Dukat von Spoleto, in: ders., Stirps regia, S. 155-226, erstgedr. in: Quellen und Forschungen aus italienischen Archiven und Bibliotheken, 63, 1983, S. 20-92

A. Hofmeister, Markgrafen und Markgrafschaften im Italischen Königreich in der Zeit von Karl dem Grossen bis auf Otto den Grossen (774–962), in: MIÖG Ergbd. 7, 1902

D. C. Jackman, Die Ahnentafeln der frühesten deutschen Könige, in: Herold-Jahrbuch, Neue Folge 15, 2010, S. 47-67

H. Kämpf (hrsg.), Die Entstehung des deutschen Reiches. Deutschland um 900. Ausgewählte Aufsätze aus den Jahren 1928–1954 (=Wege der Forschung Bd. 1), Darmstadt 1956

P. Kehr, Die Kanzlei Ludwigs des Kindes, Berlin 1940

H. Keller, Die Ottonen, München 2001

F. Knöpp, Hatto. Abt von Reichenau, Ellwangen und Wießenburg, Erzbischof von Mainz 891–913, in: ders. (hrsg.), Die Reichsabtei Lorsch. Festschrift zum Gedenken an ihre Stiftung 764, T. 1, Darmstadt 1973, S. 261-267

A. Kolb u. H. Tüchle (hrsg.), Ottobeuren. Festschrift zur 1200-Jahrfeier der Abtei, Augsburg 1964

A. Kraus, Civitas regia. Das Bild Regensburgs in der deutschen Geschichtsschreibung des Mittelalters, Kallmünz 1972

J. Lehn, Die Synoden zu Mainz (888) und Tribur (895). Ihre Bedeutung für das Verhältnis Arnulfs von Kärnten zum ostfränkischen Episkopat im ausgehenden 9. Jahrhundert, in: Jahrbuch für westdeutsche Landesgeschichte 13, 1987, S. 43-62

W. Lendi, Untersuchungen zur frühalemannishen Annalistik. Die Murbacher Annalen. Mit Edition, Freiburg/Schweiz 1971

S. Lorenz, Die Pfalzgrafen in Schwaben vom 9. bis zum frühen 12. Jahrhundert, in: A. Bihrer u. a. (hrsg.), Adel und Königtum im mittelalterlichen Schwaben. Festschrift für Thomas Zotz

zum 65. Geburtstag, Stuttgart 2009, S. 205-233

M. Linzel, Die politische Haltung Widukinds von Korvei, in: Sachsen und Anhalt 14 (1938), jetzt in: ders., Ausgewählte Schriften, Bd. 2 Zur Karolinger- und Ottonenzeit, zum hohen und späten Mittelalter, zur Literaturgeschichte, Berlin 1961, S. 316-346

H. K. Mann, The Lives of the Popes in the Early Middle Ages, London [2]1925

J. Maß, Das Bistum Freising in der späten Karolingerzeit. Die Bischöfe Anno (854–875), Arnold (875–883) und Waldo (884–906), München 1969

H. Maurer, Der Herzog von Schwaben. Grundlagen, Wirkungen und Wesen seiner Herrschaft in ottonischer, salischer und staufischer Zeit, Sigmaringen 1978

H. Maurer, H. Schwarzmaier und T. Zotz (hrsg.), Schwaben und Italien im Hochmittelalter (= Vorträge und Forschungen 52), Stuttgart 2001

W. Mohr, Geschichte des Herzogtum Lothringen, T. 1. Geschichte des Herzogtums Groß-Lothringen (900–1048), Saarbrücken 1974

M. E. Moore, The Body of Pope Formosus, in: Millenium. Jahrbuch zu Kultur und Geschichte des ersten Jahrtausends n. Chr., 9, 2012, p. 277-297

E. Müller-Mertens, Die Reichsstruktur im Spiegel der Herrschaftspraxis Ottos des Grossen. Mit historiographischen Prolegomena zur Frage Feudalstaat auf deutschen Boden, seit wann deutscher Feudalstaat?, Berlin 1980.

T. Offergeld, Reges pueri. Das Königtum Minderjähriger im frühen Mittelalter, Hannover 2001

R. Parisot, Le royaume de Lorraine sous les Carolingiens (843–923), Paris 1898, repr. Genève 1975

J. Petersohn, Franken im Mittelalter. Identität und Profil im Spiegel von Bewußtsein und Vorstellung (= Vorträge und Forschungen, Sonderband 51), Ostfildern 2008

J. O. Plassmann, Princeps und Populus. Die Gefolgschaft im ottonischen Staatsaufbau nach den sächsischen Geschichtsschreibern des 10. Jahrhunderts, Göttingen 1954

R. Poupardin, Le royaume de Bourgogne (888–1038). Étude sur les origines du royaume d'Arles, Paris 1907, repr. Genève 1974

R. Poupardin, Le royaume de Provence sous les Carolingiens (855–933), Paris 1901, repr. Genève–Marseille 1974

R. Rappmann, Das Totengedanken der Abtei. Necrologien und kommemorierte Personen, in: R. Rappmann u. A. Zettler, Die Reichenauer Mönchsgemeinschaft und ihr Totengedanken im frühen Mittelalter, Sigmaringen 1998, S. 279-520

K. Reindel, Herzog Arnulf und das Regnum Bavariae, in: Zeitschrift für bayerische Landesgeschichte 17, 1954, neudr. in: H. Kämpf (hrsg.), Die Entstehung des deutschen Reiches, Darmstadt 1956, S. 213-288

K. Reindel, Bayern unter den Luitpoldingern, in: M. Spindler (hrsg.), Handbuch der bayerischen Geschichte, 1. Bd., München 1981, S. 277-302

Th. Schieffer, Einleitung zu den Urkenden Ludwigs d. Kindes, in: MGH DLdK, S. 73-93

Th. Schieffer, Die lothringische Kanzlei um 900, Köln–Graz 1958

L. Schirmeyer, Kaiser Lambert, Diss. phil. Göttingen 1900

K. Schmid, Königtum, Adel und Klöster zwischen Bodensee und Schwarzwald (8.–12. Jahrhun-

dert), in: G. Tellenbach (hrsg.), Studien und Vorarbeiten zur Geschichte des grossfränkischen und frühdeutschen Adels, Freiburg 1957, S. 225-334
B. Schneidmüller, Französische Lothringenpolitik im 10. Jahrhundert, in: Jahrbuch für westdeutsche Landesgeschichte 5 (1979), S.1-31
B. Schneidmüller, Karolingische Tradition und frühes französisches Königtum. Untersuchungen zur Herrschaftslegitimation der westfränkisch-französischen Monarchie im 10. Jahrhundert, Wiesbaden 1979
J. Schur, Königtum und Kirche im ostfränkischen Reiche vom Tode Ludwigs des Deutschen bis Konrad I., Paderborn 1931
H. Schwarzmaier, Königtum, Adel und Klöster im Gebiet zwischen oberer Iller und Lech, Augsburg 1961
H. Schwarzmaier, Gründungs- und Frühgeschichte der Abtei Ottobeuren, in: A. Kolb u. H. Tüchle (hrsg.), Ottobeuren. Festschrift zur 1200-Jahrfeier der Abtei, Augsburg 1964, S.1-72
Th. Sickel, Einleitung zu den Urkunden von Konrad I., in: MGH DKI, S. 1
H. Stingl, Die Entstehung der deutschen Stammesherzogtümer am Anfang des 10. Jahrhunderts, Aalen 1974
W. Störmer, Früher Adel. Studien zur politischen Führungsschicht im fränkisch-deutschen Reich vom 8. bis 11. Jahrhundert, Stuttgart 1973 (= Monographien zur Geschichte des Mittelalters, Bd. 6)
W. Störmer, (Artlkel) Ebersberg, Lexikon des Mittelalters, Bd. 3, 1999, Sp. 1525-1526.
G. Tellenbach, Königtum und Stämme in der Werdezeit des Deutschen Reiches, Weimar 1939
G. Tellenbach, Zur Geschichte Kaiser Arnulfs, in: Historische Zeitschrift 165, 1942, neudr. in: H. Kämpf (hrsg.), Die Entstehung des deutschen Reiches, Darmstadt 1956, S.135-152
G. Waitz, Jahrbücher des deutschen Reichs unter König Heinrich I., 3. Aufl., Leipzig 1885
W. Wattenbach, Deutschlands Geschichtsquellen im Mittelalter bis zur Mitte des dreizehnten Jahrhunderts, Bd. 1, Berlin 1893
W. Wattenbach – R. Holtzmann, Deutschlands Geschichtsquellen im Mittelalter. Die Zeit der Sachsen und Salier. T. 1: Das Zeitalter des Ottonischen Staates (900 – 1050), Neuausgabe besorgt von F.-J. Schmale, Köln – Graz 1967
W. Wattenbach – W. Levison – H. Löwe, Deutschlands Geschichtsquellen im Mittelalter. Vorzeit und Karolinger, 4. Heft: Die Karoringer vom Vertrag von Verdun bis zum Herrschaftsantritt der Herrscher aus dem sächsischen Hause. Das ostfränkische Reich, Weimar 1990
K. F. Werner, Die Nachkommen Karls des Grossen bis um das Jahr 1000 (1. – 8. Generation), in: W. Braunfels (hrsg.), Karl der Große. Lebenswerk und Nachleben, Bd. 4: Das Nachleben, Düsseldorf 1967, S. 403-484
A. Wolf, Ahnen deutscher Könige und Königinnen. Alternativen zu dem Werk von Eduard Hlawitschka, in: Herold-Jahrbuch, Neue Folge 15, 2010, S. 77-198
H. Wolfram, Lateinische Herrschertitel im neunten und zehnten Jahrhundert, in: ders. (hrsg.), Intitulatio II. Lateinische Herrscher- und Fürstentitel im neunten und zehnten Jahrhundert, Wien – Köln – Graz 1973, S. 19-178

U. Zeller, Bischof Salomo III. von Konstanz, Abt von St. Gallen, Leipzig–Berlin 1910
A. Zettler, Der Zusammenhang des Raumes beidseits der Alpen in karolingischer Zeit. Amtsträger, Klöster und die Herrschaft Karls III., in: H. Maurer, H. Schwarzmaier und T. Zotz (hrsg.), Schwaben und Italien im Hochmittelalter (=Vorträge und Forschungen 52), Stuttgart 2001, S. 25-42
A. Zettler, Geschichte des Herzogtums Schwaben, Stuttgart 2003
A. Zettler, Die karolingischen Grafen von Verona. Überlegungen und Annäherungsversuche, in: A. Bihrer u.a. (hrsg.), Adel und Königtum im mittelalterlichen Schwaben. Festschrift für Thomas Zotz zum 65. Geburtstag, Stuttgart 2009, S. 89-114
H. Zimmermann, Papstabsetzungen des Mittelalters, Graz–Wien–Köln 1968
R. Zingg, Die St. Galler Annalistik, Ostfildern 2019
R. Zingg, Geschichtsbewusstsein im Kloster Rheinau im 10. Jahrhundert. Der Codex Modoetiensis f-9/176, die Annales Laubacenses und die Annales Alamannici, in Deutsches Archiv für Erforschung des Mittelalters 69, 2013, S. 494-495
T. Zotz, König Konrad I. und die Genese des Herzogtums Schwaben, in: H.-W. Goetz (hrsg.), Konrad I. Auf dem Weg zum „Deutschen Reich"?, Bochum 2006, S. 85-198
T. Zotz, Der Breisgau und das alemannische Herzogtum. Zur Verfassungs- und Besitzgeschichte im 10. und beginnenden 11. Jahrhundert (=Vorträge und Forschungen, Sonderband 15), Sigmaringen 1974,

江川溫「中世フランス王国の民族意識― 10-13世紀」、中村賢二郎編『国家―理念と制度』京都大学人文科学研究所 1989年、1-40頁
岡地稔「ハインリヒ1世の Hausordnung について」『西洋史学』121、1981年、19-35頁
岡地稔「Hartbert 考― 10世紀前期・シュヴァーベン政治史の一断面」『アカデミア』人文・自然科学編、保健体育編 35、南山大学 1982年、141-163頁
岡地稔「10世紀中期・Chur 司教 -Chur 司教座―司教 Hartbert 就任をめぐる政治史的考察」『アカデミア』人文・社会科学編 42、南山大学 1985年、49-82頁
岡地稔「ザンクト・マクシミン修道院改革― 10世紀前期ロートリンゲン政治史の一断面（その2)」『アカデミア』人文・社会科学編 51、南山大学 1990年、25-68頁
岡地稔「オットーネンにおける修道院改革とザンクト・ガレン修道院」長谷川博隆編『権力・知・日常―ヨーロッパ史の現場へ』名古屋大学出版会 1991年、93-120頁
岡地稔「カロリンガー後期・国王選挙における正統性問題― 879-80年 西フランクにおける王位継承問題をめぐって」『アカデミア』人文・社会科学編 69、南山大学 1999年、361-439頁
岡地稔「879年 ボゾー・フォン・ヴィエンヌの国王選挙―フリート説をめぐる問題状況」『アカデミア』人文・社会科学編 74、南山大学 2002年、389-414頁
岡地稔「口承世界における歴史叙述の信憑性―ヴィドゥキント『ザクセン朝史』・ハインリヒ1世国王選挙に関する J. フリートの所説をめぐって」『アカデミア』文学・語学編 75、南山大学 2004年、1-37頁

岡地稔「ボゾー・フォン・ヴィエンヌの国王選挙（879年）小論―初の非カロリンガー王権の正当化をめぐって」『光環（CORONA）―南山ゲルマニスティク』17、南山大学大学院文学研究科独文学専攻課程 2006年、39-55頁
岡地稔「中世前期・東フランク＝ドイツ王国における「宮廷アーカイヴ」」『アルケイア―記録・情報・歴史』8、南山大学史料室 2014年、49-103頁
岡地稔「887年（東）フランク国王選挙―カール3世（肥満王）の失脚とアルヌルフの国王推戴」『アルケイア―記録・情報・歴史』15、南山アーカイブズ 2020年、1-113頁
岡地稔「中世ヨーロッパの巡行王権」『アルケイア―記録・情報・歴史』17、南山アーカイブズ 2022年、1-17頁
兼岩正夫『ルネサンスとしての中世―ラテン中世の歴史と言語』筑摩書房 1992年
早川良彌「「バーベンベルガー・フェーデ」に関する一考察」『原弘二郎先生古希記念 東西文化史論叢』1973年、23-46頁
早川良弥「リウドルフィンガーとガンデルスハイム修道院」 長谷川博隆編『ヨーロッパ―国家・中間権力・民衆』名古屋大学出版会 1985年、205-239頁
日置雅子「カロリンガー・フランクにおける“フランキア”の統一と解体」（その2／3）『愛知県立大学文学部論集』一般教育編42、1993年、47-73頁
船木順一「シュヴァーベン太公権の形成について―ドイツ王国の生成期における dux の政治史的再考」『史友』19、青山学院大学史学会 1987年、16-28頁
三佐川亮宏「“フランク”と“ドイツ”の狭間―初期オットーネン治下の王国と支配者の呼称について」『西洋史学』188、1998年、1-22頁
山田欣吾「国王・大公・教会―カロリンガー後期からオットーネン初期の国制をめぐって」同『教会から国家へ―古相のヨーロッパ』（西洋中世国制史の研究Ⅰ）、創文社 1992年、193-281頁

アルノ・ボルスト（永野藤夫・井本晌二・青木誠之訳）『中世の巷にて―環境・共同体・生活形式』（上・下）平凡社 1986年

図版出典一覧

本扉　[DKI 8] Hessisches Staatsarchiv Marburg (=HStAM), Urk. 75, 61.
(https://arcinsys.hessen.de/arcinsys/showArchivalDescriptionDetails?archivalDescriptionId=3954139)

口絵

1　[DKI 8] G. K. Stasch – F. Verse (Hrsg.), König Konrad I. Herrschaft und Alltag: Begleitband zur Ausstellung: 911: Königswahl zwischen Karolingern und Ottonen. König Konrad der Erste: Herrschaft und Alltag. Fulda–Petersberg 2011, S. 33.

2　[DKI 6] HStAM, Urk. 75, 59.
(https://arcinsys.hessen.de/arcinsys/digitalMediaViewer.action?archivalDescriptionId=852438&selectId=304406462)

3　Stasch – Verse 2011, S. 32.

4　Hochschul- und Landesbibliothek Fulda, B 1, f. 17v.
(https://fuldig.hs-fulda.de/viewer/image/PPN325290857/36/)

5　Stasch – Verse 2011, S. 28.

6　HStAM, K, 425 (Codex Eberhardi, Bd.1), f. 93v.
(https://arcinsys.hessen.de/arcinsys/digitalMediaViewer.action?archivalDescriptionId=3353926&selectId=302013276)

7　Wikimedia Commons. (https://commons.wikimedia.org/wiki/File:Stammtafel_der_Karolinger.jpg)

8　W. Wilhelmy (Hrsg.), Glanz der späten Karolinger. Hatto I. Erzbischof von Mainz (891–913). Von der Reichenau in den Mäuseturm. Regensburg 2013, S. 176.

9　Stiftsbibliothek St. Gallen, Cod. Sang. 53, Front Cover / S. 11.
(https://www.e-codices.unifr.ch/en/csg/0053/bindingA ; https://www.e-codices.unifr.ch/en/csg/0053/11)

10　Frank Winkelmann/CC BY-SA 3.0: Wikimedia Commons（2012年5月28日撮影）
(https://de.wikipedia.org/wiki/K%C3%B6nig-Konrad-Denkmal#/media/Datei:K%C3%B6nig_Konrad-Denkmal.JPG)

口絵補説図版

1（xvii 頁）[DKI 7] HStAM, Urk. 75, 60.
(https://arcinsys.hessen.de/arcinsys/digitalMediaViewer.action?archivalDescriptionId=75810&selectId=304406493)

9（xxii 頁） W. Vogler (hrsg.), Die Kultur der Abtei Sankt Gallen, Zürich–Stuttgart 1990, S. 87.

目次扉　Wilhelmy 2013, S. 176.

各章扉　[DKI 7] HStAM, Urk. 75, 60.（= xvii頁補説図版）

本文図版

11（3頁）[Biblioteca Apostolica Vaticana, Cod. Pal. lat. 830] Stasch – Verse 2011, S. 20.

12（25頁） Bayerische Staatsbibliothek, Clm 6388, f. 30r.
(https://www.digitale-sammlungen.de/en/view/bsb00006691?page=63)

13（52–53, 56頁） [DLdk 72] [Hessisches Hauptstaatsarchiv Wiesbaden, Abt. 40, Urk.1.] Wilhelmy 2013, S. 161.

14（54–55, 57頁） [DKI 2] Stiftsarchiv St. Gallen, FF3 L83. (https://www.e-chartae.ch/de/charters/view/763)

15（131, 132頁）[Stiftsarchiv St. Gallen, Züricher Abt. X, Nr.1] Vogler 1990, S. 147.

16（193, 194頁） Karlsruhe, Badische Landesbibliothek, Cod. Aug. perg. 175.
(https://digital.blb-karlsruhe.de/blbhs/content/pageview/1123731)

17（249頁） Wikimedia Commons.（2007年9月10日撮影）
(https://commons.wikimedia.org/wiki/File:Villmar_-_Koenig_Konrad_Denkmal_1.jpg)

カバー表　Santiago2000/CC BY-SA 3.0: Wikimedia Commons.（2008年5月1日撮影）
(https://upload.wikimedia.org/wikipedia/commons/3/3d/Villmar_-_K%C3%B6nig-Konrad-Denkmal.JPG?uselang=de)

カバー裏　[DKI 2] Stiftsarchiv St. Gallen, FF3 L83. (https://www.e-chartae.ch/de/charters/view/763)（= 本文図版14）

表紙　Wikimedia Commons. (https://commons.wikimedia.org/wiki/File:Stammtafel_der_Karolinger.jpg)（= 口絵7）

付録A

1『モンツァ本ロップ年代記』（部分）
2『モンツァ本アレマニエン年代記』（部分）
原文、および試訳

1 ANNALES LAUBACENSES Codex Modoetiensis

＊ W. Lendi (第Ⅱ章注2), S. 183-189 より
＊＊ 18世紀ころになされた合本製本のさいにカットされ、失われた字句は、『モンツァ本アレマニエン年代記』から類推され、その部分は‹ ›で示されている。なお、ペルツ版では当該箇所はイタリック体で示されている。

fol. 29v

885. karlomannus rex obiit./

887. ‹kar›olus imperator obiit. bellum inter vuidonem et peren/‹gar›ium in italia.

888. ‹liut›bertus episcopus obiit. arnulfus in hostem./ ‹bell›um inter uuidonem et perengarium. gozbertus obbiit./

890. ‹ber›enhart filius karoli vix de retia evasit./ ‹mag›na mortalitas hominum. salomon episcopus obiit./

891. ‹stel›la cometis. eclipsis. sunzo archiepiscopus a nord/‹ma›nnis interemptus est. arnolfus rex de nordmannis/ ‹tri›umphavit. stephanus papa obiit./

892. ‹form›osus papa constituitur et berenhartus filius karoli/ a ‹ruo›dolfo occiditur./ arnolfus rex cum exercitu suo in maraha terramque devastavit./

893. ‹ecly›psis lunȩ. engilscalc obcecatur. iterum arnolf in/ ‹ma›raha et vuilhelm occiditur.

894. ‹e›clypsis. arnulfus rex in italia cum magno/ ‹exer›citu. vuido imperator et zuuentibulc dux./

895. ‹zuu›entibulc in regem elevatur. famis valida./ ‹gr›ando et arnolfus in italiam./

896. arnulfus romam vi caepit et a formoso papa imperator consecratur. eodem anno formosus obiit et bonifacius successit et hoc anno obiit. post eum stephanus/ sedem apostolicam ‹conscendit›. famesque validissima et rex coepit infirmari. basilicaque ad lateranas maiori parte cȩcidit et stephanus/ papa formosum de sepulcro eiecit eumque super sedem locavit atque diaconum pro eo constituit ut responsum dedisset et eo devicto fecit papam/ per

basilicam trahere atque in flumen proicere et ex ore eius cruor per pavimentum fluebat.

897. arnolfus cum omnibus regni/ populis generalem habuit/ conventum ad foraheim et/ casu cecidit./

898. ‹la›ntbertus imperator italię filius vuidonis obiit.

899. ‹un›gari italiam ingressi. arnolfus imperator obiit./ filius eius hludouuicus regnum suscepit/ ‹sub› quo multa malitia orta et aucta est./

900. zuuentibulcus rex flius/ arnolfi occisus est et hlu/douuicus filius bosoni/ in italiam./

901. ‹it›erum vngari in italiam et hludouuicus/ ‹fi›lius bosonis imperator factus./

907. ‹ad›albertus filium heinrichi ficta fide episcoporum/ decęptus capite decollatus est./

908. vngari bellum contra bauuarios inexsuperabile fecerunt et liutbaldus dux eotum comitesque atque/ episcopos quam plurimos illorumque supersticiosa superbia crudeliter occisa est./

910. ungari bellum cum alamanis fecerunt victoriamque/ ‹hab›uerunt et gozpertus comes occisus est parsque populi/ ‹ma›gna occisa est et in ipso itinere cum francis pugnaverunt/ ‹geb›ehardum ducem et liutfredum aliosque quam plurimos/ ‹ba›uuoariis victoriam ex parte tenentibus occiderunt prędamque abstulerunt./

911. item vngari alamaniam/ frantiamque atque ultra/ rhenum et magicampum/ usque marahaugiam/ devastabant et reversi sunt/ et purchardus comes ab anselmo/ iniusto iudicio occisus est. frater/ adalbertus comes praecepto salomonis/ interemptus est./ (*fol. 30r*)

912. iterum vngari alamanniam franciamque inva‹serunt› atque ultra rhenum et magicampum usque marhau‹giam› / devastabant ac sine damno reversi sunt.

1『モンツァ本ロップ年代記』(試訳)

Annales Laubacenses Codex Modoetiensis

885. 国王カルロマン死去。

887. 皇帝カール死去。ヴィドーとベンレンガールとの間のイタリアにおける戦闘。
888. 司教リウトベルト死去。アルヌルフ、敵中へ。ヴィドーとベンレンガールとの間の戦闘。ゴツベルト死去。

890. カールの息子ベルンハルト、レティエンから蜂起、多数の者の参与。司教ザロモ死去。
891. 彗星。食。大司教ズンツォがノルマン人により殺さる。国王アルヌルフ、対ノルマン人戦勝利。教皇ステファヌス死去。
892. 教皇フォルモースス擁立さる。カールの息子ベルンハルト、ルドルフにより殺害。アルヌルフ、その軍隊を率いてメーレンに、そしてこの地を破壊し尽くす。
893. 月食。エンギルスカルク死亡。アルヌルフ、再度メーレンに。ヴィルヘルム殺害。
894. 食。国王アルヌルフ、大軍とともにイタリアに。皇帝ヴィドーおよび大公ツヴェンティボルト(死去?)。
895. ツヴェンティボルト、国王へ選出。大飢饉。雹、そしてアルヌルフ、イタリアへ。
896. アルヌルフ、力でローマ奪取、教皇フォルモーススにより皇帝へ祝別。同年にフォルモースス死去。ボニファキウスが継承し、この年に死去。彼の後、ステファヌスが使徒の座へ登る。大飢饉、そして国王、病を受く。ラテラノ宮のバシリカ、大部分が倒壊。教皇ステファヌスが、フォルモーススを墓から暴き出し、彼を座の上にすわらせ、彼の代わりに助祭を立たせて返答をおこなわせ、彼に有罪を認めさせ、バシリカから引きずり回し、(テヴェレ)川へ投げ捨てさせた。彼の口からは血が舗床に流れていた。

897. アルヌルフ、王国の全人民とともにフォルヒハイムに全体会議をおこなう。（建物）倒壊により負傷。
898. ヴィドーの息子イタリア皇帝ランベルト死去。
899. マジャール人、イタリア劫掠。皇帝アルヌルフ死去。その息子ルードヴィヒが王国を継承。彼の下では多くの悪行が起こり、増大した。
900. アルヌルフの息子国王ツヴェンティボルト殺さる。ボゾーの息子ルードヴィヒ、イタリアへ。
901. マジャール人、再びイタリアへ。ボゾーの息子ルードヴィヒが皇帝とされる。

907. ハインリヒの息子アダルベルトが、司教たちに約束を欺かれ、だまされて首を刎ねられる。
908. 打ち勝ちがたいマジャール人、バイエルン人と戦闘。彼ら（バイエルン人）の大公リウトポルトそして多くの伯および司教たちが、彼ら（マジャール人）の誤った信仰と傲慢さにより、残忍に殺害さる。

910. マジャール人がアレマニエン人と戦闘し、勝利する。そして伯ゴツペルトが死し、人びとの大部分が殺害さる。彼ら（マジャール人）は、行軍途上でフランク人と戦い、大公ゲープハルトとリウトフリート、その他大勢の者たち、一部勝利をおさめていたバイエルン人たちを殺害し、略奪品をもち去った。
911. 同じくマジャール人がアレマニエン、フランケン、およびライン彼岸、そしてマイエンフェルトをアレゴウに至るまで破壊し尽くし、引き返す。伯ブルハルトがアンセルムによって不当な裁判により殺さる。兄弟である伯アダルベルトはザロモの命令で殺害された。
912. マジャール人が再びアレマニエンとフランケンを襲い、ライン彼岸とマイエンフェルトをアレゴウに至るまで破壊し尽くし、（自らは）損害を被ることなく引き返す。

2 ANNALES ALAMANNICI Codex Modoetiensis

＊W. Lendi（第Ⅱ章注2）, S. 182-188より

fol. 4r

882. eclypsis lunę. hludouuicus filius hludouuici pii obiit./

883. iohannes papa obiit et marinus electus./

884. marinus papa obiit et adrianus electus./

885. hug obcecatur./

886. adrianus papa obiit et stephanus electus. heimrihcus dux a nordmannis occisus est./

887. karolus imperator regno terrestri privatus. arnolfus inmanissimus rex elevatur./

888. karolus imperator obiit. bellum in italia inter uuidonem et perengarium./

889. liutbertus archiepiscopus obiit. arnulfus in hostem. alium bellum inter uuidonem et perengarium. gozpertus obiit./

890. berenhart filius karoli vix de retia evasit. nimia mortalitas hominum. salomon episcopus obiit./

891. stella cometis, eclypsis solis. sunzo archiepiscopus a nordmannis occisus. radaspona compusta est./ arnulfus rex de nordmannis triumphavit. stephanus papa obiit. formosus electus et perenhart filius karoli a ruodulfo occisus.

892. arnulfus cum exercitu in maraha terramque devastavit./

893. eclypsis lunę. arnolf in maraha. uuilhelm occisus. engilscalch obcecatur. ruodpertus occiditur./ alamanni in italiam./

894. eclypsis lunę. arnolfus in italiam cum exercitu./

895. hildigart exiliata et zuentebulc rex elevatus. fames et grando. arnolfus in italiam. vuido imperatur factus./

896. arnolfus roman vi cępit et a formoso papa imperator consecratur. formosus obiit et bonifacius suscessit/ et ipse obiit et stephanus successit. fames validissima et rex arnolfus cępit infirmari. basilica in lateranis maiori parte cecidit et postea stephanus papa formosum de sepulcro/ eiecit et in apostolica sede locavit et diaconum pro eo constituit ad respondendum et apostolicam exuit/ vestem et traxit per basilicam et sanguis de ore eius fluebat et in flumen proiectus est.

897. arnolfus cum suis populis generalem celebrans conventum casuque cecidit./

898. lantbertus imperator italię filius vuidonis obiit./

899. ungari italiam ingressi. arnolfus imperator obiit et hludouuicus filius eius sub quo omnia bona/ pace disiuncta sunt in regnum elevatur. bellum primum inter ungaros et christianos in italia ad parentum et castelli capti sunt./

900. zuentibulcus rex filius arnolfi occisus et hludouuicus filius posonis in italiam. adalhart et heimrich frater eius/ et eberhardus bello occisi sunt.

901. iterum ungari in italiam. hludouuicus filius posonis imperator rome efficitur./

902. ipse hludouuicus a perengario rege et bauguaoriis in uerona captus et cecatus/ et bellum in maraha cum ungaris et patria vincta./

903. bellum bauguariorum cum ungaris. adalbertus choradum bello occidit./

904. vngari in dolo ad convivium a baugauriis vocati. chussal dux eorum suique sequates occisi sunt./

905. franci et alamanni ad tarisiam super adalbertum./ (*fol. 4v*)

906. item hludouuicus super adalbertum et ille ficta fide decęptus capite decollatur./

907. item baugauriorum cum ungaris insuperabile atque liutpaldus dux eorum/ supersticiosa superbia occisa paucique christianorum evaserunt interemptis multis episcopis comitibusque./

908. ungari in saxones et purchardus toringorum et ruodulfus episcopus eginoque aliique/ quam plurimi occisi sunt devastata terra./

909. ungari in alamanniam et cum innumerabili preda hominum animaliumque reversi sunt./

910. ungari in alamanniam bello insperato multos occiderunt et gozpertus comes occisus/ atque ipso itinere cum francis et baugauriis pugnaverunt gebehardumque ducem et alios/ plurimos paugauriis ex parte victoriam tenentibus occiderunt et cum pręda regressi sunt.

911. purghart comes et princeps alamannorum iniusto iudicio ab anshelmo censura/ inequitatis occisus omnibus viduę illius addemptis filiisque ipsius purchardo/ et vodalricho extra patriam eiectis prediumque atque beneficium eius inter illos distri/buerunt. frater vero ipsius adalbertus nobilissimus atque iustissimus comes nutu episcopi salomonis/ et quorundam aliorum interemptus est. gislę nempe socrui purchardi iunioris/ limina beati petri principis apostolorum irreptanti ibique veniam facinorum suorum effla/gitanti proprium peculiumve et omnia quę habebat spreto iuvante domino ac meren/tium consolatori

sancto petro suorum nutibus dispertierunt. insuper illa repedante/ falsis testimoniis pravissimas eorum machinationes in palacio potamico con/ firmantes ream publice dominacionis mentiti sunt./ hlothariorum principes a hludouuico rege divisi./

912. hludouuicus rex mortuus. chonradus filius chonradi comitis a francis et saxonibus/ seu alamannis ac bauguariis rex electus et hlodarii karolum regem gallię super se fecerunt./ ruodulfus rex burgundię ademit basileam et inde ad propria. karolus in alsatia et chonradus/ in hlodarios et facta fide ficta chuonratus in hlodarios iterum usque ad aquas et hlodariique/ in argentinam civitatem eaque vastata et conbusta est. stella cometis et ruodulfus rex obiit/ felici exitu filiusque eius rex nomine patris elevatus./

2『モンツァ本アレマニエン年代記』（試訳）

Annales Alamannici Codex Modoetiensis

882. 月食。ルードヴィヒ敬虔の息子ルードヴィヒ死去。
883. 教皇ヨハネス死去し、マリヌス選出。
884. 教皇マリヌス死去し、ハドリアヌス選出。
885. フゴーが失明させられる。
886. 教皇ハドリアヌス死去し、ステファヌス選出。大公ハインリヒ、ノルマン人により殺害。
887. 皇帝カールが現世の王国を奪われる。最も恐るべきアルヌルフが国王に選出される。
888. 皇帝カール死去。イタリアにおけるヴィドーとベンレンガールとの間の戦闘。
889. 大司教リウトベルト死去。アルヌルフ、敵中へ。ヴィドーとベンレンガールとの間の再度の戦闘。ゴツベルト死去。
890. カールの息子ベルンハルト、レティエンから蜂起、多くの者の参与。司教ザロモ死去。
891. 彗星、日食。大司教ズンツォ、ノルマン人により殺害。レーゲンスブルク大火。国王アルヌルフ、対ノルマン人戦勝利。教皇ステファヌス死去。フォルモーススス選出、そしてカールの息子ベルンハルト、ルドルフにより殺害
892. アルヌルフ、軍隊とともにメーレンに、そしてこの地を破壊し尽くす
893. 月食。アルヌルフ、メーレンに。ヴィルヘルム殺害。エンギルスカルク死亡。ルオトベルト殺害。アレマニエン人、イタリアへ。
894. 月食。アルヌルフ、軍隊を率いてイタリアへ。
895. ヒルディガルト追放。ツヴェンティボルト国王選出。飢饉と雹。アルヌルフ、イタリアへ。皇帝ヴィドー死去。
896. アルヌルフ、力でローマ奪取、教皇フォルモーススにより皇帝へ祝別。フォルモーススス死去し、ボニファキウス継承、そして同（ボニファキウス）死去し、ステファヌス継承。大飢饉、そして国王アルヌルフ、病を受く。ラテラノ宮のバシリカ、大部分が倒壊し、そしてこのあと教皇ステファヌスが、フォルモーススを墓から暴き出し、教皇の座にすわらせ、彼の

代わりに助祭を立たせて返答させ、使徒の衣服を剝ぎ取り、バシリカから引きずり回した。口からは血が流れ落ち、(テヴェレ)川へ投げ捨てられた。
897. アルヌルフ、その人民とともに全体会議を挙行。(建物)倒壊により負傷。
898. ヴィドーの息子イタリア皇帝ランベルト死去。
899. マジャール人、イタリア劫掠。皇帝アルヌルフ死去、その息子ルードヴィヒ、王国へ推戴。彼の下ではあらゆる良きことが平和から遠ざけられた。マジャール人とキリスト教徒との間のイタリアでのブレンタ川における最初の戦闘、諸城砦が略奪さる。
900. アルヌルフの息子国王ツヴェンティボルト殺さる。ボゾーの息子ルードヴィヒ、イタリアへ。アダルハルトとその兄弟ハインリヒ、ならびにエーベルハルト戦死。
901. マジャール人、再びイタリアへ。ボゾーの息子ルードヴィヒがローマ皇帝となる。
902. 同ルードヴィヒが、国王ベレンガールとバイエルン人によりヴェローナにおいて捕えられ、失明させられる。メーレンにおけるマジャール人との戦い、祖国勝利。
903. バイエルン人の対マジャール人戦。アダルベルトがコンラートを戦死させる。
904. マジャール人が、バイエルン人により謀られ饗宴に招かれ、彼らの大公クサルとその従者たちが殺害さる。
905. フランク人とアレマニエン人が、テレスへ向かい、アダルベルトの上へ(追撃)。
906. 同じくルードヴィヒが、アダルベルトの上へ(追撃)。彼(アダルベルト)は約束を欺かれ、だまされて首を刎ねられる。
907. 同じくバイエルン人の、打ち勝ちがたいマジャール人との(戦闘)。彼ら(バイエルン人)の大公リウトポルトが、(彼らマジャール人の)誤った信仰と傲慢さにより、殺さる。わずかなキリスト教徒が逃れ、多数の司教と伯が殺さる。
908. マジャール人、ザクセン人のもとへ。チューリンゲンのブルハルト、司教ルドルフ、およびエギノー、その他大勢の人びとが殺され、大地は破壊し尽くされる。
909. マジャール人、アレマニエンへ。彼らは、人や動物をおびただしく略奪して引き返す。

910. マジャール人、アレマニエンへ。彼らは、戦いで予想だにせぬほど多数の者を殺害する。そして伯ゴツペルトが死す。彼らは、行軍途上でフランク人およびバイエルン人と戦い、大公ゲープハルトおよびその他大勢の者たち、一部勝利をおさめていたバイエルン人たちを殺害し、略奪品をえて引き返す。

911. アレマニエン人の伯にして頭領 princeps ブルハルトが、不当な裁判により不公正な監察官 censor アンセルムによって殺され、その寡婦からはすべての物が奪われた。彼らは、彼の息子ブルハルトとウダルリヒを祖国から追放し、彼の所領と封を自分たちの間で分配した。しかして彼の兄弟であるもっとも高貴にしてもっとも公正な伯アダルベルトは、司教ザロモおよびその他の者たちの命令で殺害された。使徒の長である至福なるペテロの墓所に詣でていて、同所で自らの罪の許しを求めていたギーゼラ、すなわち息子ブルハルトの姑から、彼らは、所有権ないし財産、そして彼女がもっていたすべてを、罪びとたちの支え手である主、および慰めびとである聖ペテロを裏切って、彼らの合意に基づいて分配した。加うるに彼女が帰還すると、彼らは、ボートマン宮廷において偽りの証言で彼らのいとも不正な奸計を証拠固めし、公けの統治に対する反逆者をでっちあげた。ロートリンゲンの君侯たちが国王ルードヴィヒから離反した。

912. 国王ルードヴィヒ逝去。伯コンラートの息子コンラートがフランク人とザクセン人およびアレマニエン人ならびにバイエルン人によって国王に選ばれた。そしてロートリンゲン人はガリアの国王シャルルを彼らの上に戴いた。ブルグントの国王ルドルフ（1世）がバーゼルを奪い取り、本拠へ（帰還）。シャルル、エルザスに。コンラート、ロートリンゲンへ。結ばれた約束が欺かれ、コンラートが再びロートリンゲンへ、アーヘンに至るまで（遠征）。ロートリンゲン人たち、都市シュトラスブルクへ。この都市は荒らされ、火を放たれた。彗星、そして国王ルドルフが平和のうちに生涯を終えた。父と同名のその息子が国王に推戴さる。

付録B

主要門閥略系図

1コンラーディナー家
2エルカンガー家
3バーベンベルガー家
4ブルハルディンガー家

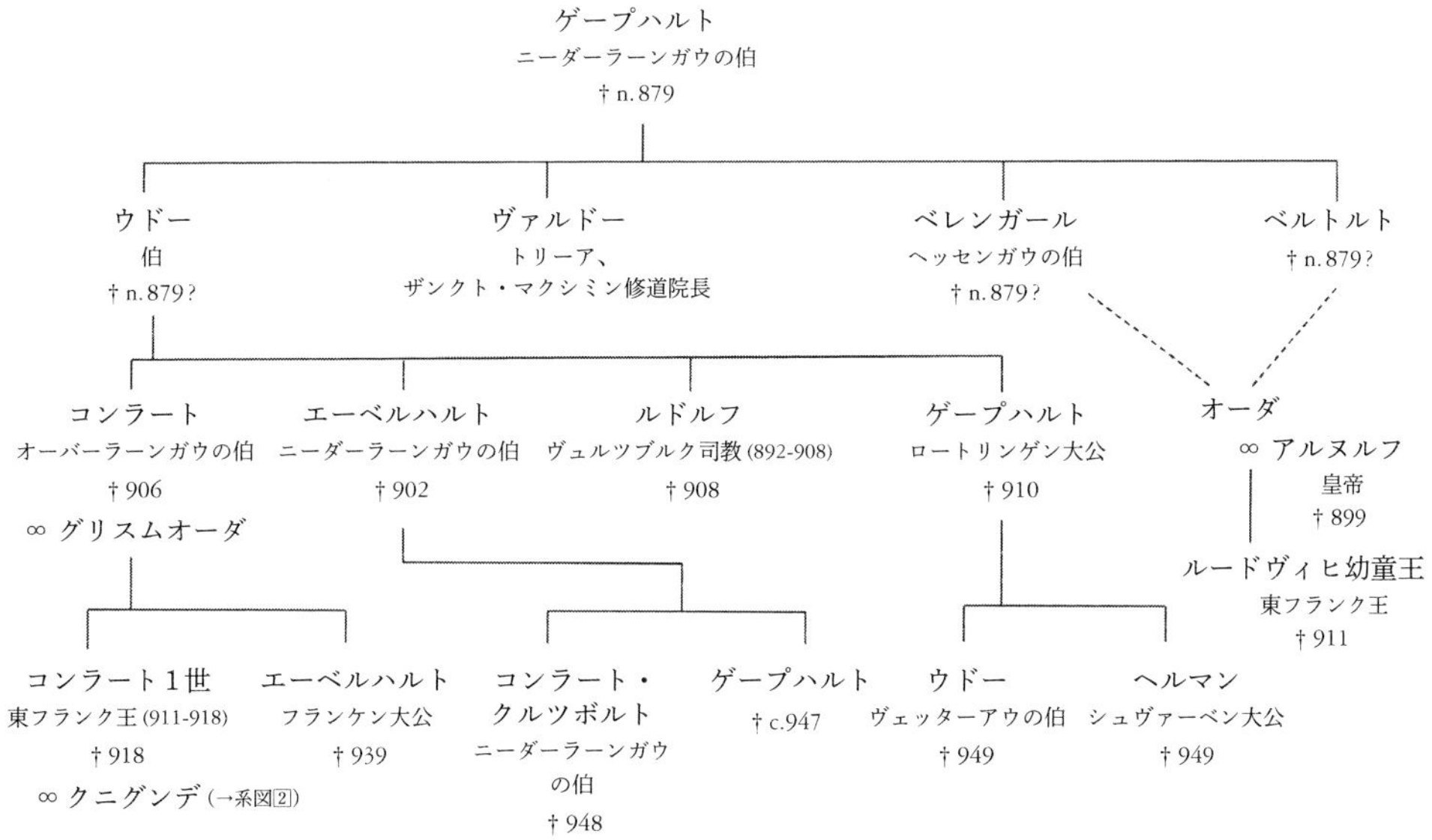

1コンラーディーナー家略系図

ベルトルト
宮廷伯
† 893-896

エルカンゲル
宮廷伯
† 917

ベルトルト
† 917

クニグンデ
∞1 リウトポルト
バイエルン辺境伯
† 907
∞2 コンラート1世
東フランク王 (911-918)
† 918

アルヌルフ
バイエルン大公
† 937

ベルトルト
バイエルン大公
† 947

②エルカンガー家略系図

ポポー (1世)
グラープフェルトの伯
† 842?

ハインリヒ
大公
† 886

ポポー (2世)
チューリンゲン辺境伯
† c.900

アダルベルト
伯
† 906

アダルハルト
伯
† 902

ハインリヒ
伯
† 902

ハトウィヒ
∞ オットー (貴顕公)
ザクセン大公
† 912

ハインリヒ1世
東フランク=ドイツ王 (919-936)
† 936

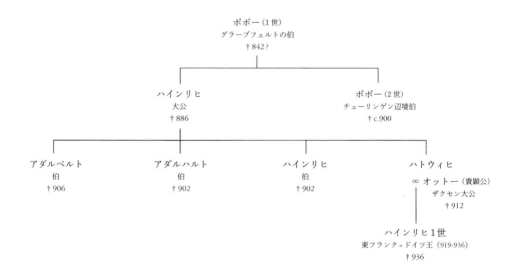

③バーベンベルガー家略系図

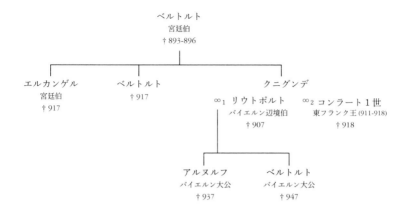

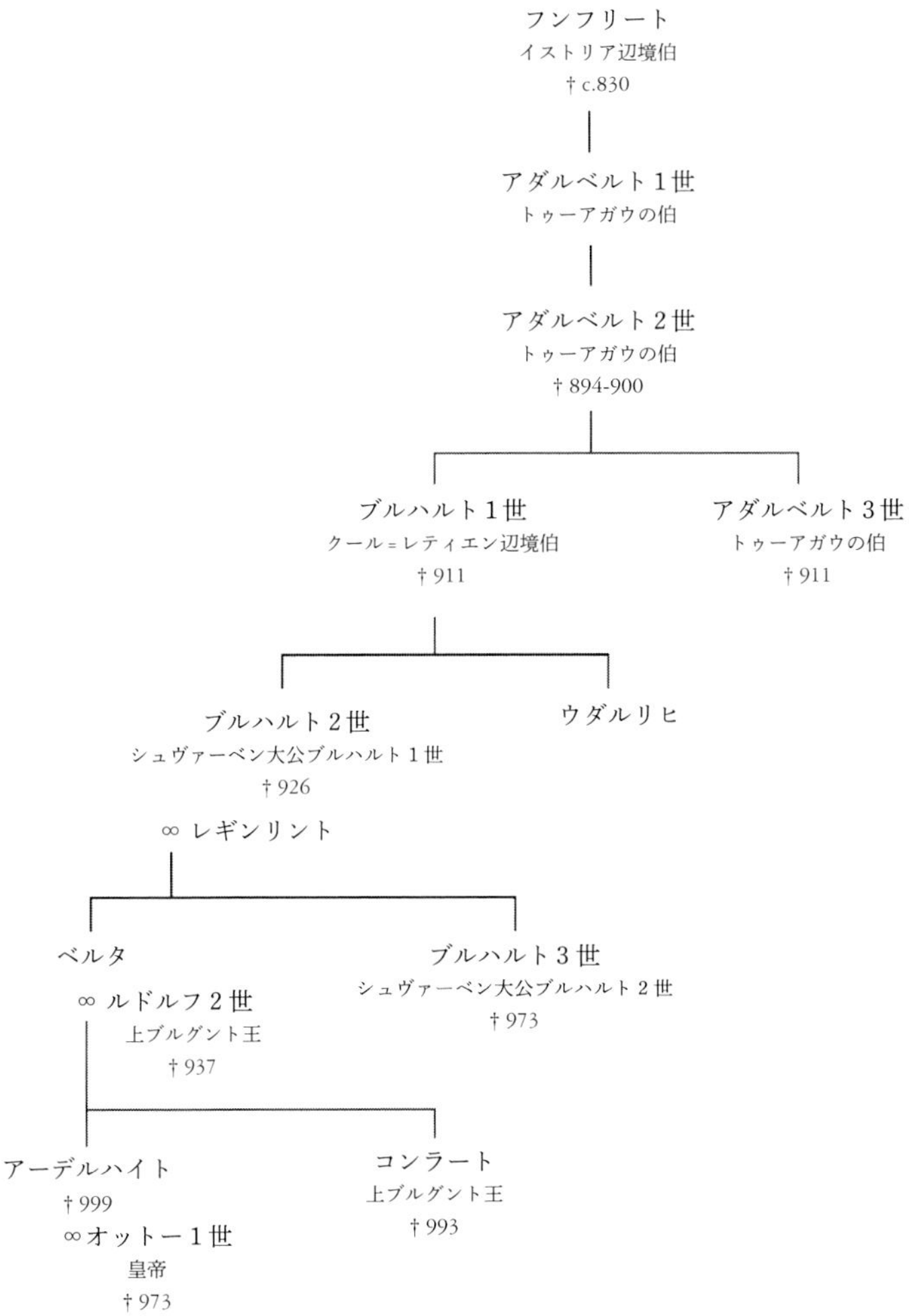

④ブルハルディンガー家略系図